基于 EACH 课程的
强校办学路径探索

汤国红　周荣辉◎著

Exploration on the Path of
Strengthening Schools Based on
EACH

上海财经大学出版社

图书在版编目(CIP)数据

基于EACH课程的强校办学路径探索/汤国红,周荣辉著. —上海：上海财经大学出版社,2022.8
ISBN 978-7-5642-4036-3/F·4036

Ⅰ.①基… Ⅱ.①汤…②周… Ⅲ.①中学-办学经验-虹口区 Ⅳ.①G639.285.13

中国版本图书馆CIP数据核字(2022)第153783号

□ 责任编辑　陈　明
□ 书籍设计　张克瑶

基于EACH课程的强校办学路径探索

汤国红　周荣辉　著

上海财经大学出版社出版发行
(上海市中山北一路369号　邮编200083)
网　　址:http://www.sufep.com
电子邮箱:webmaster@sufep.com
全国新华书店经销
江苏凤凰数码印务有限公司印刷装订
2022年8月第1版　2022年8月第1次印刷

710mm×1000mm　1/16　16.25印张(插页:2)　264千字
定价:68.00元

目 录

第一章　时代需要:"强校工程"的教育思考　1
　第一节　"强校工程"项目背景与发展需要　1
　第二节　"强校工程"项目校本化路径思考　7
　第三节　"强校工程"项目推进的六大任务　22
　第四节　"强校工程"项目的成效　25

第二章　探索路径:基于EACH综合实践活动课程的实践　34
　第一节　国家课程校本管理的与时俱进　34
　第二节　落实立德树人和课程育人任务　43
　第三节　打造特色课程和发挥育人功能　47

第三章　课程领导:学校管理工作的关键领域　58
　第一节　新课程对校长角色与地位的认定　58
　第二节　校长课程领导力是管理领域的拓展　65
　第三节　实现有效的校本课程与教学管理　76

第四章　课堂改进:付诸课程教学的六个行动　86
　第一节　行动一:用教材教　86
　第二节　行动二:授之以渔　89
　第三节　行动三:把有效性贯穿于全过程　92
　第四节　行动四:以学定教　99
　第五节　行动五:开展互动式教学　102
　第六节　行动六:创建探究课堂　105

第五章　行为规范：建设和完善虹口区示范校　　110
第一节　行为规范教育的多重保障　　110
第二节　行为规范教育实施途径多样　　116
第三节　行为规范教育成果丰硕　　124

第六章　校本德育：多途径强化思想品德教育　　131
第一节　开展家庭教育指导　　131
第二节　提升学生劳动素养　　148
第三节　融入学生生涯教育　　156
第四节　拓展学生德育创新活动　　162

第七章　基础课程：夯实能力和提升学习素养　　174
第一节　基于基础型课程的学习与认识　　174
第二节　校本化的基础课教学改革创新　　181

第八章　综实活动：构建三项校本化拓展课程　　186
第一节　综合实践活动的特点　　186
第二节　校本化综合实践活动的设计与实施　　191
第三节　校本化综合实践活动的思考与经验　　204

附件：教育研究论文　　210
"智慧百草园"课程群设计与实施探索（李东昕）　　210
《随迁子女家庭教育自助手册》编撰研究（吴秋平）　　217
新中考改革背景下初中生公益劳动体验模式的实践探索（宇海燕）　　227
数学课堂"问题串"式的提问设计
——数学课堂关键问题的解决策略（徐奕）　　233
例谈如何提升初中语文口语交际教学效能（唐田田）　　236
场馆资源引入课堂教学初探——《中国共产党的诞生》教学案例（王云霞）　　245
有效设计课堂探究，将"看不见的存在"显现化（陈婷）　　250

第一章 时代需要:"强校工程"的教育思考

2018年暑假期间,为了深入落实党的十九大精神和上海市委、市政府关于本市基础教育综合改革的部署,进一步提高初中教育优质均衡发展水平,努力让每个孩子都能享有公平而有质量的初中教育,上海市教育委员会颁布《关于实施百所公办初中强校工程的意见》(沪教委基〔2018〕45号)(以下简称《实施强校工程的意见》)。上海市坚持"办好每一所初中、成就每一名教师、教好每一位学生"的理念,按照"精准施策、注重内涵、提升质量"的思路,将"强校工程"与"名校长名师培养工程"相结合,与紧密型学区化集团化办学相结合,与落实推进上海市高中阶段学校考试招生制度改革要求相结合,通过制度创新、政策支持和项目化实施,激发上海市百所公办初中办学的内生动力,提高办学质量,从而带动面上公办初中全面提升办学水平,营造更加健康的义务教育生态。

虹口区教育学院附属中学(以下简称"虹教附中")被列为"强校工程"百所基地学校之一,翻开了虹教附中办学治校发展过程中新的一页。

第一节 "强校工程"项目背景与发展需要

虹教附中成为上海市市级"强校工程"项目的基地学校,历经"强身健体"的过程,取得了显著的办学成果,同时也展现了"强校工程"项目决策的科学性、前瞻性及其深远意义。

自2000年以来,上海市教委提出率先实现教育现代化的战略思考和部署,在基础教育干部教师培训培养、加强初中和办好初中、强化市区两级的中小学校督学和督导、加强学校教育信息化建设等许多方面采取了实际而富有成效的措施,为赶超国际教育的先进水平迈出了教育现代化的坚定步伐,取得了实质性的进步,使上海与发达国家基础教育水平的差距越来越小。2009年,上海初中学生第一次参加国际学生评估项目(Program for International Student Assessment,

简称 PISA)测试并获得优异成绩。上海对此进行了经验总结,并在总结的基础上看到了自己在基础教育方面的优势。2011 年初,上海市教委又设立了"新优质学校推进项目",从而跨出了迈向公平、均衡、优质教育的关键一步,也为"强校工程"项目的启动打下了扎实的基础。

一、PISA 测试催生"新优质学校推进项目"

2009 年,第一次参加 PISA 的上海学生获得阅读、数学和科学测评成绩的三个第一。这个结果在 2010 年 12 月公布,轰动世界教育界,尤其震惊了长期占据这项测评顶层地位的那些国家和地区。

PISA 是经济合作与发展组织(Organization for Economic Co-operation and Development,简称 OECD)开展的 15 岁学生阅读、数学、科学能力评价研究项目。英国人将 PISA 喻为"教育界的世界杯"竞赛。从 2000 年开始,经济合作与发展组织每 3 年进行一次测评。2009 年的主要领域是阅读,包括美国、英国、日本、巴西、中国香港在内的 65 个国家和地区的学生参加了测评,上海是中国内地第一个正式参加该项目的地区。

PISA 评价所反映的世界教育中的问题引起了许多国家的重视,很多 PISA 参与国或参与地区根据学生在 PISA 中表现的国际比较,反思本国教育的不足,实施改革措施。由于上海初中学生第一次参加测评就获得优异成绩,因此许多国家或地区在发布本国或本地区成绩的同时,对上海学生的优异表现加以评说,并探讨"上海第一"的秘密。

2013 年 12 月 3 日,OECD 全球同步发布 PISA 2012 测试结果,上海毫无悬念地蝉联第一。其中,数学 613 分(比第二名新加坡高 40 分)、阅读 570 分(比第二名中国香港高 25 分)、科学 580 分(比第二名中国香港高 25 分)。上海的各项成绩都比成绩平均值高出一倍以上,更是把美国远远甩在后面。

第二次 PISA 评价三项第一的成绩,既体现了上海基础教育的领先地位,也让上海基础教育以国际视野审视自己的基础教育,总结自己的成功经验,增强自己的教育底气:原来,上海基础教育的家底相当厚实。测评数据显示,上海尖子学生的成绩与发达国家(地区)相比毫不逊色,甚至具有领先水平;而相对低水平的上海学生的成绩则远远高于发达国家(地区)的同类学生平均水平。这不但证明上海基础教育具有相当的质量,而且证明上海初中学校校际办学水平的差异相对比较小,即使是不同家庭背景的学生在自己"家门口"的学校读书,同样也能获得较高质量的教育。

PISA测试追求在全世界的初中教育中实现"公平而卓越",与此同步,上海基础教育正在推进基础教育评价的"绿色指标"。绿色教育是一种教育观,追求提升学习的动力指数、学习的自信心等,提倡遵循教育规律,尊重师生身心发展的自然特征,促进师生健康、愉悦且全面的成长,呈现的是教育者共同的价值追求。这与上海基础教育"公平、均衡、优质"的理想愿望不谋而合。当然,通过对PISA测试的分析,我们发现,在诸如学生合作学习的能力等方面,上海基础教育还存在一定的短板,因此,我们要正视现实并努力去赶超。

PISA测试进一步强化了第一线教育工作者"办好每一所学校、发展每一个学生、成就每一位老师"的初衷,也使实现优质、均衡的教育成为上海基础教育的迫切任务。国际国内教育发展时势驱动着上海基础教育因势而上、实现新的发展、占据未来发展的高地,而这在客观上起到了孕育和催生"新优质学校推进项目"的作用。

二、"新优质学校推进项目"的正式启航

(一)"新优质学校推进项目"时代价值

2011年初,上海召开基础教育工作会议。以"新优质学校推进项目"为标志的基础教育革新在上海拔锚起航。

上海推出新优质学校,就是要走出依靠分数指标、物质计量、工具价值来判断教育效益的惯性,引导学校和教师关注每一个孩子内心世界的健康成长。今后上海需要能够涌现一批新的名校,这些名校不是靠学业成绩排名和升学率成名,而是靠育人质量过硬成名。在困难学生教育、农民工子女教育上取得显著成效的普通公办学校也应该能够成为上海基础教育的名校。这就要求各级各类学校的办学从过度追求现实功利转向追求教育对人的发展的价值。

上海市教委开展"新优质学校推进项目"的目的是推动上海市义务教育阶段

的一批不挑选生源、没有特殊资源、没有特殊文化积淀的普通公办学校（小学、初中），以"办好每一所家门口的学校"的目标为指引，从普通学校走向优质学校，从而进一步实现教育的公平、均衡和优质。

即使在10年后的今天来审视，"新优质学校推进项目"仍然是时代需要和教育发展的产物，具有不可磨灭的影响力和发展力，对基础教育的未来发展具有潜在的巨大意义。"新优质学校"不再把学业成绩、分数排名作为衡量学校优质与否的唯一标准，而是真正关注人的发展，关注如何让教育过程更丰富、师生关系更和谐、多样化学习需求更能得到充分满足，关注每一个孩子的身心发展和内心世界，让学生浸润于丰富的课程中，逐渐成长为情感丰富，生命旺盛而富有追求的人。这是"新优质学校"的核心价值。

上海虹口区就有一所全部由外来农民工子女集中就学的小学。这所貌不惊人和十分普通的学校当年就是上海市"新优质学校推进项目"要建设的43所学校之一。经过3～5年的建设，在全校教职员工艰苦奋斗、持之以恒、积极探索的基础上，这所小学明显提升了教学质量，取得了丰硕的办学成效。这所学校因为办学成绩优异，曾经被国务院相关机构表彰。这所学校没有社会资源优势、没有优质生源保障、没有学校文化积淀，就是通过改革学校管理和结构、聚焦课程教学改革、加强学校文化建设，仅仅用了几年的时间，显著提升了育人质量，把一所名不见经传的小学推到了知名学校的行列。

(二)"新优质学校"的内涵界定

1. 正确的价值追求

"新优质学校"要满足每一个学生的发展需求，让教育关怀公平地惠及来自不同社群、不同家庭的所有学生，尊重学生个性差异和发展过程的差异性，重视他们在原有基础上的良好发展，为社会提供高质量的教育服务。

2. 鲜明的公平意识

"新优质学校"要以入学的全体学生为教育对象，不争抢学业排名、不集聚资源，而是面向一般的平民子弟，促进每一个学生的健康快乐成长。

3. 显著的个性特色

"新优质学校"要激活学校办学主体性，提高学校自我发展的意识和能力，提升学校核心竞争力，激发学校创新潜能。同时，"新优质学校"还要基于对本校学生、师资情况和各种教育资源的分析,通过具有针对性、科学性、创造性的教育改革,争取在一个或几个方面形成特色鲜明的办学特点,进而提炼出较为鲜明的办学经验。

4. 明显的办学成效

"新优质学校"要厘清和丰富"新优质学校"的理念系统和实践操作系统,要通过努力,不断提高学校综合办学水平和育人质量,而且能够持续保持较为稳定的状态,从而"办好每一所家门口的学校"。

5. 积极的示范价值

"新优质学校"要以满足每一位学生发展需要的理念和科学的教育质量观引领教育实践,其经验要在该校所在区的义务教育优质均衡发展和教育转型中产生积极的示范作用,从而推动区域教育机制创新和区域教育实践优化,进而探索"新优质学校"集群式发展模式及推进教育综合改革。

历经10年,"新优质学校推进项目"取得丰硕成果,为下一步在办好初中决策过程中推出"强校工程"这个新的发展举措打下了基础。

三、初中"强校工程"的可持续发展

(一)"强校工程"项目的提出

2018年7月4日,上海市教委颁布《实施强校工程的意见》。《实施强校工程的意见》要求:坚持"办好每一所初中、成就每一名教师、教好每一位学生"的理念,按照"精准施策、注重内涵、提升质量"的思路,将"强校工程"与"名校长名师培养工程"(简称"双名工程")相结合、与紧密型学区化集团化办学相结合、与落实推进本市高中阶段学校考试招生制度改革要求相结合,通过制度创新、政策支持和项目化实施,激发百所公办初中办学的内生动力,提高办学质量,从而带动面上公办初中全面提升办学水平,营造更加健康的义务教育生态。

上海市教委提出的初中学校"强校工程"的工作目标是,经过3~5年的努力,实现百所公办初中在原有基础上,教育教学状态明显改善,办学特色明显增强,整体办学质量明显提高,家长对学校的满意度明显提升,建成"家门口的好初中"。

上海市教委要求:通过开展区域初中办学质量调研,着眼于进一步抬升底部、促进优质均衡协调发展的要求,在学校自主申报的基础上,遴选区域内不同办学特点的公办初中,申报本市"强校工程"实验校(以下简称"实验校")。

"强校工程"实验校作为第四期"双名工程"实践基地校,要成为名校长、名师培养锻炼的平台,成为促进学校校长和教师专业成长的舞台,要有助于提升学校管理水平和教师专业水平。上海市各区要将"实验校"纳入紧密型学区、集团进行建设,突出管理团队和骨干教师流动、优质课程资源共享、教学科研共建、设施场馆共用。"实验校"要紧密对接上海市高中阶段学校考试招生制度改革要求,以学生核心素养培育为目标,完善学校课程实施方案,深化教学改革,优化学生综合素质评价,提升教育教学水平。

关心基础教育的有识之士经过研究不难发现,《实施强校工程的意见》与之前启动的"新优质学校推进项目"在理念上有高度的相似之处,体现了可持续发展的思想。《实施强校工程的意见》在学校对象上从面向小学、初中收缩为面向初中;在做法上实现"三个结合",即与"双名工程"相结合、与紧密型学区化集团化办学相结合、与落实推进本市高中阶段学校考试招生制度改革要求相结合。"三个结合"体现了名校长和名师的培训培养,体现了一所"强校"向社区的辐射和推广,体现了对学校的质量要求转变为更加注重全面质量、更加注重学生的健康成长和全面发展。

(二)"强校工程"项目举措

上海社会与经济发展正在走向国际发达水平。因为经济的驱动,越来越多的家长已经不满足于孩子有学校上,而是要上好学校,由此教育便成了社会日益关注的民生问题。因为初中是义务教育的高端,又要为高中输送优秀学生,而学生进一所优质初中上学,就增加了升学优质高中的保证,所以初中无疑是更加需要平衡和充分发展的学段。如果说上海瞄准"初中"是看到了目前初中是基础教育中最需要关注的学段,那么"强校工程"就是试图通过培育一批公立的优质学校,对其他初中学校产生借鉴、示范和推广作用,让更多的初中学校寻找到优质、均衡的办学途径。为此,"强校工程"实验校必须贯彻以下办学举措。

1. 依托"双名工程"

"强校工程"实验校作为第四期"双名工程"实践校,要与"双名工程"高峰计划、攻关计划等精准对接。每一所实验校都要有1名市级名校长(含培养对象)、2名名师(含培养对象),每所学校要有不少于5%的教师入选上海市第四期"名校长名师培养工程"种子计划。

2. 纳入紧密型学区化集团化办学

凡是列为"强校工程"的实验校必须纳入由名校领衔的紧密型学区、集团建设,与紧密型学区化集团化办学相结合,起到同伴互助、促进发展和拓宽办学资源的积极作用。

3. 与高中阶段学校考试招生制度改革要求相结合

进一步推进高中阶段学校考试招生制度改革主要包括"完善初中学业水平考试制度""完善初中学生综合素质评价制度"和"深化高中阶段学校招生录取改革"三个方面。上述三个方面都会涉及"强校工程"实验校的办学理念、办学策略和办学举措。基于此,要进一步要求"强校工程"实验校以坚持公平性、提高科学性为价值导向,在提升初中学生综合素质上下功夫。

4. 一校一策

一校一策是面对"强校工程"实验校的现状差异,让初中走向优质、均衡的有效途径。"强校工程"实验校必须以学校教育教学质量提升为核心,紧紧围绕课堂教学、学科建设和教师发展,提升教学质量,提高办学水平。

第二节 "强校工程"项目校本化路径思考

依据《中华人民共和国教育法》《中华人民共和国义务教育法》《上海市实施〈中华人民共和国义务教育法〉办法》等法律法规的规定,为了贯彻上海市教委《实施强校工程的意见》和落实上海市虹口区教育局《2018年虹口区学区化集团化办学推进方案》(虹教〔2018〕87号),虹口区建立健全优质教育资源共享辐射机制,探索紧密型教育集团建设,促进虹口区义务教育均衡优质发展,努力办好家门口的好学校。按照《2018年虹口区学区化集团化办学推进方案》的规划,虹教附中成为"强校工程"100所初中实验校之一。为此,虹口区教育学院(以下简称"虹教院")与虹教附中建立紧密型教育集团,并就"强校工程"项目推进合作实施委托管理。

一、受托管学校基本情况

上海市虹口区教育学院附属中学(以下简称"虹教附中")创办于1965年。学校占地面积5 759平方米,建筑总面积6 612平方米,有教学楼、文体中心和体育器材保管室三栋建筑和一块2 035平方米的运动场地,绿化面积有290平方米。

虹教附中原名为沙泾中学,是因傍靠沙泾港而得名。1982年7月新虹中学并入该校;1985年9月兼挂牌沙泾职业技术学校,1994年将职校并入交通职业技术学校。50多年的办学历程风雨兼程。1995年更名为现名。全国政协原副主席、中科院院士、世界著名数学家苏步青先生题写了该校校名。

虹教附中的校址地处弄堂深处、生源对口严重不足,办学历史上也经历过动荡起伏。这些都成为制约学校发展的客观因素。

尽管面临诸多困难,但是学校努力解决各种教育顽症,积极引进人才,尝试走院校结合的办学新路。虹教院教科研员经常来校指导课堂教学。自1990年开始,学校开展"分层递进教学研究",取得研究的丰硕成果。20世纪90年代中后期,在上海市的教育工作会议上,虹教附中曾得到上海市教育局首批"办好初中"的命名表彰,学校因此而承担上海二期课改的任务,成为虹口区教育系统的实验学校。

2007年2月,虹教附中提出了"让优质教育惠泽每一个学生"的办学理念,努力营造适合每一个孩子自信健康、快乐成长的教育环境。学校确立了"遵循规范、协同合作、自信开放、追求卓越"的核心价值观,并沿用至今。虹教附中关注常态课、研究课和体验式实践课,尝试开展小班化教学。办学有了新的起色。

2011年,虹教附中被虹口区体育局和教育局授予学校武术"体育特色学校",武德修身成为学校特色。2017年学校成功申报为虹口区美术特色项目学校。

近十年来,虹教附中领导四任更替,但每一任领导都始终牢牢抓住教育质量这条学校发展的生命线,特别重视教师队伍的培养,专注课堂教学改进,逐步提升教学质量;尝试开展学生体验式德育活动,培养学生自主管理,培养"知礼善学,乐群尚美"的附中学子;积极争取虹口区教育局的支持,努力改善学校硬件条件,新建了录播教室、生物创新实验室,改建校门、长廊、文体中心、图书馆等基础设施,翻修操场、多媒体教室和计算机房。现在的虹教附中校园整洁优美,文化馨香四溢。

虹教附中是虹口区文明单位和虹口区三星级行为规范示范校,虹教附中的广大教师和学生也多次赢得上海市和虹口区的各类奖项。目前学校正以"校长有理念、教师有专长、学生有特色、学校有声誉"的崭新精神面貌,积极创建公平、均衡、优质的义务教育,努力把学校办成"老百姓家门口的好学校"。

二、托管思路和前期工作

虹教附中(被托管方)以院校合作的紧密型教育集团为基础,通过虹口区教育学院(以下简称"虹教院")(托管方)进行委托管理,并以虹教院的领导挂帅负责虹教附中工作。

托管方和被托管方按照上海市教委"强校工程"的理念,结合上海市中考改革、上海市"双名工程"、虹口区教育强区建设等具体工作,集聚虹教院的教育教学资源,通过对虹教附中优势与不足的调研,找到托管的切入口,制定适合虹教附中发展的托管目标及实现路径。同时,托管方和被托管方还规范托管工作的过程管理,保障托管成效的最终落实,为虹教附中在学校管理、教育教学、队伍建设等方面的全面提升和在区域范围内影响力的扩大提供切实可行的支持和帮助。

托管工作依托虹教院资源,并结合虹教附中校领导与管理团队,成立由虹教院与虹教附中共同组成的托管工作小组,由虹教院、虹教附中党政领导分别担任托管小组组长、副组长。虹教院党总支书记兼副院长汤国红任虹教附中总校长,虹教附中周荣辉校长任执行校长,虹教院各主要业务科室成员担任组员,并派出常驻人员(教科研员)。

虹教院领导与教师长期蹲点虹教附中,实施项目引领的方式,以建构 EACH 课程为着力点,有效落实"让优质教育惠泽每一个学生"的办学理念,实现虹教附中在学校管理、德育工作、课程教学、师资队伍等关键领域的突破,培养一批各层级的名师、骨干教师,开设有影响、有质量、适合学生发展的校本课程,凝练学校办学特色,促进学校内涵发展,不断提高办学水平,全面提升教育教学质量,真正让虹教附中成为"教师队伍稳定、学生健康成长、学校信誉度提升"的精神家园和成长乐园。

三、管理目标与要求

（一）托管总目标

托管总目标是:在三年托管时间内,以虹教院领导挂帅负责虹教附中的工作,虹教院教师长期蹲点虹教附中和采用项目引领的方式,实现虹教附中在学校管理、德育工作、课程教学、师资队伍等关键领域的突破,全面做强学校办学特色,使虹教附中整体教学质量在虹口区的公办初中位居前列,实现社会、家长对虹教附中满意度的明显提升,从而进一步促进虹教附中的内涵发展和优质发展,不断提高虹教附中的办学水平。

（二）托管分目标

托管分目标的具体内容如下:

(1)学校管理:加强虹教附中发展的顶层设计,完善学校章程和制度建设规划、学校三年发展规划、课程与教学计划、校园文化建设规划的设计与编制,改进管理运作机制,实现学校管理的制度化、规范化、常态化。

(2)德育工作:加强学生日常行为规范教育,培养学生形成良好的学习习惯和行为规范;深化德育工作方法研究,丰富德育内容;强化班主任队伍建设,优化全员德育;不断提高德育工作的吸引力和感染力,增强德育工作的针对性和实效性。以"基于多元智能理论下导师制项目学习实践"项目为切入口,积极开展适合中考改革的学生生涯规划指导,增强学生社会责任感和未来适应职业生活的能力,引导学生有个性地成长与发展。

(3)课程教学:构建与完善虹教附中课程体系,打造优质课程、特色课程,树立学校课程品牌,助力学校特色形成。聚焦上海市中考改革,深入开展"初中公办学校'学—教—评'一体化的探索与实践"项目的研究,以科研促教研,全面提高课堂教学效益,提升学校整体教育教学质量,形成学生学业提升的良性发展态势。

(4)队伍建设：全面优化教师队伍结构，提升学校高级教师占比；全面加强学校中层干部、教研组长、年级组长的培训培养；通过主题研修、搭建平台、政策支持等具体举措，造就一批在虹口区内有一定知名度的学校管理干部和优秀班主任、学科教师。

上述四项分目标有分有合。一方面，虹教附中各个分管部门在党支部和校长室的领导下，必须各自独立完成并达到预定要求；另一方面，虹教附中各个分管部门又必须坚持达成托管总目标，从而形成管理合力，进而全面提升虹教附中的办学水平。

四、实施思路及策略

在托管工作开展前期，邀请上海市级专家指导团队到虹教附中进行现场问诊指导。专家用"精致教学建自信、多搞活动树声誉"的评语，为形成学校三年"强校工程"及托管工作思路指明了可行的方向。在深入思考如何进一步提升虹教附中办学水平、促进学校内涵发展这一重要问题的过程中，托管双方都深刻认识到，课程既是促进学生发展的重要载体，也是决定人才培养质量和教学水平的最基本要素。同时，它体现了一个学校的办学理念和育人目标，是学校教育教学品质的集中体现之处。

（一）四个机制

虹教附中"强校工程"及托管工作，立足于探索建立和实施校本化的课程育人机制。课程育人，在本质上是对"培养什么人""怎样培养人"和"为谁培养人"这一组根本问题的系统回答。发挥课程育人功能，建立课程育人机制，就是要确立课程在育人过程中的基本要素及其之间的关系与作用。托管双方自合作开始后就始终坚持顶层系统设计并整体规划课程的各个环节，形成"四个机制"，从而整合课程资源和优化课程体系，进而实现了课程建设与立德树人宗旨之间的功能联系。

1. 运用导向机制，直面学校发展的困惑

所谓导向机制，就是"以学生发展为导向、以学校发展为导向"，在对标立德树人根本任务要求的基础上，梳理和明确学生在课程学习之后应该形成的必备品格和关键能力,从而逆向思考,发现学校存在的问题,以此寻找发展的突破口。

托管双方分析了虹教附中的生情、校情。从生源来看,虹教附中生源中随迁子女占比高达65%,学生家庭教育的方法老套、意识薄弱,由此造成了虹教附中比较多的学生成就感缺失和普遍缺少自信心。从办学品质来看,虽然整体教学质量尚可,历年中考成绩也始终位于全虹口区公办初中的中上水平,但是学校课程门类比较零散、缺乏聚焦,特色和品牌课程无法凸显,而且学校课程无法满足学生发展的个性化需求。托管双方通过对虹教附中生情、校情的分析认识到,"如何提高学校师生的自信心,提升教师的育德意识和育德能力,同时丰富学校课程,满足学生需求,打造学校品牌"是学校发展过程中首先要突破和解决的问题。

虹教附中认识到:课程既是立德树人的重要载体,也是决定人才培养质量和教学水平的最基本要素,体现了学校的办学理念和育人目标,是学校教育教学品质的一个集中体现。因此,在多次行政会议和教工大会集体研讨之后,虹教附中的干部群众加强了认识、达成了共识,并确立了"以课程建设引领学校内涵发展"的工作思路,提出要将学校工作渗透融入课程建设的各个环节,进而形成以课程建设发挥育人功能、关注师生发展、提升办学品质的工作路径,为后续设计校本化的课程图谱打下了思想基础。虹教附中课程育人的导向机制如图1—1所示。

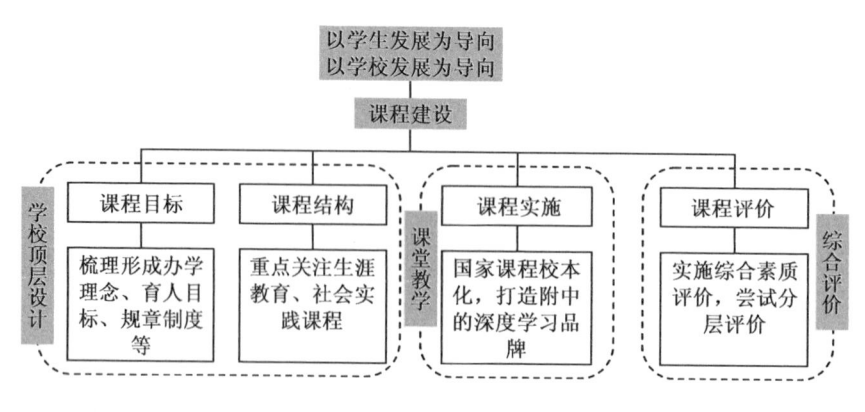

图1—1 虹教附中课程育人的导向机制

2. 建立规划机制,打通课程之间的关联

"立什么样的德、树什么样的人"是课程育人的核心。学校的课程建设必须围绕培养人的必备品格和关键能力展开。因此,唯有通过建立课程整体规划机制,梳理办学理念、育人目标和课程目标之间的关联,构建内容丰富、生动鲜活、优质多元、个性选择、分类分层的课程内容体系,才能真正发挥课程育人的功能。

虹教附中在原有的"让优质教育惠泽每一个学生"的办学理念基础上,进一步提出了"让每一个孩子自信地走向未来"的办学理念,努力营造适合每一个孩子自信健康、快乐成长的教育环境。

办学理念的调整,让学校的育人目标也发生了变化。学校将"敦品励学,尚美自信"作为学校的育人目标,同时将原本零散和不能形成体系的课程组合在一起重新进行调整,设计开发了指向育人目标实现的 EACH 课程并进行了实践。有了这样的课程图谱,之后全面实施课程时就可以有更清晰的内容选择和功能定位了。

3. 完善推进机制,开展课程育人的探索

课程的思考力与设计力决定了课程的高度,而课程的执行与推进机制(如图1—2所示)往往决定了课程育人的成效。只有在实践的过程中、在决策的驱动下,解决不断出现的课程改革新问题,学校的课程育人才会得到极大的提高。

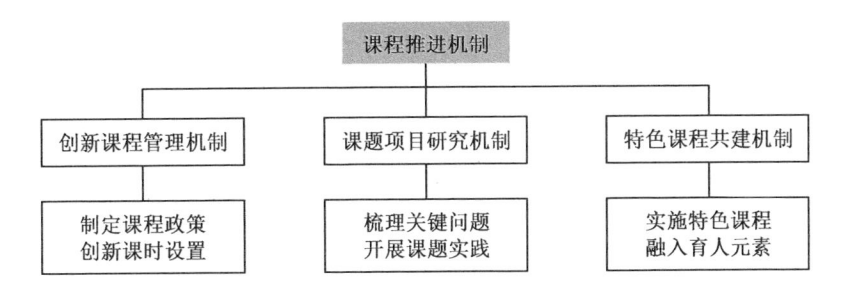

图 1—2　课程推进机制的实施路径

(1)创新课程教学管理,整体推进学校课程实施。虹教附中把深化课程建设作为提升学校教育质量、推动学校课程育人机制创新的关键抓手,在推进课程执行的管理机制上进行有效的制度设计。

一是研究制定深化学校课程改革的政策措施。2018 年,学校出台了《虹教附中 EACH 课程实施行动计划(2018—2021)》,从育人理念、课程目标、实施要求、资源配置等方面对学校课程育人进行了全面的规划,使学校课程的重点与指向更加明确清晰。

二是打破传统课时安排,开展了"选课制、长课时"的课程实践。为了能够保证 EACH 课程的实施,满足学生个性化发展需要,学校让学生根据自己的学习情况和兴趣特长来选择不同层级、不同类型的课程进行学习。同时,通过调整课时安排,将每周五下午统一为 EACH 综合实践活动课程的授课时间,保证了课程的深入开展与实践。

(2)完善项目课题研究,解决课程建设中的关键问题。虹教附中将基于学科教学的关键问题解决作为深化学校课程建设的着力点,在理论与实践结合中提高学校课程建设的系统性、科学性和创造性。2019 年,学校成功申报了上海市课程领导力项目,并围绕学校 EACH 课程建设与实施展开研究。此外,在基础型课程领域中,语文学科的《提升初中语文阅读素养的教学研究》、数学学科的《数学高阶思维及其培养研究》、英语学科的《英语原版书籍的阅读策略研究》都围绕学科育人,优化课程实施方式,在深化学校课程建设的实践中彰显出改革创新的担当和活力。

(3)共建特色课程体制,推进学校课程的协同创新。除了基础型课程之外,虹教附中还围绕教育部颁布的《中小学综合实践活动课程指导纲要》的要求,分年级、分主题开设了三类特色综合实践活动课程,分别为六年级的"武德修身"、七年级的"万物有灵"、八年级的"创客空间"。"武德修身"课程发挥学校"武术特色校"优势,以"武术"为载体,以"品德养成"为内核,注重学生的情感体验与感受内化、行为外化。"万物有灵"基于学校创新实验室及"百草园"基地资源,培养学生从科学理性的视角认识生命、感受生命继而尊重生命,树立珍视生命的价值观。"创客空间"课程以与上海科技馆合作的"场馆课程"为基础,提升学生在真实复杂的情境中发现问题、分析问题、解决问题的能力,注重学生学习成果的物化转移,提高学生的技术素养与审美情趣。

此外,虹教附中还将更多的育人要素融入课程之中,促进德育与智育、美育、体育的有机融合,实现五育并举,从而建构起学段纵向衔接、学科横向贯通、课内外活动有机融合的课程体系。例如,学校围绕"百草园"的课程资源,让学生充分参与劳动,体验创造性劳动的乐趣,并学会基本的劳动知识和技能,逐步培养正确的劳动观念。又如,学校通过开展生涯调查,选取学生感兴趣的内容,调动学校、家长、社区的资源,开发出符合虹教附中学子发展需求及个性的生涯教育课程体系。

4. 形成保障机制,赋能教师的专业发展

教师是课程育人功能能否实现的关键。形成课程育人的保障机制(如图1—3所示)就是要激发教师的潜能,使教师从"课程被动执行者"转变为"自我发展的领导者",让每一位教师都实现从"向专家请教"到"像专家思考"的转变。

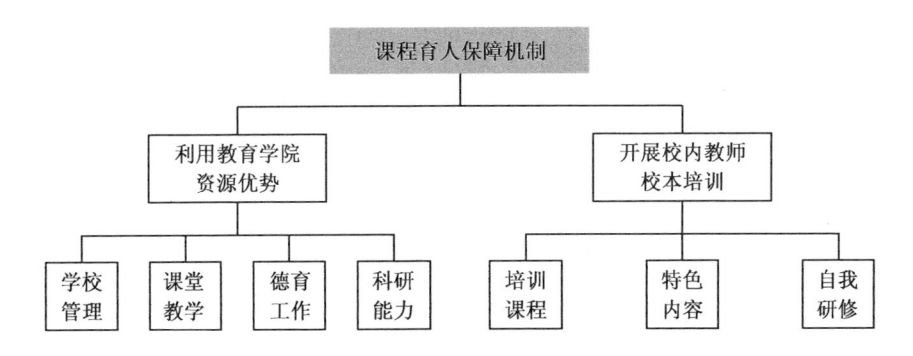

图1—3 课程育人保障机制体系

虹教附中充分利用虹教院的教育教学资源优势,将虹教院的教研员、德研员、科研员引入虹教附中。虹教院的这些老师不仅亲自进入虹教附中的课堂上课,还通过师徒带教的方式培养虹教附中的教师,并助力学科建设与课程实施。

(二)课程框架

1. 确立 EACH 课程

在深入思考如何进一步提升虹教附中办学水平、促进学校内涵发展这一重要问题的过程中,托管双方都深刻认识到,课程是促进学生发展的重要载体,也是决定学校人才培养质量和教学水平的最基本要素,它体现了学校的办学理念和育人目标,是学校教育教学品质的一个集中体现。

虹教附中将办学理念调整为"让每一个孩子自信地走向未来",将学校的育人目标明确为"敦品励学,自信尚美",并以"小班化的深度教学"为实施路径,提供发展空间,开展多元评价,引导学生好学善学和拓展学习视野。虹教附中在保证学生基础性学力的同时,兼顾发展性和创造性学力的培养,真正让虹教附中学子自信走向未来。基于此,托管双方通力合作,在虹教附中确立了"以学校EACH课程引领学校内涵发展"的工作思路(如图1-4所示),将所有学校工作(如学校顶层设计、教师培训、教学实施、学生评价等)全部融入课程建设的各个环节中,形成了以课程建设关注师生发展、优化育人环境、提高教学质量、提升办学品位的工作重点,并力争在三年时间内,将 EACH 课程打造成虹口区有一定知名度与影响力的特色课程。

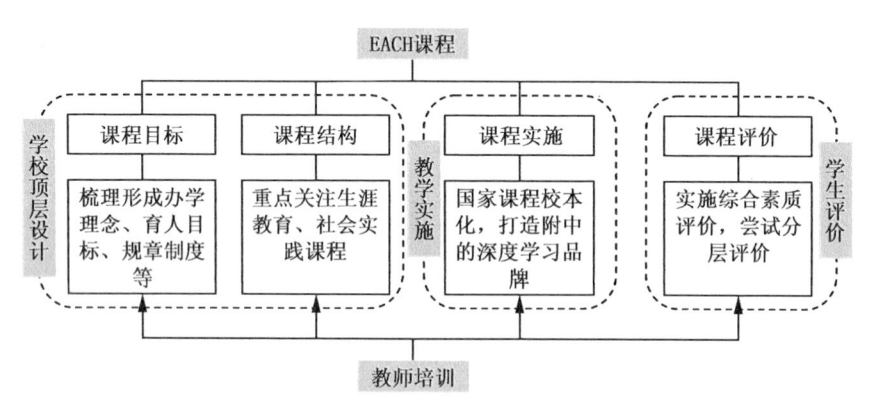

图1-4 以课程建设统领学校发展的整体结构

2. EACH 课程框架说明

课程建设一般包括课程目标确立、课程结构建构、课程实施设计、课程评价开展四个环节。其中,课程目标确立与课程结构建构偏重于学校教学管理的顶层设计;课程实施设计更偏向于课堂教学的组织及实施;课程评价主要指向学生综合素质的学生发展评价,应该由管理部门、教师和学生共同完成。

下面分四个方面具体介绍一下虹教附中 EACH 课程建设:

第一,课程目标是国家办学意志、学校办学特色、学生发展需求等方面的综合体现,因此,在确立课程目标的过程中,需要进一步梳理学校发展现状与基础,改进与完善学校办学理念与育人目标,从而进一步规范、补充、修订学校现有的规章制度等方面工作。虹教附中在确立 EACH 课程目标过程中就采取了相关举措。

第二,课程结构是课程目标转化为教育成果的桥梁,是课程实施活动得以顺利开展的重要依据。虹教附中根据已有的课程基础,进一步从横向与纵向两个维度进行梳理与整合,形成了符合虹教附中特色的课程结构。结合中考改革的要求,虹教附中在EACH课程结构建构过程中关注社会实践课程的建设,实现从学科学习到项目学习、从独立学习到合作学习、从间接知识学习到直接知识学习的转变。虹教附中通过从学生的真实生活和发展需要出发,从生活情境中发现问题并转化为活动主题,通过探究、服务、制作、体验等方式,建设培养学生综合素质的跨学科实践性课程。

第三,课程实施是课程建设的关键。虹教附中根据自身生源人数少的特点,在对国家课程校本化实施的基础上开展小班化教学,打造虹教附中深度学习的品牌。在这个过程中虹教附中从课时安排、教师指导、组织方式等方面具体开展实施。

第四,课程评价需要从学业质量、活动数量、过程记录等多个方面开展,力争实现课程评价的分层分类评价。为此,虹教附中以促进学生综合素质持续发展为目的设计与实施综合实践活动课程评价。

五、"强校工程"主要举措

(一)管理制度

在虹教院直接托管虹教附中之后,虹教附中相应地共同制定与完善了一整套系统、全面的学校办学规章制度。根据托管工作的整体规划和实现"规范提升质量,项目引领发展"的托管思路,虹教附中进一步规范办学章程,修订各级各类工作职责和管理制度。

这方面的具体举措包括以下五方面:

(1)调研学校现状。这是指调研和评估虹教附中的现状及在此基础上签订托管工作协议。

(2)完善学校章程。这是指通过进一步规范虹教附中原有的办学章程,为进一步促进学校的内涵发展和可持续发展提供保证。

(3)编写发展规划。这是指规范学校三年发展规划、课程计划等能够反映虹教附中发展愿景文本的设计与编制工作,形成学校发展的顶层设计,实现学校管理的制度化、规范化、常态化。

(4)制定相关工作职责条例。这是指修订虹教附中教育教学奖惩条例、教学流程管理条例、各部门工作职责等。

(5)实行年级组、教研组的扁平化管理。这是指要求虹教附中的分管领导要直接负责指导和管理年级组、教研组工作。

(二)德育工作

虹教附中在原有德育工作的基础上,充分发挥虹教院德研室的指导作用,规划虹教附中整体德育工作,进一步完善虹教附中德育体系,拓宽学生教育渠道,坚持立德树人,引导学生形成正确的世界观、人生观、价值观。

这方面的具体举措包括以下四个方面:

(1)全面梳理,完善德育规章制度。这是指以前期专家团队调研报告为依据,进一步细致了解学校德育工作基础,通过基于校情的"五知十八道"路径,即校长访谈知顶层、教师座谈知储备、师生观测知常态、档案梳理知基础、家长联络知需求,完善德育规章制度,调整实施方案,为后续工作推进奠定基础。

(2)加强培训,提升全员育人意识。这是指加强虹教附中全员师资德育专题化培训,注重师德建设、育人理论学习、心理健康教育、教育方法指导等,形成人人都是德育工作者的氛围,提升全员育人意识,同时依据学生发展需求和班主任专业成长需要,制订符合校情的班主任培训方案,切实提高班主任教育的有效性和针对性。

(3)规范细节,夯实行规教育基础。这是指通过观测师生日常规范,进一步了解虹教附中行规教育开展情况,同时合虹教院和虹教附中德育团队之力,共同研讨虹教附中行规教育的生长点,以薄弱之处为切入点,完善学校行规教育三年实施规划,形成符合学情的行规教育特色。

(4)整合活动,实施德育活动课程化。这是指基于虹教附中开展的各类活动,整合专题教育、学生社团、社会实践、少先队活动等,实施活动课程化管理,构建学校德育课程体系,以加强学校课程体系的综合性与多样性,提升学校整体办学水平。

(三)师资队伍

在虹教院师训处与干训处的专业指导下,双方通过营造良好氛围、规范校本研修、试行发展性评估,切实提升虹教附中干部的管理能力与教师专业水平,为教师可持续发展提供保障。

这方面的具体举措包括以下五个方面:

(1)建立完善的校本研修机制及研修体系。这是指通过指向教学五环节的"五个一"(做一次主题发言、上一堂家常录播课、命制一份阶段测试卷、完成一次考后质量分析、完善一本校本分层作业)校本研修体系,结合每个学年组织的校内课堂教学和技能评比以及开发适应新中考改革(包含综合实践活动课程实施)的校本培训课程等,为教师搭建成长和发展的舞台,促进教师专业发展。

(2)开展师徒带教活动。这是指由上海市和虹口区专家及虹教院教研员担任导师,明确师徒带教的具体目标,填写带教手册,完成带教后汇报研讨课、论文发表等任务。

(3)发挥青年教师协会的作用。这是指在虹教院党总支与虹教附中党支部的领导下,加强虹教院青协与虹教附中青协的联动,做好青年教师的培养工作,逐步使青年教师养成勤奋好学、踏实工作的作风,为青年教师的专业发展、个性发展搭建平台,激励青年教师成名、成家,为教师队伍增添后劲。

(4)开发区本研修课程。这是指充分运用虹教院托管团队和虹教附中自身骨干教师等资源,有针对性地开展培训和交流指导,鼓励有经验的教师开发区级网络研修课程。

(5)加强名师培养工程。这是指通过校本培训课程,让虹教附中有更多有潜质的教师进入虹口区七层级人才梯队行列,使种子领衔人能在区级层面有影响力、市级层面出成绩。

(四)课程教学

在虹教院教研室指导下,虹教附中结合上海中考综合改革,以践行基于课程标准与教学基本要求的教学与评价为根本,进一步规范教学常规,以提高课堂教学的质量为目标,聚焦课堂教学、加强集体研讨。

这方面的具体举措包括以下六个方面:

(1)加强学校的课程建设。这是指严格按照上海市教委课程计划制订学校课程方案,同时依托上海市和虹口区专家、学科教研员的专业力量,根据学校实际情况积极开展国家基础型课程校本化实施工作,并在学校原有基础上进一步挖掘教师潜能,开设各类拓展型、探究型课程。

(2)促进教学质量提升。这是指积极利用虹教院教学资源,邀请虹教院派驻人员、上海市和虹口区专家开展不同层面、不同形式的专题讲座和专题研讨活动,进一步转变教师的教学理念,努力形成共识,同时搭建教学交流展示活动的平台,帮助虹教附中教师学习他人经验、展示自身亮点,从而改进课堂教学、提升教学质量。

(3)加强教研组建设。这是指依托上海市和虹口区专家、学科教研员的专业指导,以提高课堂教学的有效性和提升教学质量为目标进一步加强教研组、备课组集体研讨、集体备课的建设力度,规范教研活动机制,提高教研质量,加强常规检查和要求落实。

(4)培育优势学科。这是指充分发挥虹教院专业指导优势,通过凝练学科方向、培养骨干教师、搭建高端平台、推进成果转化等方法,培育和打造若干优势学科,扩大虹教附中优势学科的影响力,进一步提升学科整体实力,促进教育教学质量的整体提升。

(5)开展"下水教学"。这是指虹教院教研员深入虹教附中教学第一线,通过上"下水课",将教研重心下移,不仅要做到给虹教附中教师示范与启发,还要做到理论与实践相结合,最终为提高教学质量服务。

(6)持续加强教学质量管理。这是指通过不断完善教学质量监控反馈体系,为多层面、多学科的教学质量分析提供量化数据和信息,并落实课程与教学实施过程,为进一步提高教学质量提供科学依据。

(五)项目引领

在虹教院科研室的指导下,虹教附中开展"基于解决问题能力培养的初中深度学习与学法指导行动研究"的项目及相关子课题的研究,进一步提高学生解决实际问题的能力,转变教师教育教学观念,深化教学改革,并从整体上关注深度学习与问题解决能力之间的关系,以项目研究引领学校教育教学工作。

这方面的具体举措包括以下三个方面:

(1)明确项目研究目标。这是指探索和总结出一套适应新中考的课堂教学策略,以指导学校的整个教学工作,并使学生获得自主探究、合作交流、积极思考和操作实验的机会,促进创新精神和实践能力的培养,同时促使广大教师切实转变教育教学观念,深化教学改革,在科研和教改的过程中提高自身的业务素质、教学水平和理论水平。

(2)发挥教科研作用。这是指通过"学校—教研组—备课组—教师个体"参与操作实践和研究推进等活动,进一步发挥教科研对日常教学的促进作用。

(3)开展培训指导。这是指充分发挥虹教院派驻团队的专业力量,开展相关课题实践研究方法的专题报告,指导虹教附中教师深入开展项目研究。

(六)学生发展

在虹教院德研室和教研室的专业指导下,虹教附中以上海中考综合改革为契机,关注初中学生综合素质评价,突出对学生成长的过程性客观评价,引导学生把课程学习内容与真实生活情境相结合,以此促进学生全面有个性发展。

这方面的具体举措包括以下四个方面:

(1)提升学生自主管理能力。这是指积极探索学生参与学校教育教学管理、参与班集体和社团建设的有效途径,提升学生自主管理意识,强化学生行为和学习习惯的养成,全面提升学生的精神风貌和文明素养。

(2)关注学生心理健康发展。这是指以学校心理辅导室为主要载体,加强学生心理健康的维护与干预,在确保心理辅导课的正常开设和开展的基础上,通过各类心理专题教育和活动,多种渠道普及心理健康教育知识,引导学生逐步提高对自我的认识,并提升适应能力,培养学生自信的心理品质,并完善和健全学生的人格。

(3)开展适合中考改革的初中生涯规划指导。这是指全面覆盖生涯通识教育,根据不同学段侧重展开生涯辅导,帮助学生对内认识自我、对外了解职业行业和社会,同时兼顾学生发展需求,组建生涯指导师团队,开展导师模式下的生涯教育项目学习,促进学生综合素养和问题解决能力的培养。

(4)探索学生综合素质评价方式。这是指加强评价方式的改革,利用评价结果充分调动学生参与学校各项活动的积极性,激活学生发展潜能,并通过建立学生综合素质档案,引导学生在记录成长事实的过程中,不断发现和提升自我,建立自信,体验成长的快乐,从而促进学生个性成长和全面发展。

第三节 "强校工程"项目推进的六大任务

"强校工程"项目是一项系统工程,牵一发而动全身,可以全面带动区域教育推进和相关学校的整体改革。上海市教委建立"强校工程"建设领导小组,统筹协调"强校工程"的实施和管理工作。上海市各区教育局承担主体责任,健全组织领导机构和工作制度,研制区域实施"强校工程"方案,统筹资源,加大投入,保障"强校工程"的有效落实。"强校工程"的相关"实验校"充分抓住机遇,提升自身办学活力,切实提高办学质量。

在成为"强校工程"项目实验校之后,虹教附中与虹教院合作成立教育集团,接受虹教院团队的全面托管,承担和完成"强校工程"项目推进的六大任务。

一、"双名工程"有机融入

"双名工程"指"上海市普教系统名校长名师培养工程"。"双名工程"旨在通过"高峰计划""攻关计划""种子计划"等项目,培育教育家型领军人才、市级高水平教学管理团队、区域骨干团队等卓越教师,特别注重在培养教师过程中带动公办初中的发展。

"高峰计划"旨在培养教育家型领军人才。该计划的成员将在三年周期内完成一项具有战略性的攻坚课题项目,结对一所公办初中"强校工程"实验校或乡村学校,作为攻坚课题基地学校开展讲学、论坛、接受结对校长教师跟岗学习等活动,并举行市级的个人教育思想研讨会。"攻关计划"以培育市级高水平教育教学管理团队为目标。第四期"双名工程"教师"种子计划"优先选取"实验校"中有发展潜力的青年教师,确保每所"实验校"有不少于5%的教师纳入"种子计划"。

虹教附中通过优质引进、学校培育等途径,加强市级名校长和名师(含培养对象)在"实验校"的配备,确保虹教附中(实验校)有一名市级名校长(含培养对象、特级校长)、两名名师(含培养对象、特级教师)。

虹教院党总支书记兼副院长、特级校长汤国红担任虹教附中总校长,安排教研员和教师进修学院业务骨干直接进驻,其中有多名特级教师、正高教师,还有"高峰计划""攻关计划""种子计划"的领军教师,从而恢复学校原有的"教院基因"。

二、优质品牌辐射带动

虹教附中按照"强校工程"的要求,开展紧密型学区化、集团化办学试点。

第一,根据"实验校"发展需求,因地制宜,由虹教院领衔,建立紧密型集团化办学体制,实行托管,采取"一带一""一带二"等方式集中优势资源建设"实验校"。

第二,虹教院提高本单位优秀干部、教科研员流动、滚动到虹教附中兼职兼教的比例,实施教师联合培训、联体研修、联动科研,多渠道提升虹教附中的干部管理能力和教师专业能力。

第三,建立"实验校"动态发展档案,反映学校干部培养、教师发展、学生成长、资源配置、课程教学、特色建设等方面的发展情况。虹教附中还突出增值评估,将"绿色指标"表现、学校综合考核等进步情况作为评价"实验校"建设和紧密型学区、集团建设等方面的主要指标,并对虹教附中取得的办学成效和经验进行深度总结和推广辐射,促进和提升区域办学水平和质量。

三、专家全程专业指导

虹教附中依托上海市教委牵头成立的市级专家指导团队,对"强校工程"实施方案和"实验校"三年实施规划进行论证,对实施"强校工程"进行专业指导。

第一,建立以虹教院教科研员为主体的区级指导专家团队,整合区域内专业资源,根据"实验校"发展需要,配备不少于3名指导专家,并在进行初态评估的基础上,指导"实验校"制订学校三年实施规划,形成"一校一规划",并给予全程专业指导。

第二,将虹教附中"实验校"建设成为教育科研基地校,指导学校完善日常教育科研机制,推进优秀成果在"实验校"的转化应用与合成再造,并建立激励机制,保障市、区教育科研人员深入"实验校"提供专业支持和开展蹲点实践研究。

四、深化课程教学改革

虹教附中实施"课程领导力项目初中百校工程"。第一,以上海市提升中小学(幼儿园)课程领导力行动研究项目(第三轮)为载体,聚焦课堂教学、课程计划编制、教研活动组织、特色课程建设等学校内涵发展核心主题,开展集群研究,深化实践探索,提炼策略方法,搭建分享平台,促进智慧传递,提升"实验校"课程品质和教学水平。第二,以提升教育教学质量为核心,深化课程与教学的校本改革,建立健全备课、上课、作业、辅导、评价等基本教学环节的规范,科学设计作业和测验制度,促进课程、教学、作业和考试评价的一致性。第三,充分利用校内外各种资源,开齐开足各类课程,广泛开展学生综合实践活动,加强学生社会责任感、创新精神和实践能力的培养,为不同需求的学生提供可选择的综合学习经历,提高学生综合素养。第四,优化学生综合素质评价,突出社会考察、探究学习、职业体验等综合实践活动的记录,树立正确的质量观和评价观,运用科学的教育评价理论对学生发展进行综合评价,促进学生积极主动发展和全面健康成长。

五、激发自主办学活力

自主办学是指学校根据法律和社会需要,独立地举办学校、进行决策和开展各项工作,特别是独立决定办学目标、人员聘任、资金使用和课程设置的行为。强化学校办学自主权,可以使学校办出特色。

第一,坚持外部支持与激发学校自主办学活力相结合。坚持简政放权,减少对学校不必要的检查、评估,依法保障虹教附中"实验校"充分的办学自主权。"实验校"在有效利用外部支持的同时,充分利用专业资源,集聚学校教职工的实践智慧,制订本校"强校工程"三年实施规划,明确目标、时间表、路线图和具体实施项目。同时完善学校治理方式,激发教职工积极性和创造性,推进学校开放办学,形成学校、家庭、社区合力育人格局。

第二,坚持创新与规范相结合。虹教附中"实验校"要积极落实本市高中阶段学校考试招生制度改革要求,主动开展创新性教学和研究,同时树立正确的教育质量观,增强底线意识,在规范中求创新,在创新中求突破。

六、凝练办学特色品牌

办学特色是指学校在长期的办学过程中所表现出来的有别于其他学校的独特的办学风格、独到的办学理念以及在人才培养、教学研究、校园文化等方面的特色。

办学特色具有以下性质:一定范围内的独特性、正确的导向性、相对的稳定性、同类学校或一定范围内的较强示范性。在形式上,它主要表现在办学目标、活动形式、组织形式、教育和教学方法、课程和活动内容、师资建设和以学生质量为核心的办学成果等各个方面,尤其表现为形成了较为完整和科学的办学思想、较为完善的内部制度及有效的运行机制。

这方面的主要措施有:第一,加大虹教院教研室对虹教附中"实验校"课程建设的指导,强化校本特色课程建设、特色教师培育,帮助学校建设符合校情的特色课程。第二,帮助"实验校"在课程建设基础上,聚焦科技、艺术、体育、人文等领域,打造办学特色,努力形成品牌。

第四节 "强校工程"项目的成效

自推进"强校工程"项目以来,得益于与虹教院的全面结对和接受虹教院的托管,虹教附中的教师队伍建设日益加强,办学水平不断提升,教学质量稳定提高,在区域同类学校中的地位显著上升,办学质量排位得到提高,"强校"效益充分显示。

一、抓住三个点,因势利导促发展

(一)夯实支点,强化队伍建设

教师队伍是一所学校发展的关键支点。依托"百校强校工程"和虹口区教师进修学院研修资源,虹教附中规范校本研修,不断增强校级骨干教师的学科专业引领和示范能力,不断提升班主任的德育素养与育德能力,优化教师队伍结构,健全与完善各种校本研修机制,逐渐形成浓厚的、积极的教师学习、合作和研究文化氛围。虹教附中改变教学行为,以基于课程理念下的课堂教学行为改进为研修重点,为促进教师的"主动成长"而努力,切实提升教师的专业水平,为教师可持续发展提供保障。

第一,虹教附中以该校校长周荣辉的种子计划项目"以课程建设为载体的学校管理人才培养实践研究"为依托,从学校课程建设、综合素质评价、学校校园文化建设、学生社团建设、学校后勤保障等各方面,有针对性地培养适应新时代学校发展的学校管理人才。

第二,虹教附中在虹教院师训室的指导下,建立完善的校本研修机制及研修体系。实施过程可概括为"五个一":做一次主题发言、上一堂家常录播课、命制一份阶段测试卷、完成一次考后质量分析、完善一本校本分层作业。通过以上指向教学五环节的"五个一"校本研修体系,结合虹教附中教师的公开课和以蹲点教研员带头开发的适应新中考改革的校本培训课程等,虹教附中为该校教师搭建成长和发展的舞台,促进教师专业发展。

第三,开展师徒带教活动。带教活动的导师均由市区专家和虹教院教研员等担任。带教活动要求明确师徒带教的具体目标,填写带教手册,完成带教后汇报研讨课、论文发表等任务。通过带教活动,许多新入职教师都获得了成长。例如,2018学年的新入职教师吴秋平就通过带教活动获得了虹教附中和虹口区的很多荣誉。

第四,发挥青年教师协会的作用。在虹教院党总支与虹教附中党支部的领导下,虹教院青协与虹教附中青协加强联动,虹教院各科教研员与虹教附中青年教师结对,共同做好青年教师的培养工作。例如,虹教附中的第五梯队优青干部培养对象就参与了虹教院的各类培训工作,聆听了虹教院副院长和教研室主任的讲座报告,还随听了第四梯队的培训讲座。虹教院为虹教附中青年教师的专业发展、个性发展、成长成材搭建平台,使青年教师全方面发展。

第五,参与由虹教院教研员开设的研修课程。虹教院初中各学科教研员经常性地在虹教附中开展教研活动,充分运用虹教院教研员团队的专业引领,通过现场听课、交流指导等方式,转变虹教附中教师教学理念,提升教育教学能力。

第六,通过"双名工程"结对带教指导。结合上海市"双名工程"的深入开展,"高峰计划"领衔人胡军、"种子计划"领衔人林海、李冬昕等学科专家与教研员入驻虹教附中并指导带教虹教附中的教师。同时,虹教院的芮学国、李永利、王红丽等老师的"种子计划"团队也让很多虹教附中的青年教师参与其中,以项目引领的方式提升虹教附中教师的专业素养水平。

此外,虹教附中在集团化建设一年的时间里,有16个人次在全国、上海市和虹口区教学比赛中获奖,11位教师的论文发表在《上海教育情报》《中学教学参考》等杂志上。

(二)关注原点,营造育人文化

学校的发展不仅体现在高质量的教育教学水平上,更体现在富有特色和个性的学校文化氛围中,而育人文化则是学校文化的核心内容,引领着师生的行为方式,陶冶着师生的情操,推动着师生的发展。基于此,虹教附中主要从以下五个方面着手营造育人文化。

一是以集团化办学为契机,汇聚专家智慧、融合教师共识,从学校发展和学情实际出发,对原有的办学理念和育人目标进行重新梳理、整合设计,在传承的基础上发展了学校的育人文化,即"让每一个孩子自信地走向未来"。

二是为了更好地帮助学生接受道德规范和实现道德成长,以虹教院德研室副主任郑臻宇老师为主的德育专家每周进校指导虹教附中各项德育工作的开展。同时,德育专家们还带领虹教附中德育管理团队在研究学生身心发展规律的基础上,共同研讨符合校情、学情的行为规范教育生长点,及各学段行为规范教育的方法,从而推进了学生行为好习惯的养成,形成了良好的学风,促进班集体形成了良好的风貌,营造了有特色、有核心价值、有归属感的校风校貌。

三是注重校园环境的优化,使校园处处发挥育人功能。虹教附中结合学校EACH课程开发,正在设计与规划富有乐趣、智趣、劳趣的新的校园文化环境"智慧百草园"。"智慧百草园"原是虹教附中内靠河一带的空地,虹教附中将其改建成学生体验学习和生活的重要场所。"智慧百草园"不仅给EACH课程实施提供了最好的资源和载体,同时也成为学生们进行自然探索、劳动实践的最佳空间,更是成为学校育人文化环境建设的一个亮点。

四是通过课题和项目的研究,积极盘整学校已有的课程和活动,整合学校、家庭和社区的资源,构建学校生涯教育"1+1"育人特色。虹教附中借助课程建设的项目研究,努力为学生提供可供选择的、优质的多元学习平台,并同步培养一支知识结构互补的师资团队,促进学校课程文化的大融合。

五是加强家庭、学校、社区的三方联动,注重协同育人文化的营造。学生的成长环境除了学校,还包括家庭和社会。学校教育的成效离不开家庭的支持和配合,离不开积极健康的社会环境。为此,虹教附中积极争取家庭和社会共同参与。例如,虹教附中不仅每学期都会通过校园开放日、学校主题活动等形式邀请家长一起参与学生活动的组织和开展,还邀请家长进校担任志愿辅导员,辅导学生开展社团活动。同时,虹教附中加强与社区学校的交流与合作,充分发挥社区教育资源的特殊作用,将非遗文化项目的学习请进课堂;还与周边的场馆资源合作,带领学生走进科技馆、李白烈士故居等公共文化场所,共同搭建好学生社会实践活动的平台。

虹教附中将继续推进学校育人文化的营造,真正做到以优美的环境陶冶学生、以优良的校风影响学生、以高尚的师德感染学生、以严格的要求规范学生、以扎实的课程发展学生、以丰富的活动提高学生,让育人文化成为虹教附中发展的灵魂。

(三)破解痛点,落实生源问题

虹教附中的生源问题一直是学校进一步发展的痛点。在"强校工程"启动后,生源问题的解决得到虹口区教育局的大力支持。2019年3月,虹教附中的对口小学在原来的祥德路小学基础上又增加了幸福四平小学,为学校的进一步发展提供了有力的保障与支持。

虹教附中以招生工作的推进为契机,与对口小学密切交流与沟通,利用多种方式互动联动(例如微信公众号、实地走访、发放宣传资料等),分别与对口小学校行政班子、班主任、全体教师和家长学生沟通。充分的沟通和宣传以及虹口区教育局领导、相关科室的大力支持,使得虹教附中的校园开放日活动圆满成功。"强校工程"项目推进前后虹教附中在校生源情况对比见表1—1。

表 1—1　　　　　"强校工程"项目推进前后虹教附中在校生源情况对比

时间	对口小学	在校人数	班级数	沪籍生占比
2018 年	祥德路小学	177	9	35.59%
2019 年	祥德路小学 幸福四平小学	223	9	43.65%
2020 年	祥德路小学 幸福四平小学	252	9	68%

由表 1—1 可知,2020 年虹教附中在校生人数共有 252 名,其中沪籍生源占比 68%。预计 2019—2022 年连续四年,虹教附中将以每年 2 个教学班递增,办学规模明显扩大。

此外,虹教附中结合对口小学的办学特色,在课程建设上探索中小衔接。例如,与祥德路小学开展语文学科阅读课程中小衔接研究,从学科建设、队伍发展、亲子共读、线上线下阅读等方面开展联动。

二、抓好四个方面工作,齐头并进显成效

(一)教师专业发展迅速提升

通过两年的努力,虹教附中教师成才培养工作初见成效,专业水平教师队伍整体成长迅速,优秀教师数量增幅明显。"强校工程"项目推进前后虹教附中人才梯队人数与占比见表 1—2。

表 1—2　　　　　"强校工程"项目推进前后虹教附中人才梯队人数与占比

	学科带头人、工作室主持人	特级、正高级教师	骨干教师	教学新秀及能手	"双名工程"教师	总人次
"强校工程"项目推进前	0	0	2	2	0	4
"强校工程"项目推进后	1	1	4	5	22	33

虹教附中一线学科教师依托与虹教院的合作,积极参加区校合作项目(见表 1—3),并在课堂教学中提升专业能力。同时,各个学科教研组也加强教学研

究,并带领本学科组教师积极参与校本课改研究,撰写小型的课题研究,以研究的成果促进教学质量的提高。例如,理科综合教研组开展了"基于真实问题情境下的课堂活动设计"的研究、英语教研组开展了"低年级学生有意识模仿发音习惯培养"的研究、语文教研组开展了"双新背景下语文阅读的有效化尝试"的研究。

表1—3　　　　　　　　　　虹教附中区校合作的研究

序号	项目负责人	涉及学科	课题名称
1	黄文杰	教学管理	基于主体翻转的教材例题变式的实践研究
2	张洁	英语	中小学英语衔接教学校本化研究
3	胡荧	英语	初中生英语阅读品格的指导型阅读活动的设计与实施

"强校工程"项目推进两年以来,虹教附中教师的课堂教学能力得到了整体提升,获奖教师的覆盖面不断扩大,已经占到教师总人数的1/4,特别是青年教师,进步显著、崭露头角、屡获佳绩(见表1—4)。

表1—4　　虹教附中教师"强校工程"项目推进两年以来获得的荣誉(部分)

2018学年	陈怡怡(班主任):获得"闵行杯"上海市班主任基本功系列竞赛初中组二等奖、西南大学2018年"国培计划"——骨干班主任教师研修项目(初中班主任培训班)"优秀学员";领导的"胜翼中队"获虹口区优秀集体称号
	张倬姣(英语):讲授虹口区公开研讨课"6AU2 Friends of the Earth"
	陈怡怡(数学):主持初中特色课教学交流展示活动"幂的运算单元复习"(活动由上海分层递进教学研究所、虹口区教师进修学院、无锡市玉祁初级中学合办);获得五强校第一届课堂教学一等奖
	王云霞(历史):获得五强校第一届课堂教学一等奖
	卢钟玲(生命科学):讲授虹口区公开研讨课"生物的变异"、虹口区生命科学与地理学科融合区级公开课"城市绿化",其中,"城市绿化"还参加了长三角地区分层递进教学展示活动,并在教育部2019年"一师一优课,一课一名师"活动中获得"优"的评价
	马海涛(体育):获得上海市体育艺术领域教师专业技能展示评选活动体育与健身学科个人专业技能二等奖(活动由上海市教委教学研究室举办);参加上海市中学体育与健身骨干教师高级研修班教学展示研讨活动(活动由上海市风华初级中学承办);讲授公开课"山羊分腿腾跃"
	陈婷(科学):论文《巧善探究活动设计,提升科学探究质量》获得虹口区教学论文评比二等奖;主持的"馆校合作"项目被评为精品课程
	唐田田(语文):撰写的教学案例"皇帝的新装"获得上海市初中语文统编教材专题研究课优秀案例二等奖;讲授李蔚语文工作室研讨课——"学会'听'才能更好地'说'"
	吴秋平(心理):获得虹口区心理健康月优秀组织奖三等奖
	王君(美术):获得全国第六届中小学生艺术展演上海市活动中小学美育改革创新优秀案例三等奖

续表

2019学年	陈怡怡(班主任):获得第八届长三角班主任基本功大赛初中组综合一等奖、初中组论文一等奖
	陈怡怡(数学):讲授的微课"第一次家长会"的大纲获得上海市中小学班主任高端研修班微课大纲评选二等奖;讲授的高思视域下的数学课堂教学"将一个分数拆为几个不同的单位分数"被评为虹口区区级公开课
	陈婷(科学):获得上海市课堂教学比赛二等奖、上海市初中科学论文案例启示录评比三等奖
	王君(美术):撰写的论文"初中美术'设计·应用'领域服装设计单元中建立学生设计思维的方法研究"获上海市体育与艺术领域教师专业技能论文评比团体二等奖;获得上海市体育与艺术领域教师科研论文、教学案例三等奖;讲授中学美术(艺术)学科单元教学设计区级培训课程;获得五强校第二届课堂教学一等奖;撰写的教学论文入选虹口区线上教学案例集
	马海涛(体育):获得虹口区课堂教学比赛一等奖;讲授的"六年级 武术:徒手拳术组合"被评为虹口区区级公开课
	卢钟玲(生命科学):获得虹口区课堂教学比赛三等奖;讲授的"染色体与基因"被评为虹口区区级公开课
	任云云(物理):获得五强校第二届课堂教学一等奖
	陆云昭(语文):获得五强校第二届课堂教学二等奖
	张倬姣(英语):撰写的研修故事"'空中课堂'的特殊飞行指南"获得虹口区区级校本研修故事优秀奖;撰写的教学论文入选虹口区线上教学案例集
	王云霞(历史):撰写的教学论文入选虹口区线上教学案例集
	吴秋平(心理):撰写的研修故事"热闹的背后是什么"获得虹口区区级校本研修故事优秀奖;主持的"初中生职业生涯规划"校本课程开发设计获虹口区区校合作项目优秀等第;讲授的"生命的连接"被评为虹口区区级公开课;获得虹口区心理月优秀组织奖二等奖、虹口区心理健康月"我的心情故事"心理征文一等奖、上海学校心理健康教育活动月征文评比三等奖、虹口区中小学心理学科教学评比三等奖、"黄埔杯"长三角城市群"关键教育事件"征文优秀奖、虹口区第13届教育科研成果奖个人二等奖
	唐田田(语文):讲授李蔚语文工作室研讨课"说说我的新朋友"
	周荣辉(学校集体):主持的"指向学生未来发展的初中'小辅导制'的设计与实践研究"获虹口区第13届教育科研成果奖一等奖

(二)教学质量稳步提升

虹口区通过改进教师的教学方式、改变学生的学习方式、加强日常的教学管理、引进精准的教学质量管理系统和充分利用大数据,不断完善教学质量监控反馈体系,为多层面的教学质量分析提供量化数据和信息。结对托管两年以来,虹教附中在中考中屡获佳绩,在虹口区全区公办学校中名列前茅,尤其是市区重点录取率和普通高中录取率均创历史新高(见表1-5)。

表1-5　　　　　　　　　　虹教附中中考录取率

年份	市重点录取率	市区重点录取率	普通高中录取率
2019	30.43%	78.26%	95.65%
2020	20%	75%	95%

(三)校园环境日益安全温馨

2020年5月初,虹教附中的"智慧百草园"活动基地正式完工,由此一个兼顾学校EACH综合实践活动课程与劳动教育的场所呈现在全校师生的面前。"智慧百草园"活动基地的建设不仅为EACH课程实施提供了最好的资源和载体,同时也成为学生们进行自然探索、劳动实践的最佳空间,更是成为学校育人文化环境建设的一个亮点。2020年8月,虹教附中为了教学环境的安全,通过多次与街道、周围居民商议讨论,对学校操场周围的围墙进行了翻新与加固,保障了教育教学工作的有序开展。

同时,虹教附中根据新中考改革的要求,对学校原有的理化实验室进行了调整,增添了新的设备与实验器材。为了应对新中考英语听说的要求,虹教附中还努力将计算机房进行整合,使其能够在满足日常教学要求的同时,也能开展英语听说的日常训练。

(四)社会的影响力不断扩大

自"强校工程"项目推进以来,各类媒体对虹教附中也给予了关注,多次进行了报道,从而扩大了学校办学的影响力与辐射力。

上海电视台的《新闻透视》,以及《新闻晚报》《东方教育时报》等共计4家媒体对学校的办学特色、课程建设进行了专题报道。其中,2019年4月24日上海电视台新闻综合频道播出新闻《公办初中强校工程一年间》,重点介绍了虹教附中强校工程的推进情况。《东方教育时报》也对虹教附中结合新中考改革与综合素质评价的要求而设计的学生寒假作业进行了专题报道。

此外,2019年第4期的《上海教育》还专门针对虹教附中的教师专业发展做了《虹教附中:强校强师正当"天时地利人和"》的专题报道,专题报道对虹教附中教师培养及发展的具体举措进行了全面的介绍与宣传;上海市教委新闻办在2020年5月6日对虹教附中改建"智慧百草园"的情况做了报道;上海东方卫视的新闻栏目也报道了虹教附中学生在李白烈士纪念馆做义务讲解志愿者的情况。

第二章　探索路径：基于 EACH 综合实践活动课程的实践

学校的课程与教学改革在本质上是对"为谁培养人""培养什么人""怎样培养人"这三个根本问题的系统回答。落实立德树人根本任务，强化课程育人全面实施，就是要坚持系统设计课程框架、整体规划课程实施的各个环节，全面整合课程资源，形成学校特色课程，提升办学治校的质量，从而实现全科育人、全程育人和全员育人的目标。近年来，虹教附中通过优化课程体系、强化德育课程、建构实践活动课程等形式，卓有成效地推进自上而下的课程改革，探索校本化的 EACH 综合实践活动课程体系，发挥了学校整体课程体系架构的育人作用。

第一节　国家课程校本管理的与时俱进

1999 年 6 月，《中共中央国务院关于深化教育改革全面推进素质教育的决定》明确提出"建立新的基础教育课程体系，试行国家课程、地方课程和学校课程"。这个文件拉开了国家课程校本管理的序幕，促进了全国各地区全面推进课程与教学改革，蕴含了对学校强化课程领导力的要求。

一、使命：为了每一位学生的发展

从 2000 年以来，自上而下的课程改革紧锣密鼓地开展。2001 年 6 月，教育部颁布了《基础教育课程改革纲要（试行）》，正式拉开了新中国成立以来规模最大的第八次基础教育课程改革运动的序幕。这一轮课程改革也被称为新课程改革，其核心理念是：为了中华民族的复兴，为了每一位学生的发展。

新课程改革的培养目标是：要使学生具有爱国主义、集体主义精神，热爱社会主义，继承和发扬中华民族的优秀传统和革命传统；具有社会主义民主法制意识，遵守国家法律和社会公德；逐步形成正确的世界观、人生观、价值观；具有社会责任感，努力为人民服务；具有初步的创新精神、实践能力、科学和人文素养以及环境意识；具有适应终身学习的基础知识、基本技能和方法；具有健壮的体魄和良好的心理素质，养成健康的审美情趣和生活方式，成为有理想、有道德、有文化、有纪律的一代新人。新课程改革的培养目标体现了时代要求。

新课程改革要求改变课程过于注重知识传授的倾向，强调形成积极主动的学习态度，使获得基础知识与基本技能的过程同时成为学会学习和形成正确价值观的过程；改变课程结构过于强调学科本位、科目过多和缺乏整合的现状，整体设置九年一贯的课程门类和课时比例，并设置综合课程，以适应不同地区和学生发展的需求，体现课程结构的均衡性、综合性和选择性。改变课程内容"难、繁、偏、旧"和过于注重书本知识的现状，加强课程内容与学生生活以及现代社会和科技发展的联系，关注学生的学习兴趣和经验，精选终身学习必备的基础知识和技能；改变课程实施过于强调接受学习、死记硬背、机械训练的现状，倡导学生主动参与、乐于探究、勤于动手，培养学生搜集和处理信息的能力、获取新知识的能力、分析和解决问题的能力以及交流与合作的能力；改变课程评价过分强调甄别与选拔的功能，发挥评价促进学生发展、教师提高和改进教学实践的功能。

1998年，上海市按照国家《基础教育课程改革纲要（试行）》，结合上海课改实际情况进行深度改革（后称"二期课改"）。二期课改的核心思想就是以学生的发展为本、为主旨，围绕突破文化考试的制约，以开展素质教育，以创新精神和实践能力培养为重点，在中小学校全面铺开。上海市还据此提出了相应的课程理念和课程目标，在课程结构、课程内容、课程实施和课程评价方面，努力争取有新的突破。

二期课改秉承以学生发展为本的理念，重新审视和反思课程，确立课程是为学生提供学习经历并获得学习经验的观念，以德育为核心，强化科学精神和人文精神培养；以改变学习方式为突破口，重点培养学生的创新精神和实践能力；加强课程的整合，促进课程各要素间的有机联系。

自 2004 年暑假开始，上海市小学一年级全面推行二期课改，在三年内，课改覆盖全市小学、初中及高中的起始年级。二期课改的基本理念是"以每一位学生发展为本"，并依此整体设计课程机构，优化课时配比，精选学科内容，引进、改编和开发课程教材，规范和创新课程实施，建设课程资源等。

上海市中小学二期课改的一个重大突破，就是把课程分为三类课程［基础型课程、拓展型课程、研究型（探究型）课程］进行管理，并以必修、选修和活动作为课程实施形态，并从课程设置上体现课程结构的均衡性、综合性和选择性。其中，拓展型课程和研究型课程的推出是二期课改的一个重点。

上海市教委专门颁布了《上海市中小学拓展型课程指导纲要（试行稿）》，阐述拓展型课程建设的概念、意义、特点等，用以指导区域教研部门和一线学校改革课堂教学。研究型课程是实施素质教育、培养学生创新精神和实践能力的一个重要途径。提倡研究型学习，主要是要引导学生通过情感体验和探究实践，形成对知识的掌握和运用，培养学生永不满足、追求卓越的学习态度，提高学生发现问题、研究和解决问题的能力，改变学生的学习方式，让他们通过主动地探索、发现和体验，发展成为具有独特个性的人。上海市的研究型课程在普通高中得以全面开设，成为上海二期课改的一大特色。小学和初中因为受到学段、学力的制约，通常称该类课程为探究型课程，目的是让学生强化探索学习和获得体验。正是在新课改理念的指导下和相关举措的持续推进下，上海市基础教育领域涌现了许多新观念、新创造、新实践，比如自主学习、合作学习、有效教学、生涯设计、学生学习需求、校本课程建设等。

上海市二期课改的关键是：聚焦课程领导力，提高教学有效性。上海市教委从 2007 年以来，一直在致力于解决"校长课程领导力"的问题，并把"提升校长课程领导力"作为主题，把"提高教学有效性"作为核心目标。这显示了上海市各级教育行政部门对全程强化二期课改的高度重视和强调。

虹教附中得益于上海二期新课改时势的造就，成为上海 100 所课改基地学校之一，承担校本课程改革的实验重任，从简单照本执行，到自主创新发展，走过了一个较长的实践阶段。在二期课改期间，虹教附中的干部及教师在课程理念、课程目标、课程结构、课程内容、课程实施和课程评价方面，拓展了视野、参与了实践、获得了真知，为学校的可持续发展打下了扎实的基础。

虹教附中在履行集团化办学规准要求和接受虹教院专家团队的托管后,获得了更多的课改理论学习的优质平台,逐步积累了一定的校本课改经验,促进学校走上了较快发展的道路,也取得了比较成功的收获,尤其是对新课改的认识从感性阶段走向理论与实践相结合的层面,为教育实践的深化推进夯实了基础。

二、任务:承担校本课程改革重任

国家、地区课程改革的大目标、大任务,最终要落地一线学校,落实为推进校本化的课程改革和办好人民群众家门口的优质、均衡的好学校。正在推进"强校工程"的虹教附中也适时承担起一线学校的责任,以曾经开展二期课改实验校的使命担当和实践经验,全面承担校本课程改革重任。校本课程改革就是要建立一种以学校教育的直接实施者(教师)和受教育者(学生)为本位、以学校行政领导为责任主体的课程开发决策和实施的机制,使课程具有多层次满足社会发展和学生需求的能力,并在取得阶段性成功经验的基础上,向区域同类学校辐射,促进面上的课改。

按照现代课程分类理论来考察,校本课程并不是一种课程类型,而是属于课程管理方面的一个范畴,属于管理分级的需要,是正在形成之中的同我国三级课程管理体制相适应的基础教育新课程体系中的一个组成部分,即中小学新课程计划中不可缺少的一部分。我国的校本课程是在学校里生成的课程,既能体现各级各类学校的办学宗旨、学生的特别需要和该校的资源优势,又与国家课程、地方课程紧密结合,是一种具有自主性、多样性和可选择性的课程。这一界定试图反映校本课程的三种基本属性,即关联性、校本性和可选择性。关联性是指校本课程与国家课程和地方课程之间紧密联系,都是处于基础一级的学校课程。校本性是指校本课程应是从本学校特色建设、优质建设出发,从学生发展需要出发的课程。可选择性是指校本课程一般应从属于选修课类别,应该让学生能够按照兴趣、爱好和个性发展的需要进行个性选择。

校本课程建设主要分为两类:一是对国家课程和地方课程的实施进行校本化、个性化的教学设计,也称课程重构设计,即学校和教师通过选择、改编、整合、补充、拓展等方式,对国家课程和地方课程进行再加工、再创造,但是不能违背基础课程的目标,使之在教学中更符合学生、学校的特点和需要;二是学校设计开发新的课程,即学校在对该校学生的需求进行科学的评估,并充分考虑当地社区和学校课程资源的基础上,以学校和教师为主体,开发旨在发展学生个性特长的、多样的、可供学生选择的课程。

虹教附中长期参与"二期课改",并不缺乏承担校本课程改革重任的实践体验,其中最深的感受就是课程育人的体验。虹教附中的实践体验有:第一,如果从学校课程管理的层面来说,学校的根本任务是育人,育人的根本途径是课程及其实施。第二,课程是学生全部学习生活的总和,加强课程领导力就是要从育人目标、学生学习、成长需求的结合上,建构适合的课程体系,把学生浸润在课程内容和课程实施的全部过程中,充分发挥课程的整体育人功能。第三,学校是课程实施的基本单位,通过课程的有效实施为学生提供全景式的学习生活,立足点在学校,关键点在校长。第四,国家课程的校本化实施是校长课程领导的基本任务,而面对学生、教师和学校的实际分析就是基础与起点。第五,学校的内涵发展,最根本的是要使课程及其实施更加适合育人的需要,体现现代社会育人的要求,而学校课程与教学管理的宗旨也在于此。

三、开发:推进校本课程设计过程

校本课程是学校自主决定的课程,它的开发主体是教师。教师可以与专家合作,得到专家指导,但不是专家编写教材供教师去使用。教师开发课程的模式是"实践—评估—开发",循环往复,逐步提升。教师结合自己的教育教学实践,对自己所面对的教育情景进行分析,对学生的学习需要做出评估,确定课程目标,选择与组织内容,编写课程大纲,决定教学实施与课程评价的方式。在一线学校,校本课程开发的主体主要是教师研究小组,进行群体性的合作开发更为有效。优秀教师个人也可以承担开发校本课程的任务。

校本课程的开发,主要是坚持国家基础课程为统领,以学校为基地进行具有地方性、特色性和学校特点的课程开发,以拓展型课程和研究型课程为主。学校在课程开发中,应该实现课程决策民主化,群策群力推进课程建设。学校的教师、学生、学生家长、社区代表等都应参与课程的决策。

校本课程开发是学校课程管理的组成部分，体现学校课程领导力，它需要有学校领导的担当性的支持、专家的指导、教师的努力和参与，需要得到全社会的理解、支持和评价。依据虹教附中的课改实践经验，总体来说，校本课程开发的程序主要有四个阶段。

（一）需要评估

需要评估是设计校本课程时必须要做的第一步研究性、规划性的工作，就是针对学校办学需要和学生发展需要（重点是学生的需要），对课程进行校本化的开发。需要评估需要考虑以下几个方面问题：学校提升办学水平和特色发展需要什么样的校本课程？学生的特长培养、潜能开发和个性发展需要什么样的校本课程？本校教师在课程开发和建设上具有何种潜在能力？能够做到什么？学校的办学历史和传统可以提供什么资源？学校需要通过对这些方面的全面评估来了解过去、摸清现状、预测未来。

需要评估的目的是使校本课程符合社会主义核心价值观准则，适合一定学段的学生身心健康发展需要，从而符合教育教学需要。如果学校能结合校情、生情、文化传统开发校本课程，效果就一定会很好。

需要评估标准主要涉及需求侧和供给侧两个方面，具体包括：评估学校的校情、文化传统和发展需要，明确学校的校本培养目标，评价学校课程教学状况及学生发展个性化需要，如有可能还要兼顾周边社区发展的需求，分析学校、家长与社区的课程资源等。

（二）课程目标

确定课程目标是学校对校本课程所做出的价值定位。它是在分析与研究需要评估的基础上，通过学校课程审议委员会的审议，加以认定。校本化的课程目标可以有校本宏观目标和单一课程目标。校本宏观目标与学校校本培养目标、办学特色方向相联系。单一课程目标是指某门特定课程的教学目标和学生发展目标。

基层学校刚开始设计校本课程大多是从"单枪匹马"开始的，即从独立、单一的校本课程开始，比如开设社团活动的相应课程，依据教师特长或兴趣爱好开设

"三模课程"、计算机程序设计、剪纸、篆刻等。每一门小微课程都有自己的课程教学目标,实现学生的德智能的综合发展,这就是单一课程目标。

到学校自建自编课程的数量有所积累,分门别类,校本特色初现,就会逐渐凝聚和上升成校本化的系列课程,比如"优秀传统文化印痕课程""趣乐园课程"等。这已经不是单一课程,而是校本特色系列课程。在达到这个层次的课程开发之前,就需要确定校本系列课程的总体目标,制定校本系列课程的框架结构等,把学校眼前的需要与未来的发展相结合,逐步形成总体框架图谱,形成课程建设和发展思路,体现课程的拓展性、可选性、跨学科,凸显培养学生的长远目标,彰显校本化课程特色,促进学校办学的可持续发展。达到了课程系列开发的境界,校本课程开发就有长远目标,可以全面实现学生综合素养的提升。

(三)组织与实施

组织与实施是学校为实现校本课程目标开展的一系列活动。学校要根据校本课程的总体目标与课程结构,制定校本《课程开发指南》,并要对教师进行培训,让教师申报课程,递交一份完整的《××校本课程开发方案》。学校课程审议委员会根据校本课程的总体目标、课程开发思路与教师的课程开发能力,对教师申报的课程进行审议。

课程审议通过后,教师要进行课程设计和编撰,形成自己承担课程的课程纲要或教材,然后编入学校《学生选修课目录与课程介绍》,供学生选课。如果由社会或家长提供课程资源,就应当由学校教师共同参与课程设计和编撰。

一旦进入学生选修课目录,教师就要做好备课准备。学生可以从兴趣或爱好出发进行选课,填写选课志愿,选课人数达到一定数量后才准许正式开课。教师在课程实施一个周期之后,应当进行课程总结,学校要进行新课程调研,附带问卷调查,为课程的总结、评价、反馈和提高做好准备。

在校本课程建设过程中,是否要有校本教材是个重要的问题。应该说,成熟的校本课程一定会有校本教材,这如同"瓜熟蒂落"一样自然。但是,在校本课程开发和实施的初期,可以慎重对待,先有课程的教学提纲和备课讲课稿,几经试教,积累经验,反复修改,课程逐步趋于成熟,得到学生的欢迎以后,再形成成文的校本教材,可能更为妥当。

(四)课程评价

课程评价是指校本课程开发与实施过程中的一系列价值判断活动,包括"校本课程开发方案"的评价、已经成文的"课程纲要"的评价、教师课程实施过程的评定、学生学业成绩的评定等。评价的结果要向校内外有关人员或家长委员会(家长代表)公布。

课程评价很容易产生评价偏颇、走过场等问题。要避免这些情况,重点是要把握相关的评价底线。对思想品德和德育类的课程开发,首先要把握价值观导向,务求三观正确、方法恰当、引导得法。对于知识技能类的课程要着重从需求侧的角度去评价,也就是从学生的兴趣、爱好的角度去评价,包括对课程选课的学生人数、教学效果的量化评价等。

对于课程评价的组织,要有评价量表、评价项目、评价程序及方式,还要确定评价人员。与校本课改相关的人员都可以参与评价,比如管理人员、教师(包含课程设计教师)、学生、专家、家长等。同时,要注意对学生参与课程学习及效果的评价。

评价从方式上可以分为自评、互评、机构(专家)评定、特定人员评定(比如邀请家长委员会或家长)。评价工作的关键是评价组织者的认真和专注、评价指标的合理和可操作、评价人员的培训和学习,从而力求评价工作的公正、客观。

(五)课程修改

课程评价会涉及对已经成文的课程方案、课程纲要等提出评价意见或建议,其中包含课程修改建议。这就要求课程设计或编撰者再进行课程修改。

深度课改的新课程对学生的全面发展提出了全新的定位,每一门课程的教学都要对以下三个目标进行整合:知识与技能、过程与方法、情感态度价值观。这三个目标既有各自的内涵要求,又有机统一在课程目标中,反映了新课程目标的多元性、综合性和均衡性。

三个目标不仅是对学习者的要求,也是对执教者的要求,由此溯源,也是对课程设计与编撰者的要求。课程修改必须依据这三个目标,要在已经成文的课程方案、课程纲要,或是课程成稿中,寻找问题、缺点、薄弱之处,然后进行修改,并再回到教育教学过程中去进行试教实践。如此反复,课程修改才能成熟、成功。

四、实践:回到课堂教学实践过程

在校本课程开发的实践中,必须严格把握上述五个阶段,做到环环相扣,必须认识到缺一个阶段就会影响到校本课程的质量。在完成课程设计和编撰后,最终还是要回到课堂教学实践过程,得以教学验证。虹教附中就是如此操作的。

(一)形成虹教附中拓展研究课程库

虹教附中要求教师根据学科内容与兴趣特长,组织全校每一名教职工进行校本课程的开发,指导教师编写课程材料,做到"一人一课一方案",形成虹教附中校本课程库,并编制《虹教附中拓展探究课程集》。

课程开发者要按照虹教附中开发实施的总体方案要求,精心设计、编写课程材料,其内容包括课程名称、课程类型、授课时间、课时安排、教学材料、课程内容。其中,课程内容包括课程目标、课程结构、课程实施与课程评价等方面。

(二)课程发布后指导学生自主选择

虹教附中根据办学特色、学生需求、教师资源、场地设施等实际情况,及时向学生公布校本课程目录和说明,同时对学生进行选课指导,引导学生根据自己的兴趣自主进行课程选择,鼓励学生个性化发展、按特长培养。

(三)分课程分别编班开展教学活动

在学生选课确定后,淡化原有的班级授课制,突破行政班级的空间界限,尊重学生的自主选择,以学生所选课程分别编班,在该课程上课的时候由学生走班,开展所选课程的教学活动。

(四)科学规范实施社会实践类课程

社会实践类课程是一种独立的课程形态,超越了学科课程的学术性逻辑体系,更加关注综合性、实践性、情景化的特征,注重综合能力的培养。

(1)体现综合性。社会实践类课程倡导课程整合和跨学科学习,从而拓宽学生视野,淡化学科知识的局限性,强调对知识与能力的综合运用和实践创新。

(2)注重实践性。社会实践类课程在教学实施过程中,密切课程与现实生活的联系,要通过提供与学生日常生活、现代社会密切联系的素材,拉近与学生的距离。要在浸润性的实践活动中,让学生感受和体验学习的过程。要通过组织形式多样的实践活动,让学生动手动脑,解决现实生活中面临的问题,提高学生综合实践能力。

(3)加强情境教学。社会实践类课程要充分利用文字材料、模型、书籍、多媒体等创设情境,并通过情境激发学生的学习兴趣,调动学生积极性,促进有效参与学习活动。

(五)倡导多形式教学方法合理运用

虹教附中积极探索多种教学方式,充分考虑学生的需要、兴趣与经验,促进学生自主、合作、探究学习。虹教附中积极探索班级集体授课之外的教学形式,如采用观摩、实验、创作、考察、调研等多种形式教学,以提高学习效率。

(六)形成性评价与过程性评价相结合

虹教附中的课程评价做到形成性评价与过程性评价相结合。基础型课程还要结合《上海市中小学生学业质量绿色指标》的要求,重点关注学生的学业水平、学习动力、学习负担、身心健康等方面,开展综合评价。拓展探究课程应根据学生的态度、成果、成绩等综合评价学生,成绩以等级呈现。学生成果可通过实践操作、作品鉴定、竞赛、评比、汇报演出等形式展示。校本课程的考查可采用考试、论文、实验、调研报告、作品等多种形式进行,成绩以等级呈现,防止单一以笔试成绩作为评价依据的做法,并特别注意在学习过程中利用评价手段促进学生发展特长和激励学生不断进步。

虹教附中将结合上海市教委关于中考综合素质评价的具体要求,对课程实施的过程进行电子平台的记录,并设计具体的课程评价方案。

第二节 落实立德树人和课程育人任务

在上海市全面进入深化课程改革阶段后,德育为先、能力为重、全面发展的教育理念得到普遍认同,形成办学共识。"以育人为目标,以课程为抓手"是学校落实立德树人根本任务,也是实现"五育并举"的重要途径。在深化校本化的课程改革过程中,发挥课程育人功能就是要顺应时代要求和国家需要、遵循学生发展规律和教育教学规律、落实立德树人根本任务。

虹教附中坚定、务实地落实立德树人根本任务,贯彻课程育人各项要求,努力探索校本化课改的实施路径。

一、落实立德树人根本任务

对于基础教育的一线学校来说,落实立德树人根本任务确实是任重道远,需要持之以恒。这些学校要全面贯彻党的教育方针,坚持育人为本、德育为先,坚持立德树人、以文化人,遵循规律,勇于创新,务求实效。

(一)整体提升德育校本工作水平

学校要从整体上提升学校德育工作水平,深入落实立德树人根本任务,加强德育工作,不断增强培育和践行社会主义核心价值观的针对性和有效性,在贯穿全过程、融入各环节上下功夫,在落细、落小、落实上见成效。

学校要把学校教育教学、社会实践、文化育人、制度规范等各项工作结合起来,构建、培育和践行社会主义核心价值观的长效机制;传承弘扬爱国、孝敬、文明、礼仪等中华传统文化;继续开展少年传承中华传统美德系列教育活动;加强学校心理健康教育,促进学生身心健康发展;加强学校体育、促进学生体魄强劲、意志坚定,改进美育教学,培养学生审美情绪和人文关怀。

学校要重点落实教育部的《关于加强中小学劳动教育的意见》,开发校本"智慧百草园"课程群等,让孩子学习和拓展植物学知识,同时也让孩子们从事一些力所能及的体力活动,出出力、流流汗,使其养成爱劳动的好习惯,并树立正确的劳动观念和劳动态度。在这个过程中,学校要加强对家庭教育的指导,强化家长责任担当,更新家长观念,提高家教能力,开展学生家务劳动实践教育。与此同时,学校还要促进学校、家庭、社会教育形成舆论合力和实际合作,弥补劳动教育的不足。

(二)不断深化课程教学校本改革

上海地处我国沿海发达地区,在基本实现基础教育现代化的任务以后,仍然担负着占据国际基础教育高地和起到标杆作用的重任。近年来,上海接连推出"新优质学校项目""初中强校工程项目"等,着重于全面办好初中学校,全面提升义务教育阶段的质量。对初中学校来说,不断深化课程教学校本改革、提高教育教学质量、提升办学水平仍然是当前紧迫的任务。

为此,学校要从以下几个方面开展工作:一是要加强和改革义务教育阶段的德育、语文、历史课教学,从初中学校和学生的实际出发,加强思想品德课(道德与法治课)的一体化课程与教学建设。二是要统筹校内外、课内外的资源,让学生在课堂教学中、校外活动中和生活经历中强化社会主义核心价值观,从而将社会主义核心价值观教育贯穿在学生们成长的全过程中。三是要创新各个学科的课堂教学方法,积极探索各种教学模式,强化理科的思辨能力、动手能力、创新能力的培养,注重学识结合、知行统一、因材施教,并探索开展课程整合试点,增强课程的适应性和教材的吸引力。

(三)促进学校教育的公平、均衡和优质

课程与教学是学生健康成长和全面发展的平台。学校的领导与教师要身在学校、关注全局、拓宽视野,全面提升办学治校的水平。

学校教育必须秉承"为了每一位学生的发展"的理论,把教育教学的关注点覆盖到每一个学生的最优化成长上,在课程与教学管理、教师培训培养、课堂教学改革、学生课外活动、教学质量考核等方面实行全员、全方位、全过程的优质教育资源共享共建,促进学校教育在高质量基础上的公平、均衡和优质的实现。

二、以课程育人实施策略为指导

在"立德树人工程"中,注重课程育人、强化学科教学是学校教育不可代替的主要渠道。主渠道作用的体现,对于执教教师来说,不仅是在课堂上解读知识本身,而且是让学生了解学科知识对于成长的重要意义;对于坐在课堂里听课的学

生来说,不仅是知识与能力习得的多与寡、掌握水平的好与差(尽管这也是必需的),而是在学科学习的过程中要始终伴随着思维方式、价值理想和行为态度的积极变化。后者才是课程育人和学科教学最重要的意义。

课程育人并不是仅仅指向某一门学科,而是统指编入国家课程大纲的所有课程。当然,迄今为止的课堂学习主要以分科教学的方式进行,这是因为人的初始认知是逐步递进和延伸发展的。分科教学旨在强化基础学科育人主渠道作用的发挥,但是学习的价值意义不是分科而是对所有知识的融通和综合,最终要形成学生自己的能力,通过能力和知识习得影响学生的道德认知、逻辑判断和价值取向,让学生逐步学习和把握对他人、对自己、对社会、对自然、对国家、对民族的正确态度,弘扬探索和追求的精神,树立担当使命和责任,勇于创造和发现,为祖国为世界做出应有的贡献。这就是课程育人的价值所在,也是课程育人与学科育人的联系。

关注课程育人,就是把教学活动聚焦到"为了学生终身发展"上,立足课程育人的整体作用,思考本学科对学生发展的根本价值。虹教附中以教研室领衔和规划设计,积极发挥课堂教学主渠道的育人功能。主要举措有:通过课堂学科教学,强化学生基础分析力、判断力、理解力和意志品质的培养,引导行为习惯养成。通过"温馨、情趣、有效"课堂的优化实践,提升教与学的质量和效益。积极开展学科主题教学研究活动,各学科德育与智育并重、德育为首,融合课堂教学全过程,完善学科指导纲要,开展教育教学评价研究。举办学科德育融合的课堂教学评比活动和重点学科的德育专题研究活动,有效落实三个目标,提升教师育德能力,培育学生核心素养。

在推进方式上,首先要"全学科育人",可以以人文、艺体等学科的重点实施和文理学科兼顾来带动基础学科全面推进;聚焦"情感、态度、价值观"教学目标定位,充分发挥课堂主渠道作用,重视教学过程的无痕渗透。其次要推进"全程育人",在备课、教学、指导、评价、作业等各环节中,注重科学、精细实施课堂育人策略,挖掘教材的德育因素,提高育人实效。再次要落实"全方位育人",在提高审美情趣、文化修养,培养道德品质的同时,注重学生的兴趣激发、习惯养成。最后要要求每一个教师结合本学科特点创新教学方法,倡导教师撰写"学科育人"案例,从而提高育人实效。

三、课程育人的校本实践

虹口区区域整体推进课程育人和学科育人建设,采用了"1+2+2"的实施策略,即虹口区教研室立足区域课程建设基础和资源,围绕"学科育人"这个核心,采取区校两个层面联动的机制,以基础型课程为主干课程,以拓展型课程、研究(探究)型课程为双翼课程,从而进行双线(双轨)并行推进,进而实现三类课程的协同发展,并强化和提升了课程育人的作用。

近年来,教育部明确把中小学课程总体划分为基础课程和综合实践活动课程。学校校本课程规划和设计应明确地将这两个大课程板块紧密联系起来,共同推进素质教育,全面提升学生综合素养。

在近些年来的实践基础上,虹教附中的领导和教师更加深刻地认识到,课程育人功能的充分发挥关键在学校,学校要想体现对课程的领导力,就必须自觉地对课程进行调整重构,重视课程德育要素的挖掘,揭示课程中所蕴含的社会价值和文化精神,同时融入体现时代特征的德育内容,体现纵贯横通,实现德智融合,从而系统落实立德树人的根本任务。为了实现课程育人,虹教附中不断尝试进行持续地校本课程改革,通过优化课程体系设计,夯实基础课程建设、强化学生德育课程建设、建构多样的综合实践活动课程等形式,有效实现立德树人这一教育的根本任务。

在课程育人的探索过程中,虹教附中落实的各项举措中最为关键也是最为"给力"的就是学校校本课程的调整与重构。校本化的"EACH课程"的提出不仅表达了学校在课程领域的思考与创新,更体现了尊重学生成长规律和教育教学规律,切实发挥并落实立德树人的学校作为,将课程育人和学科育人落到实处。

第三节 打造特色课程和发挥育人功能

打造特色课程、发挥课程育人功能的过程注定是复杂的和渐进的,因此需要学校见微知著、细致辨析,对其进行深入研究。

一、山重水复：直面学校发展的困惑

学校的发展是有阶段的。在不同的发展阶段，学校面临的困惑是不一样的。对于困惑，学校需要放慢前进的步伐，深入思考、加强认识、统一共识。学校发挥课程育人功能，本质上是一个培养什么样的人的问题。只有考虑清楚这个问题，在解决困惑的过程中，学校的思考力才会得到提升。

2018年的夏天，虹教附中这个藏在弄堂里的学校加入了上海市"强校工程"项目学校，并与虹教院组成虹教院教育集团，并由此迎来了蜕变和发展的东风。为了尽快熟悉和了解学校的教学情况，虹教院教育集团总校长、虹教院书记、副院长汤国红不仅走进课堂、走进师生，了解学校的整体教学质量，而且还多次邀请上海市市级专家来学校开展调研，整体把脉学校的发展。

一次次的推门听课，一次次的师生交流，一次次的现场调研，让虹教附中在发展过程中存在的关键问题逐渐浮出水面。其一，从学生发展层面来看，由于学校随迁子女比例高达65%，学生家庭教育的方法老套、理念缺失，造成了孩子的成就感缺失，普遍缺少自信心。其二，从学校办学质量来看，虽然学校的整体教学质量较好，历年中考成绩始终位于全区公办初中的第一集团之列，可是学校课程门类建设比较零散、缺乏聚焦，特色课程和品牌课程无法凸显，导致学校的知名度不够高。

"如何提高学校师生的自信心，同时打造学校的品牌，提高学校的知名度"成为摆在汤校长和学校管理层面前的首要问题。在对这一问题的思考过程中，汤校长认识到：课程既是促进学生发展的重要载体，也是决定人才培养质量和教学水平的最基本要素，体现了学校的办学理念、育人目标和教育教学品质。由此，一个想法产生了：何不让学校通过课程建设，培养师生的自信心，从而实现课程育人的办学目标呢？

于是，在多次的行政会和教工大会的集体研讨之后，学校确立了"以学校EACH课程建设引领学校内涵发展"的工作思路，将学校各项工作，如学校管理、教师发展、学生培养、教学实施等方面，全部渗透融入课程建设的各个环节，形成了以课程建设发挥育人功能、关注师生发展、优化育人环境、提高教学质量、提升办学品质的工作路径。

二、柳暗花明：打通课程之间的关联

教育的改革与推进，是不断学习、思考、讨论、顿悟、行动、反思的循环过程。在这个过程中，不仅需要了解时代发展变化对教育提出的新要求，更需要立足学校实际学情以及尊重教育的规律。

问题找到了，思路也有了，那么具体该怎么办呢？

学校认识到："立什么样的德、树什么样的人"是课程育人的核心。学校的课程建设必须围绕培养人的必备品格和关键能力展开，从而构建内容丰富、生动鲜活、优质多元、个性选择、分类分层的课程内容体系。

于是，汤国红总校长和虹教附中的管理团队一起组建了学校的课程领导小组，将学校的办学理念、育人目标、课程目标之间的逻辑关系进行了进一步的梳理，并在学校原有的基础之上，设计开发了具有虹教附中特色的 EACH 课程体系。

学校在原有的"让优质教育惠泽每一个学生"的办学理念基础上，进一步提出了"让每一个孩子自信地走向未来"的办学理念，并且以"让家长满意放心、让学生自信多才"作为出发点，努力营造适合每一个孩子自信健康、快乐成长的教育环境。

办学理念的调整让学校的育人目标也发生了变化。学校将"敦品励学，尚美自信"作为学校的育人目标，同时将原本零敲碎打的课程组合在一起重新进行调整，设计开发与实践了指向育人目标实现的 EACH 课程（如图 2-1）。有了这样的课程图谱，之后全面实施课程时就可以有更清晰的内容选择和功能定位了。

图2-1 EACH课程图谱

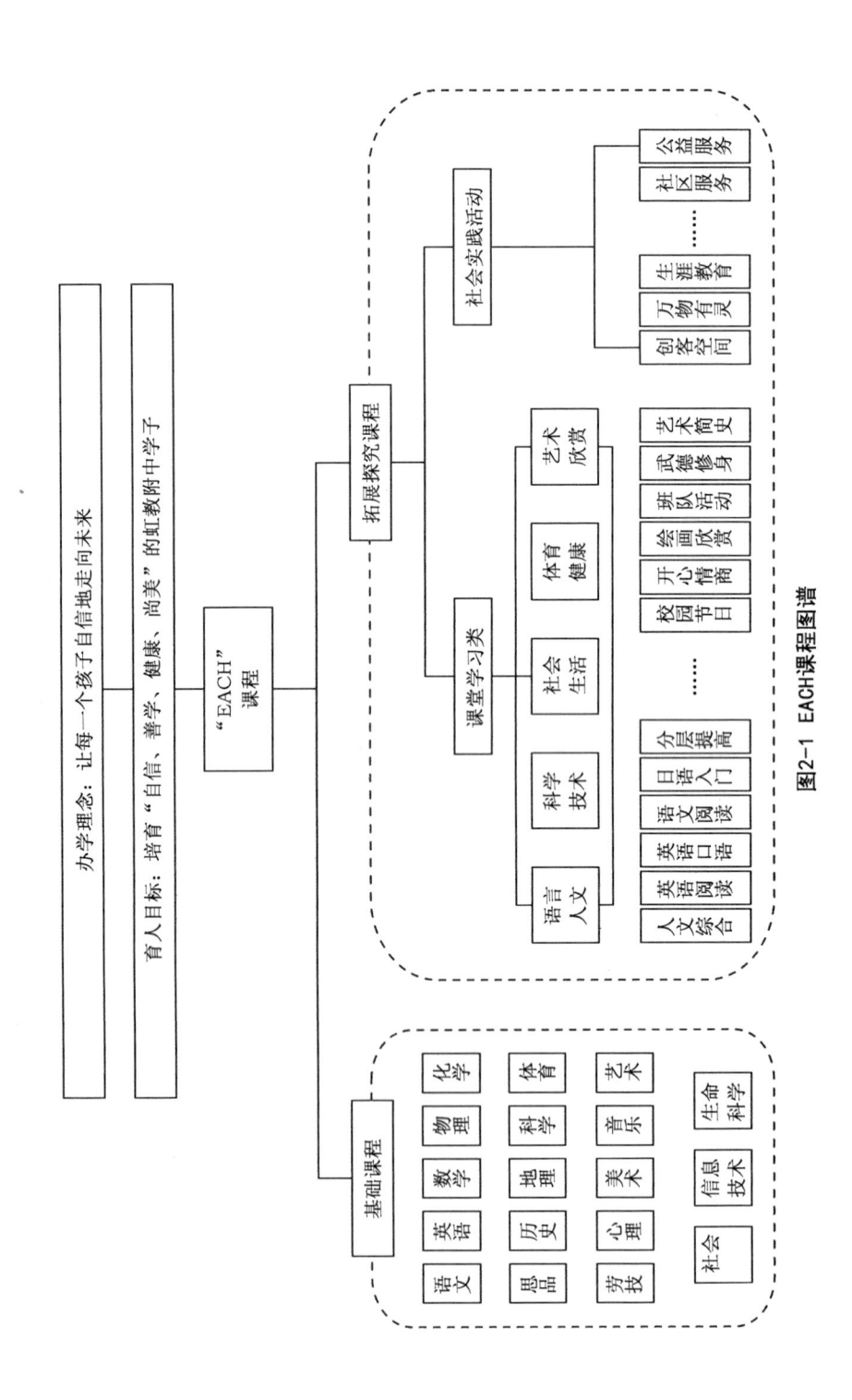

EACH课程的提出与建设是建立在学校育人目标基础之上的。EACH的名称由来是将学校育人目标"敦品、励学、尚美、自信"的英语首字母组合而成的。EACH课程的育人目标与内涵如表2—1所示。

表2—1　　　　　　　　　　EACH课程的育人目标与内涵

培养目标	内涵解读
敦品（Heart）	敦厚品行、品德为先是自信的基础。虹教附中学子要能够致力于陶冶道德情操，锻炼道德意志，树立道德信念，养成道德习惯
励学（Excellence）	扎实学力、明知事理是自信的关键。虹教附中学子要能够掌握良好的学习方法，善于独立思考，以自己踏实的态度，积极探求科学知识，追求科学真理
尚美（Aesthetics）	求真尚美、践行美好是自信的外延。虹教附中学子要能够形成科学严谨的治学精神，形成对心灵之美、语言之美、行为之美、环境之美的崇尚与追求
自信（Confidence）	自省成长、健康阳光是自信的表现。虹教附中学子要能够自觉投入增强体质的活动中，进行自我心理调适，形成健康的生活方式与自信的心理品质

从本意上来说，EACH是"每一个"，旨在说明虹教附中的课程以小班化的实施方式来关注每一个学生，将优质的教育惠泽每一个孩子，真正做到"发展每一个，依靠每一个，落实每一个"。

从谐音上来说，EACH可以有许多不同的中文解读（见表2—2）。这些解读旨在表明虹教附中通过对国家课程校本化处理的方式，形成适合虹教附中学生丰富多元的课程内容，激发学生学习的"兴趣、乐趣、志趣"。

表2—2　　　　　　　　　　EACH课程的中文解读

中文诠释	内涵解读
易趣	代表三类课程的实施方式。通过在课堂教学环节中运用梯度化学习、支架式学习等方式，形成虹教附中"易于学习、乐于学习"的总体课程实施特点与风格
意趣	代表综合的、有意义的学习方式。通过对学科学习意义的深度挖掘和意境的创设，形成虹教附中"关注意义、意向统一"的课程旨趣
宜趣	代表学生与自然、社会、本我的共生适宜。通过跨学科的设计与实施方式，培养学生合理的道理与行为，形成"行其正理、各得其宜"的课程指向
异趣	代表创造化的学习。通过关注动手实践与科学创造，培养学生动手能力与实践能力，体会异想天开的乐趣，形成虹教附中"和而不同，别具一格"的课程形态

续表

中文诠释	内涵解读
艺趣	代表学生多元化的发展。通过与职业生涯教育的融合,积极拓展学生社会参与的深度与广度,发掘潜能、发挥特长、发展个性,形成"多元体验,志趣发展"的课程价值

三、探骊得珠：推进课程育人的探索

美好的课程远景摆在眼前,课程决策新鲜出炉,行动势在必行。课程的思考力与设计力决定了课程的高度,而课程的执行力往往决定了课程育人的成效。只有在实践的过程中和决策的驱动下,解决不断出现的课程改革新问题,学校的课程育人能力才会得到极大的提高。

虹教附中管理层与教师们达成了一个共识:要发挥 EACH 课程的育人功能,就要抓好课堂主阵地,并且需要从基础型课程与综合实践活动课程两个维度展开实践,形成课堂教学重互动、社会实践重体验、行为规范重养成、课题项目重研究的"四个注重"育人特色,从而发挥课程育人的功能,实现立德树人的培养目标。

首先,在基础型课程领域中,学校主要从四个方面凸显学科教学的课程育人功能,即关注学科知识结构化表达、关注学生高阶思维的培养、关注学科间的拓展与联系、关注师生双向互动的对话(见图2—2)。

基础型课程
- 关注学科知识结构化表达
- 关注学生高阶思维的培养
- 关注学科间的拓展与联系
- 关注师生双向互动的对话

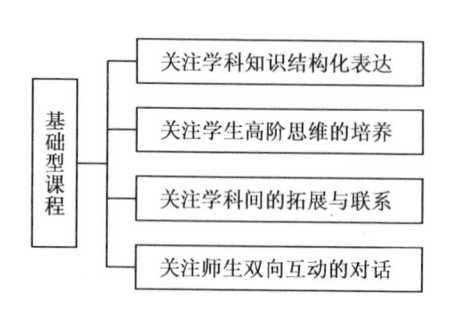

图 2—2 基础型课程的关注点

在"关注学科知识结构化表达"方面,学校教师采用"单元教学设计",根据课

程实施的水平目标,确立若干教学主题,并且以主题为线索,开发和重组相关教学内容,以此直观地反映单元内各知识点的联系,从而使学生在学习中更容易明确各知识点的内在联系,更有利于建构知识体系,以此关注学习品质的关键问题,提升育人的品质。

在"关注学生高阶思维的培养"方面,学校把分析、评价、创造设定为教学目标,打造以培养学生反思、提问、求解、批判、决策等能力为目的的课堂教学。而教师主要从"对教学内容的整合和重构"以及"重视问题的设计与生成"两个方面展开实践。例如,在"分数拆分"这节数学课上,老师就先提出"十人分九饼"的问题引发思考,关注思维灵活性和独创性的培养;通过从生活实际问题抽象出数学问题,培养学生数学建模能力与问题意识;通过学生之间的交流、互动、质疑,培养学生的批判思维,从而实现学生高阶思维的培养。

在"关注学科间的拓展与联系"方面,学校开展"集体教研",从管理层面保障了学科联系的发生。在实践层面,教师梳理形成了学科教学中可能存有学科联系的内容,通过多学科的视角,加深学生对某一问题的认识,从而促进学生理解或解决单一学科或领域难以解决的问题。语文老师在教学中运用心理剧来促进对人物情绪、内心活动的理解,是语文与心理的融合;在数学课中关于"角"的一课,教师引入"比萨斜塔"的知识点,进行了数学与物理、历史等的融合;在生命科学课中,尝试运用地理学科知识,对城市绿化的布局问题进行分析与解决。

在"关注师生双向互动对话"方面,教师关注学生的言语与非言语信息,关注学生在学习中的情绪和感受。打破教师一味教授,学生绝对安静的单向传递,教师注重课堂上学生的需要及情感的培养。在课前,教师加入一些引导性的故事唤醒学生的情绪感受,有时也会使用图片、视频资料和思考题;在课中,教师引导学生积极合作,对同伴和教师的帮助表示感谢,对自己的探索和解决问题表示肯定,并能将学习知识与奉献、国家发展、民主自豪感等联系起来进行升华;在课后,教师引导学生积极使用所学知识,并与同伴互帮互助。

其次,在综合实践活动课程领域,学校分年级、分主题开设了三类特色课程,分别为六年级的"武德修身"、七年级的"万物有灵"、八年级的"创客空间"(见图2—3)。

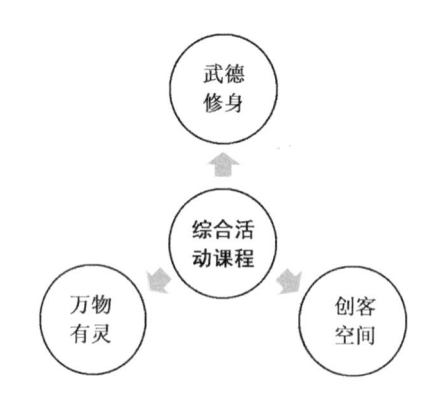

图 2—3　EACH 综合活动课程的实施内容

"武德修身"课程发挥学校"武术特色校"优势,以"武术"为载体,以"品德养成"为内核,课程内容围绕武术操的操练、武术博物馆的体验、武术歌曲的赏析、武术源起的探索、武术中文学作品的赏析、武术中心理品质的内化等进行展开,注重学生的情感体验与感受内化。

"万物有灵"课程基于学校创新实验室及"百草园"基地资源,从"感知觉的基本认识—体验式的实践活动—探究性的认知活动"的课程结构入手进行整体课程的设计编制,从而为学生搭建实践平台,重点培养学生课题研究意识与审美情趣,进而培养学生从科学理性的视角认识生命、感受生命继而尊重生命,树立珍视生命的价值观。

"创客空间"课程以与上海科技馆合作的"场馆课程"为基础,重点关注学生创新能力的培养。通过为学生提供真实的探索与实践情境,调动学生所学学科知识、信息技术和工程技术知识,通过水文布局、跨桥叠石、种植草木、营造建筑和布置园路等途径,对校园进行整体设计与环境布置,以此提升学生在真实复杂的情境中发现问题、分析问题、解决问题的能力。该课程还注重学生学习成果的物化转移,提高学生的技术素养与审美情趣。

此外,学校在整体 EACH 课程结构不变的情况下,充分研究立德树人的政策方向,尝试增加将更多的育人要素与内容融入课程之中,如劳动教育、职业生涯教育与行为规范教育。学校围绕立德树人根本任务,遵循学生认知规律和教育教学规律,按照一体化、分年级、有序推进的原则,把立德树人的要求全方位融入思想道德教育、文化知识教育、艺术体育教育、社会实践教育等各环节,贯穿于劳动教育、生涯教育、行规教育等各个领域。

学校的劳动教育围绕"万物有灵"课程而展开,建设了"智慧百草园"的创新实验室。学校通过让学生充分参与劳动,体验创造性劳动乐趣,学会基本的劳动知识和技能,体验和提升创造性劳动能力品质,逐步培养正确的劳动观念和良好的劳动习惯,以及热爱劳动和热爱劳动人民的情感。例如,在"种植实践"课程中学生参与中药的种植及养护,在"探究实验"中学生探究种子发芽率品种创新的改良尝试,在"设计制作"中学生参与创意设计和改进农具。

在职业生涯教育方面,学校尊重学生的兴趣和个体独特性,通过展开生涯调查,选取学生感兴趣的内容,调动学校、家长、社区的资源,开发出符合虹教附中学子发展需求及个性的生涯教育课程体系。学校采用"1+1模式",即一方面使用虹口区通识读本开展生涯通识课程,另一方面开发校本化教材作为课程的教学材料。该课程主要采用体验式教学,借助生涯活动工具引导学生在各种生涯体验游戏中积极探索性格特点、拓展自我兴趣、培养生涯能力、发现自身优势、掌握学习方法、唤醒内在学习动力、感受外界变化、增强社会适应力,促进学生更全面地探索自我。此外,职业生涯教育带领学生走出课堂,积极参与社会实践。例如,在"小小银行家"职业体验活动中,学生们通过与银行职员的分享交流,了解其工作环境和不同工种的职业内容,认识到银行岗位工作所需要的能力和发展路径,加深对岗位与性格、能力的关联认识。

学校的行为规范教育渗透在教育教学的方方面面。六年级主要采取"训知"的方式,即在新生入学开展适应教育,通过行为习惯的反复训练来扩展和修正已有的行规认知结构,促进六年级学生掌握具体的行为准则。七年级主要采取"探知"的方式,即通过参观、体验、班队会活动等形式促进学生理解、感悟并内化。八年级主要采取"行知"的方式,即让学生积极参加社会实践,使学生在与他人的互动过程中应用行规知识。九年级主要采取"续知"的方式,因为九年级学生是初中阶段年级最大的学生,学校和社会环境对九年级的学生提出榜样示范的要求,而九年级的学生主要通过各种学生活动展示和自觉运用行规。

基于上述的实践与认识,虹教附中还成功申报上海市第三轮课程领导力项目,通过开展教育科研提升课程的设计力与执行力,提高学校教师教育理念和执行课程改革的能力,进而改进教育教学实践,提高办学水平,从而为充分发挥课程育人功能和落实"立德树人"根本任务保驾护航。

四、优化重构：劳动教育延展学习空间

教育部发布的《关于加强中小学劳动教育的意见》已经规定:2020年之前,中小学要推动建立课程完善的劳动教育体系,并且劳动评价将记入学生档案,作为升学评优参考依据。上海新中考改革也明确把"完善初中学生综合素质评价制度"作为改革的重要任务之一。综合素质评价内容包括品德发展与公民素养、修习课程与学业成绩、身心健康与艺术素养、创新精神与实践能力四大方面。其中,规定学生必须完成80课时公益劳动。

虹教附中尝试在已有的校内劳动实践活动的基础上,建立一个从家庭到学校、社区,各主体实施途径目标明确又有机衔接的劳动教育体系,并依据学生发展状况、办学理念、特色、可利用的资源等,对不同年级学生劳动实践项目内容进行系统设计、统筹安排,使具体内容、要求随年龄增长而逐步提升。同时,虹教附中还对劳动实践与学科学习、跨学科考察探究、各类主题教育等方面进行综合设计,以整合方式实施,使不同活动要素彼此渗透、融会贯通,充分发挥了课程育人的功能。

虹教附中通过自身德育团队反复的集体讨论及校内外的多方协商与专家咨询,终于形成了一个新的学校劳动教育体系,即"2＋3＋X"初中生公益劳动体验活动模式。在这个活动模式中,"2"表示以促进学生形成正确的劳动价值观和养成较好的劳动素养为学校劳动教育的两个目标。"3"表示从家庭、学校、社区三个实施途径进行一体化布局设计入手,以家庭为原点,让劳动成为一种习惯;以学校为基点,让劳动成为一种文化;以社区为延展,让劳动成为一种风尚。"X"表示所有配套实施的三位一体劳动教育内容:学校劳动(核心):融入学科项目、岗位服务体验;家庭劳动(关键):每日打卡活动、专项升级活动、亲子达人活动;社会劳动(延展):公益劳动社区探索、公益服务。

"2＋3＋X"初中生公益劳动体验活动模式保持了学生劳动教育的连续性,建立了一个从家庭到学校、社区,各层次实施途径目标明确又有机衔接的劳动教育

体系,通过三位一体的共同实施,充分保障了学生劳动体验在真实情境中的有效开展。

在重构"2+3+X"初中生公益劳动体验活动模式中,学校德育团队对于"学科项目融入"做了细致的分析,对于如何将劳动实践与课程育人相融合,从而达到充分发挥综合实践活动课程在立德树人中的重要作用,也做了深入探讨。鉴于在现行中小学课程体系中综合实践活动课程是劳动教育最主要的载体,因此虹教附中以学校原有的综合实践活动课程为学科项目切入口,以校园改建的中草药种植实践"百草园"为劳动实践场地资源,融合项目化的学习方式,设计开发"万物有灵"综合实践活动课程,并作为学校初中生公益劳动体验活动模式中重要的校内劳动实践模块。

第三章　课程领导：学校管理工作的关键领域

随着教育改革的深入和国家、地方、学校三个层级课程管理职责的明确，课程权力逐渐下放到学校，课程管理也终于被列为现代学校管理架构的重要职能之一，从而使学校在课程建设和管理上有了更多的自主权。由此，在我国基础教育历史上，校长及其管理团队真正被赋予了要对学校课程进行管理和领导的职责，并进而对校长或学校行政领导提出要提高课程管理能力（又称课程领导力）的要求。本章从虹教附中推进校本课改实践的角度阐述学校管理工作的关键领域——课程领导力。

第一节　新课程对校长角色与地位的认定

国家、地方、学校三个层级课程管理的计划只有到了学校层面并得到有效实施，才算真正得到落实。因此，在新课程向全面和纵深发展的过程中，在新课程从理念和方案形成决策性文本、进而真正进入课堂实施的过程中，都会直接涉及一所学校的灵魂人物——校长，以及校长所领导的管理团队。

一、校长在学校课程建设中的角色定位

校长的思想观念、角色行为既是学校课程建设和课程管理的关键因素，也是决定新课程实施效度的根本因素。新课程的推进赋予了校长除传统行政领导职权外的更重要的角色权力——课程领导力。

（一）校长应成为新课程理念的倡导者

自上而下推进的国家课改方案是面对全国所有不同地区的普遍性要求。上海的二期课改方案在全国课改大局中具有创新和实验的价值，也具有广泛的覆

盖面。在新课改实施过程中,由于存在地域差异、民族差异、文化差异以及学校文化、办学传统、自身特点等方面的诸多不同,因此所有学校不可能完全按照统一模式进行简单复制。同时,在很多学校中,新课程的推行受到了一些阻力。这些阻力来自很多方面,尤其是一些学生家长,他们对学校课程变革感到担忧、不解,因为他们害怕课程变革会影响自己子女的学业成绩和升学。一些教师也对课程变革比较担忧。这些教师由于一直使用着熟悉的教材和驾轻就熟的教法,因此害怕自己可能会因为无法适应新教材、新要求、新举措而在课程变革开始阶段无所适从。个别教育行政部门也会对课程变革有所担心,他们主要是担心课程变革会造成合格率和升学率的下降,使其社会和政绩形象不佳。

面对这些阻力,校长需要承担起新课程理念倡导者的责任,对改革纲要进行准确解读和清晰表达,但更重要的是,要将课程变革与学校的校情、办学理念和办学优势创新性地结合起来。校长只有架起一座改革文本和教育实践之间的桥梁,才能让广大教师和学生家长充分而深刻地理解课程变革,使教师全心投入课堂实践,使家长全力支持学校新课程的实施。要做到这一点,校长的学习能力、调控能力、管理能力显得尤为重要。校长只有持之以恒地学习和实践,才能成为引领现代教育发展的舵手。

(二)校长应成为学校课程文化的缔造者

新课程追求学生的个性化发展,也就是要实现学生的品德、智力与人格的协调发展和实现个体与自然、社会的和谐发展。新课程不仅意味着课程内容的更新、教学方式的变化以及学习方式的变革,更意味着全校师生思维模式、行为模式和价值观的深层次创造。有鉴于此,新课程需要根植于宽容而充满活力的学校文化。这种学校文化应是一种民主、和谐、合作的文化。新课程把转变学生的学习方式作为重要目标,旨在学科教学中培养学生"自主、探究、合作的学习方式"。这就要求教师与学生、学生与学生之间要建立起平等、合作的对话关系。新课程也把对课程的选择权交给了学生,这既是促进学生个性发展的需要,也是办学民主的一种体现。同样,教师的身份也从原来单一的课程执行者变为课程开发者,并且参与到课程的过程管理中,因此管理者与教师之间应当加强交流与沟通。学校的课程要最大限度地适应教师教学的需要及学生学习和发展的需求,并在此基础上实现学校的自主发展目标。基于此,校长要在学校中营造大气、和谐的人际关系,构建求真、求实的教学环境,从而成为学校课程文化的缔造者。

(三)校长应成为学校课程管理体系的实践者

课程毕竟是为学生成才和发展服务的,这就要特别注重学生的需要。正如陶行知先生所说:"课程要有系统,但也要有弹性,要在课程上争取时间的解放。"总之,学校课程体系要能够适应新课程的均衡性、综合性和选择性原则,使学生感受到学习的自由,从而得到个性和特长的发展。因此,校长要致力于学校课程体系的创新设计,在校本课程科目与主题活动的设置、时间与地点的安排、教学目标与方法、评价指标与手段等各个方面实施弹性化设计,使学生真正体验到课程选择的快乐感和学习的幸福感。

一个高效的管理系统是新课程成功实施的有力保障,而校长就是这个管理系统的建设者和驾驭者。从面对教育主管部门下达的课程计划到落实为学校校本课程计划的编制,再到每一门学科的教学五环节的实施,这是一个精细化的管理过程。在任何一所学校中,新课程的有效推进都需要一整套行之有效的教学过程管理、人力资源管理等方面的制度、流程和一支精干的管理队伍。校长不仅要通过学习、实践和反思使自己成为管理的专家,更要苦心经营这样一个管理系统,这样才能从机制上、制度上保证新课程的顺利与有效实施。

(四)校长应成为课堂教学的研究引领者

课堂是课程改革的前线,课堂教学研究是推进课程改革的重要渠道。校长要做课堂教学的研究者,坚持走进课堂、走近学生,融入教师群体中。除了听课以外,校长还要参加教研组、备课组活动。校长要在与教师、学生的零距离接触中了解学校课程实施的现状,倾听教师心声,直面学校课程改革中存在的问题,及时调整策略和改进方法。校长深入课堂听课有利于更好地畅通与教师交流和沟通的渠道。校长通过与教师共同探讨使用新课程的最佳途径和提高课堂教学效率的有效途径,既帮助教师提高驾驭新课程的能力和促进教师改进教学方式,又提高了自身能力,使教师、校长与课程改革一起成长。

广大教师是课程改革最直接的参与者与实践者,而这一支队伍中蕴含着无穷的创造力。校长要看到教师们的潜力,要低下头来、静下心来,用心去寻找、体验和品味教师的创造力和他们的课堂教学品位。资深教师自有其多年积累的丰富教学经验和教学智慧,年轻教师又有其无拘无束的思维方式和创新精神,而教师团队的合作更会有令人意想不到的精彩之作。校长要做的就是加强教师队伍建设,调动教师投身课改与教学的积极性,努力搜集、放大、提升一线教师们的创意,使教师们在得到认同之后不断增强信心,从而不断追求更高的目标。

二、校长在新课程实施中的系统思维

(一)校长系统思维的四个层面

除了角色的及时调整以外,校长在新课程实施中还应坚持系统思维,考虑以下四个层面的相关问题。

一是学校整体发展内在需求的层面。在这个层面上,校长应该考虑基础型、拓展型和探究型"三型"课程的校本源头开发问题。在校本课程开发过程中,校长应该研究三种课型各自的特点、互相的关系、三者的统整等问题。校长首先要从理论和实践的结合上厘清校本课程开发的实际需求;然后从学校、学生、教师三者的联系上分析校本课程开发的实际可能,务求做到校本课程开发立足学校实际、适合学生发展、符合教师特长。

二是教师专业发展内在需求的层面。在这个层面上,校长应该考虑校本"教材"、校本"学材"和校本"习材"这"三材"建设的探索实践。从教师专业发展来说,"三材"建设可能比"三型"课程建设更能引起教师们的专业兴趣。课程本身就是一个课程大纲,包含教学目的、教学方法、教学实施的要求,而只有转化为教材,才能让教与学有一个共同的载体,而学材和习材又是教材的延伸。因此,在教师看来,"三材"建设是自身专业发展的看家本领,是自己走向名特教师的"成功秘笈"。其实,孔子早在几千年前就根据因材施教理念,为其学生编订了独有的教材、学材和习材。孔子以先秦时期的文化典籍作为教材,用社会现实个案作为学生的学材,用话题探讨和社会实践作为学生的习材。正因为如此,孔子成就了其一代宗师的风范。现代教育则提出了"教师即课程"的先进理念,其实质性内容也是指教师要在教育教学实践过程中形成具有特色的教材、学材和习材。

三是学生和谐发展内在需求层面。在这个层面上,校长应该考虑教学过程五环节的具体落实。教育服务的对象是学生,而学生的关注点不是学校层面的宏观课程,也不是教师层面的中观"三材",而是课堂教学层面的微观"五环节"。说到底,严格的五环节教学才是学生能够最直接进行知识消费、学习消费和实践消费的客观存在。在课堂五环节教学中,备课是前提并在课堂教学中延伸。如果一所学校的上课、辅导、作业和评价等方面都能满足学生发展的内在需求,那么这所学校就是学生和家长高度认同和十分喜爱的学校。

四是学校、教师和学生三者可持续发展需求层面。在这个层面,校长应该考虑多元化、多层面的发展性评价。在现代教育理论中,比较令人信服的是加德纳的多元智能理论。的确,学生客观存在智能的多元差异,教育就是要了解这些差异、尊重这些差异、开发这些差异,并能够充分利用差异资源分层递进地实施各项教育教学活动,逐步引导学生提升优势智能、改进劣势智能、优化综合智能。

(二)学校课程文化的关键是核心价值观

上述校长系统思维的四个层面其实是学校课程领导流程链的四大环节。当然,校长在关注这四个层面的基础上,更要站在课程文化的高度来领导学校课程建设,而领导学校课程文化建设的关键是核心价值观建设。首先,校长要与全校师生一起达成共识,以期确立符合本校特色和学生发展内在需求的课程文化核心价值,并使全校师生都高度认同。其次,校长要推动形成课程文化建设的制度体系,实施制度引领和规则引领。最后,校长要推动采用项目管理和项目评价的方式推进学校课程改革。

三、虹教附中在新课程推进中的探索

基于以上思考,虹教附中在加强"三型"课程安排、推进"三材"建设、抓住教学"五环节"、多元多层面发展性评价四个方面开展了有益的探索。

(一)加强"三型"课程安排

在设置课程安排框架时,虹教附中根据上海新课改关于基础型课程、拓展型课程、探究型课程的结构布局,将一周的课程安排分为三大板块:一是按照教学大纲和课程标准确保上足上好基础课程;二是可以安排半天或 2 节课开展半日活动;三是安排拓展课,可以必修,也可以让学生选修。学生按照自身的兴趣和特长学习技能,以及促进个性、潜能多元开发的探究创新型课程。虹教附中在安排一周的课程时务求兼顾三类课程。

案例 3-1

虹教附中校本化"三型"课程设置

虹教附中严格按照上海市课程计划开足开齐所有课程。下面以六年级和七年级课程安排为例进行介绍。

一、六年级课程安排

六年级的基础型课程严格按照上海市课时计划要求安排 26 节,而拓展探究型课程安排 12 节,其中限定性拓展课 10 节,包含班队活动 1 节、体育活动 2 节、心理课 1 节、生涯课 1 节、英语个性化阅读课 1 节、劳动实践课 1 节、语数英作业课每周各 1 节。

说明:心理课使用区级心理学材;生涯课是教师自编学材;英语个性化阅读课是与"精锐教育"合作,利用"双师课"资源,指导学生阅读英语绘本,同时进行"英语听说"练习;劳动实践课是卢钟玲老师结合"百草园"设计的劳动实践课程;语数英作业课主要用于学生完成作业。为减轻家长焦虑和学生的学业压力,作业课每周安排 1 节,由教师辅导学生完成作业。作业课一般安排在下午 3 点半以后。非限定性拓展课和探究课合并为"EACH 课",每周 2 节。六年级"EACH 课"的主题为"武德修身",分为"文武世界""武林视界""武动青春""武动旋律""循史探武"五个子课程,学生自主选择其中一项参与学习。

二、七年级课程安排

七年级的基础型课程严格按照上海市课时计划要求安排 27 节,而拓展探究型课程安排 11 节,其中限定性拓展课 9 节,包含班队活动 1 节、体育活动 2 节、英语个性化阅读课 1 节、语文阅读课 1 节、数学拓展课 1 节、语数英作业课每周各 1 节。非限定性拓展课和探究课合并为"EACH 课",每周 2 节。七年级"EACH 课"的主题为"万物有灵",分为"认识身边的植物"等五个子课程,学生自主选择其中一项参与学习。

此外,虹教附中还每周安排一次社团活动,时间一般为下午放学后。安排社团活动的目的是形成课内课外互为补充、相得益彰、生动活泼的教学态势。

(二)推进"三材"建设

"三材"是国家课程校本化实施的重要标志。在"三材"建设中,先要对国家课程的教材进行校本化解读和教学设计,以便使其更加适合校情与学情;然后,要把教材化为学材,即为教学进行文本重构,从而服务课堂教学的需要;最后,要由学材派生出习材,让学生有重点、有效果地练习与完成作业。

为了加强课程管理、推进教学改革、提高教学质量,虹教附中结合三类课程的开发,根据多元智能目标分层矩阵和层级递进策略,鼓励和激发教师开发出自己独有的校本教材、学材和习材。校本教材是国家教材的校本化设计及教学运用,包括自创自编的课程与教材;校本学材是提供给学生自选、自学的学习材料,比如"数学之美""认识身边的植物""花园中学历史"等,要丰富多样,以便让学生各取所需。校本习材即作业的设计。作业应是学生独立完成的学习材料,是"三材"建设的重头之一。

在校本化"三材"建设过程中,虹教附中及时发现教师原生态的宝贵经验,以及教师的隐性特色和创新优势,并及时帮助教师对这些重要资源进行总结升华,以激励广大教师积极参与,从而走到"教师即课程"的改革前沿。

(三)抓住教学"五环节"

教学"五环节"是教学工作的基本环节,包括备课、上课、辅导、作业、评价。这是联系师生的教与学的平台,是教学常规管理的基础性工作。抓住了"五环节"就是抓住了保障学生成长的主要途径,而只有在教学中紧紧围绕这五个方面展开,才会获取课堂教学有效性。

虹教附中精心抓好教学"五环节",保障课堂教学质量的稳定。这里简明扼要叙述一下虹教附中对教学"五环节"的管理经验:

(1)备课:从备目标、备教材、备学生、备教法等方面加强研究,提高教学设计的针对性;

(2)上课:围绕每一节课的教学任务与目标,精心创设教学情境,注重教学过

程的实效性;

(3)作业:这是教师对自己教学的检验和反思,因此注重加强作业设计和布置、重视作业反馈订正;

(4)辅导:通过课外的培优、补差、提中的教学策略,突出对学生分层的指导性;

(5)评价:教师善于发现每个学生的优点和长处,强调评价结果的激励性和针对性。

(四)多元多层面发展性评价

在课堂教学中,多元多层面发展性评价既是对学生的,也是对教师的。教师的教学首先需要给予评价。虹教附中不但让教师自己反思评价,更开展了同行教师互评,以利于每一个教师的发展。

由于存在着学生发展的多元及发展过程和阶段的差异,因此虹教附中在课程改革所有流程中都按照多元多层面发展性评价引领各项工作的持续推进。

虹教附中对评价工作有四个要求:其一,评价采用多维模式;其二,多维模式中进行分层;其三,每层中注重效能评价;其四,少用终结性评价。科学有效的评价既促进了师生发展,又丰富了学校课程文化的内涵。

作为学校课程管理的第一责任人,校长必须以科学发展观的眼光看待课程的改革;必须从学校师生实际出发,以建构学校课程文化核心价值观为第一要务;必须以科学有效的方法建构新型的课程结构模块;必须关注教学环节的实际效能;还要关注介于宏观课程与教学环节之间的"中间地带",即"三材"建设。此外,校长还要以专业化的方式对待课程变革,要用创新的思想,通过课程改革,从根本上端正教师的教育思想,充分调动、挖掘学生的潜能,使课程、教学目标落到实处,促进学校的可持续发展。

第二节 校长课程领导力是管理领域的拓展

随着课程改革的深入,课程领导力已经成为学校管理的一个独立项目,校长作为课程领导者的作用愈益凸显。

一、校长是学校课程领导的主要责任人

课程的最终实施是在学校里。课程改革把校长推到课程领导主要责任人的地位,即课程领导力成为校长管理领域的拓展。

(一)学校的课程管辖权

《国家课程改革纲要》强调了课程管理权的三级配置,要求逐级实行,而不是国家独揽大权,这就最大限度地调动了各方面的积极性。如果仔细分析课程管理体制,就可以看到,基层学校的一线教师是课程的最终实施者,即"教师即课程",因此,我国的课程管理实际上有四个层次,即代表国家、地方、学校的课程管理及研究人员和教师。由此可见,教师的课程自主权、执行力是决不能忽视的重要因素。只有这四个层面的课程人员协同合作,履行各自的角色行为,才能高效地完成课程开发的任务。

学校是各级课程管理的最后落脚点和付诸实施的平台,因此校长要正确认识三级课程管理的领导功能,对国家和地方课程管理起积极的协调和配合作用。

(二)学校课程管理领导力的内涵

1. 学校课程领导力的解读

《国家课程改革纲要》对于学校课程管理权的赋予有如下表述,"学校在执行国家课程和地方课程的同时,应视当地社会、经济发展的具体情况,结合本校的传统优势、学生的兴趣和需要,开发或选用适合本校的课程","学校有权力和责任反映在实施国家课程和地方课程中所遇到的问题"。

学校课程领导力是指以校长为核心的课程团队为提升课程品牌,在课程实践过程中所体现出来的规划、执行、建设和评价的能力。

2. 学校课程领导力的内容

对于基层学校来说,课程领导力主要包括以下三个方面:理解和把握课程方案,执行课程政策,提升学校课程规划的能力;开发和利用课程资源,提升创造性落实课程方案的能力;有效进行课程评价,提升课程更新与评估的能力。

随着新课程改革的深入,迫切需要学校充分理解国家课程方案,坚决执行课

程政策,处理好国家课程计划、课程标准与课程实施之间的关系,在改革课堂教学、促使学生生动活泼地发展的同时,有效提高教学质量。

按照新课改的要求,学校要在注重学生差异性发展的大背景下,开发和利用课程资源,开发有特色的校本课程。为了使校本课程开发更具有针对性,学校开发校本课程时必须注意三个结合:结合当地社会、经济发展;结合本校的传统优势和文化特色;结合学生的兴趣和发展需要。

课程建设既是一个发展的过程,也是一个不断更新与完善的过程,尤其是课改及新课程建设需要在教学实践中不断评鉴及改进,因此,加强课程评价成为学校课程领导力的一个重要要求。

迫切需要通过课程的校本化建设与学校特色培育、教师队伍建设、校园文化建设的有机融合,促进学校的内涵建设;迫切需要提升校长驾驭课程改革的能力、教师把握课程与教学实践的能力,以有效提升学校办学水平。

(三)学校课程管理领导力的外延

很多学校把学校课程管理的重点放在校本课程开发上,但仅仅限于教材编写,这显然是十分片面的。校长的学校课程领导力,主要是建立学校课程管理制度,把校本课程有机地融合于学校课程的整体框架结构中,实行三类课程的有效统整,从而达成高品质的课程目标。

1. 建立有效的课程运作机制

课程开发是一项复杂的系统工程,涉及组织、机构、人员、决策、研究等各个环节。校长对课程的领导也是一种复合形式的领导。校长领导课程开发的有效运作,首先应该体现为创设有效的学校课程管理运作机制,包括人力资源、决策、激励、评价、补救等机制。创建有效的课程运作机制、对课程开发予以制度保障十分重要。

2. 强化科学的课程决策

校本化的课程决策理应是学校层面加强课程领导的职责范围。校长领导和参加校本课程决策,主要是在学校范围内对国家课程的校本化重构及设计、学校课程规划和课表制作、拓展课程设计和编撰、家庭和社会课程资源利用、对教师课堂教学的监管、对学生作业评价及教学反馈等。这些工作其实是学校教育教学常规管理的组成部分,但是对保障课程与教学质量具有决定性的意义。

3. 确保规范的课程实施

校长对课程的领导力在于强化对课程实施过程的规范性要求。国家课程在不同地区、不同学校实施的标准是统一的底线,却会有区域差异。重要的是校长要把国家课程标准的实施与校情、生情结合起来,以引导课程在本校的统整,保证实施的有效性。校长对课程的监控绝不是以上临下的监控。中小学校长一般不脱离教学岗位,因此校长既担负课程管理的领导责任,又是课改和课程的实践者、探索者,可能既当"裁判员",又当"运动员",肩负双重任务,校长必须把握好监控的适度。

4. 注重新课程的评鉴

随着新课改的推开,对新课程在本校实施的评鉴(评价与鉴定)应该是校长课程领导力的又一重要职能。新课程的试验推进是逐步成熟的,重要的是让新课程适合学生的发展,提升学生的综合素养。因此,校长要树立促进学校、教师和学生发展的价值观,改变评价的甄别和选拔功能,提升评价的发展功能;淡化终结性评价,强化过程性评价;提倡多元主体评价,开展定性与定量相结合的评价。

案例 3-2

"新闻进课堂"课程建设的决策

课程按照呈现形式分为显性课程和隐性课程。前者即正规课程、官方课程、公开课程,后者是非正式课程、潜在课程,两类课程在教育教学中起到互补作用。形成文本的课程通常就是显性课程。学校开展校本课程建设很大程度上就是把隐性课程转化为显性课程,强化课程育人。

虹教附中的"新闻进课堂——初中思想品德课"就有把隐性课程转化为显性课程、强化课程育人的本意。初中思想品德课与时事政治密切相关,虹教附中充分、合理、有效地开发课堂之外的新闻资源和时事政治资源,给初中思想品德课注入了活力,开创了校本课改的新途径,给初中思想品德课教学带来了三大变化。

一是更新教学素材。思想品德课教材的生命是"活"。为了让思想品德课活起来、动起来，思想品德教师需要以课标为指导，以一种大视野、大政治的远见胸怀，打破唯教材为文本资源的意识，并将凡是含有德育元素的资源都用起来，而新闻和时政就是不可或缺的资源。

二是改变教学方法。教师培养和训练学生进行"新闻播报"，从材料的收集、整理到播报前的把关，层层指导。小小的"新闻播报"增强了孩子们学习的兴趣。在播报中，学生们锻炼了综合能力，甚至还提高了计算机运用能力。虹教附中的"新闻进课堂——初中思想品德课"通过生生互动、师生互动，利用正能量的信息，潜移默化教育孩子、感染孩子、感动孩子，帮助他们树立正确的世界观、人生观、价值观。

三是优化教学评价。"新闻播报"强化了学生知识和思维能力的达成，蕴含着情感、态度、价值观的培养，是真正在实践基础上的过程性、形成性的评价。

二、校长要有课程领导能力

课程领导力是一个校级团队决策、引领、组织学校课程实施的控制力，要以课程的执行力作为保证。从校长专业化的角度来看，课程领导力应是评价中小学校长专业化水平的重要维度。上海市教委曾明确提出要将增强课程领导力和执行力、提高教学有效性作为提高教学质量的主要手段。校长的课程领导力包括独立的课程解读能力、开放的课程统整能力、个性化的课程开发能力、扎实的课程建设保障能力。

（一）独立的课程解读能力

课程是课堂教学最重要的载体，具有统一性、全面性、普及性的特点，但由于接受课堂教学的学生具有个别性、特殊性，因此需要校长有能力把大一统的课程与小而有别的学生融合起来。校长应该具有的这种能力就是独立解读课程的能力，即把国家课程校本化的能力。

校长解读课程就是对课程改革方案和新课程标准进行理解和领悟，并将这种理解转化为独到的个人的观点和意识。校长是办校思路的设计者，也是学校课程价值观的实现者和推进者，只有当校长能够在科学和个性化的理解基础上把自己的理解转化为教职工的教育实践行为,并进行创造性的课程改革活动,这样的课程管理才有意义。

(二)开放的课程统整能力

课程统整是一种开放性、立体式的课程管理思想。

从横向来说,课程统整就是对基础型课程、拓展型课程、探究型课程三型课程的统整。拓展型课程、探究型课程是新课改的产物,也是基础型课程的衍生物,有助于开发学生潜能和发展学生个性。但是,后两型课程的选择、课程标准的制定、学生的选课,以及三型课程的排课、考核及评价等,都应该有一个统筹考虑和安排。

从纵向来说,课程统整就是对课程与教学管理过程的统整。大体包括:课程资源的发掘、校本课程研发、改善班级授课制、完善教学团队、强化教学常规管理等。校长应当把课程与教学管理的整个过程作为一个链条来统筹,防止链条上的某个环节过分薄弱。

(三)个性化的课程开发能力

校长虽然可能是学科专家,但也不能包揽全部课程开发。校长最重要的能力是具有课程研发的大思路,能够发掘课程资源、编制具有学校特色的课程纲要、创新课堂教学等。

其一,校长要有敏锐的课程发现力。校本课程是体现独特办学思想、办学文化的载体,校长要有发现课程开发的新领域、新资源的能力。校本课程开发的首要问题就是校长要具有及时发现课程资源、捕捉教育契机的眼界和能力。什么样的课程适合学校、适合学生?学校可能占有哪些课程资源?如何把学校课程与国家课程统整起来?这些都是校长需要思考的问题。

其二,校长要能领衔课程开发研究。校长很可能是学科教学行家,具有一定的教育教学研究能力。在校本课程开发中,校长应该深入教师群体中,深入课堂中,收集课程资源、编写课案、实验试教。校长要既当引领者、指导者,又当参与者、实践者。校长能够潜移默化地将教学的态度、行为和价值观等传递给教师。

其三,校长要把舵创建校本课程体系。一所学校的鲜明办学特色几乎都与这所学校的课程体系建设有密切的关系。课程是教学的主渠道,可以呈现校长的办学理念、治校思路和管理举措。校长要从教育目标出发,充分考虑学生的发展需要,兼顾校情文化,关注教师在课程开发上的潜能,逐步建设和完善校本课程体系。

(四)扎实的课程建设保障能力

在许多学校,校本课程开发方案的编写如火如荼,但是课程开发不仅仅在于编写,更在于实施,有一个比较长的流程。校长的课程领导能力应体现在保障课程实施的管理体制建设上。

1. 开发机构的组建和创新

学校校本课程的研发应当具有相应的管理职责,必须有权威性。在组织机构上,当然不仅要有领导——校长、主任和第一线、有经验、有能力的教师,可能还要有课程专家、教学专家,但是最好能充实家长的参加。家长不是以家长代表的身份列席,而是作为一种宝贵的资源。比如,有的学校开发关于桥梁的校本课程,就特聘学生的家长——一位同济大学教授担任研发工作,并在研发过程中,让桥梁专家和教师互补长短、相得益彰,从而使课程开发相当成功。

2. 人力资源的发现和使用

校本课程开发的第一资源在于人,而首先就是教师。把课改的成败归结为教师是失之偏颇的,但是,如果教师的参与积极性不能得到充分调动,课改就肯定不会成功。国家实行三级课程管理,使教师从传统的课程实施者转型为课程建设者,这既是对教师自身价值的提升,也是对教师能力提出的挑战。校本课程的开发既是对教师资源的发现,也是对教师专业发展的促进。教师人力资源开发的目的就是让教师更好地将先进教育理念转化为具体实在、可以感知的教育资源。参与课程开发的人力资源不应仅局限于本校教师,还应该包括与学校发展有关的人才。

3. 教育资源的开拓和丰富

这里的教育资源主要是指人力资源以外的时间、空间、环境等条件资源。《上海普通中小学课程方案》明确指出"课程要为学生提供多种学习经历,丰富学习体验"。这就是指要开发与中小学生的年龄及其能力相符的条件性教育资源,创设可以供学生亲近的教育情景,让学生感受和体验,实现从认知到价值观的转变。

4. 管理制度的配套和完善

校本课程的开发是一个长线过程,涉及教育教学的各个环节,必须依靠管理制度的配套和完善才能有条不紊地进行。校本课程开发的管理制度包括:组织机构组成、管理权限和职责、人力资源的征集、校本课程开发的申报和立项、校本课程大纲、教材的研制和编写、评价和试教、奖励和惩罚等。每一个环节都要责任到人和精细、周到,务求比较完美,不要疏忽大意,力求在管理中出质量。

案例 3-3

积极开发综合实践活动课程

综合实践活动课程的开发和实施对学校教育管理、教研机制、课程教材开发、课程实施、教师专业化发展等提出了全新的课题。

在新的课程理念引领下,虹教附中充分利用课改基地的优势,牵好校本教研这个"牛鼻子",激发教师积极投入课程教材改革,稳步推进初中拓展型课程的开发和实施。学校开发拓展型课程有引进、再开发和独立开发等多种方式。虹教附中遵循课程开发目标导向、基础衔接和适切性三个原则,选择适当方式,因地制宜、循序渐进、扬长补短、相辅相成地开发拓展型课程。自 2001 年以来,虹教附中在生态、创新、健身等多个类别上,开发以"武德修身""万物有灵""创客空间"为总课程的 14 门子课程,还有 5 个学生社团活动,充分适应了课改的要求,满足了学生的个性成长需要。

三、校长课程领导的实践

对于第一线的校长来说,实现对于学校课程与教学的领导力,主要不在理论层面上,而是在操作层面上。

(一)学习和解读课程标准

课程改革的基层操作实施权在学校和教师。如果学校管理者没有比普通教师更积极、更主动的心态和更全面的思考,并有效地参与到课程改革中去,课程改革就很难真正地在学校里获得实行,乃至取得成功,也无法强化对课程的领导。因此,学校管理者要率先垂范,起到表率和引领的作用。

就学校课程改革的全局而言,校长是实现教育理论与教育实践和谐沟通的关键环节,也是教育行政部门与基层学校联系的中间环节,其对课程方案的理解程度,决定着课程的深度。教导主任是学校课程管理的具体执行者,起着承上启下的作用。只有管理者具有独立、正确的课程解读能力,才能引领教师把握课改的方向。领导者亲临新课程第一线,通过亲自调研、执教,感受新课程的"新",把握新课程的"度",对于加强对课程的领导、引导教师正确执行课程标准和推进课程改革具有不可低估的意义。

对于学校管理者而言,最重要的事情是认真领会课程标准,并尽可能多地阅读各科教材、了解教材体系、厘清教材脉络,在对比新老教材中掌握新教材的特色。在有了正确的理解后,校长及学校中层管理者必须要把对新课程的理解转化为独到的个人见解,并且及时和深入浅出地传递给教师,科学地鼓励教师在课堂中进行创造性的教学活动,让课程方案的科学性与先进性在教学过程中得到生动演绎,让学生感受到新的课程带来的幸福感。

(二)课程管理要有助于强化办学特色

以学校为基础的课程与教学管理,一定带有学校本身的符号,渗透着学校的文化传统、治校风格和办学特色。

1. 办学特色的定义

特色是指"事物所表现出来的独特的色彩、风格等"。办学特色是指学校在长期的办学过程中所表现出来的,有别于其他学校的独特办学风格、独到办学理念以及在人才培养、科学研究、校园文化等方面的特色。

办学特色也是学校个性的体现,是在学校长期历史积淀的基础上形成的,是一所学校赖以生存和发展的生命线,是一所学校的优势所在。要有办学特色,必先培育和发展学校的个性,使学校在教育理念、办学水平、教学方式、校园环境、教育成果和教师、学生等方面都具有不同于其他学校之处。要创建办学特色,就要在学习其他学校先进经验的同时,树立创新意识、弘扬创新精神,没有创新就没有特色、没有立足之地。

2. 建设体现学校办学特色的课程管理

学校课程管理既要有常规管理,也要有特色管理。没有规矩不成方圆,因此学校必须建设一整套科学、完善、成系统的常规制度,以制度强化管理和提升质量。常规管理制度是一种普适性、标准性的制度。地区性教育行政部门为加强地区中小学教学和普遍提高教学质量,都会要求各学校制定相应的常规管理制度。

特色通常是个体属性,学校办学特色就是一种独有的风格,因为独有才能成为个性和标志。优秀的学校课程管理应该有创新、有个性。建设体现学校办学特色的课程管理制度,第一位的就是要把学校文化融入课程管理中。学校文化的本质在于完善人的个性、促进个体社会化和提升人在传承和创造文化中的价值。在这个核心点上,学校文化和学校课程管理的作用其实是一致的。学校要通过课程这个载体,把学校文化,也就是学校特有的属性融入进去,自成风格。当然,有魅力的文化肯定不是空洞的,而是有实际载体的。例如,学校办学的强项、师资队伍的优势、整体的价值观念等,都可以以适当的方式渗透进课程及其管理中。

(三)形成三级课程管理梯队

学校课程管理的层级主要是指校长(室)、教导主任(室),这是学校课程管理工作的两个主要层级。

校长(室)承担课程管理的领导责任,是学校课程改革的领头羊、指导者,主要承担课程与教材改革的决策、设计、监控的任务。

教导主任(室)承担课程管理的执行责任,是学校教育教学计划的执行者,具体承担校长(室)决策的学校各项教育教学业务工作的执行任务。

学校教研组并不是学校教育教学的管理部门,却是隶属于教导处的学校最小行政单位,是教导处工作的落脚点,不过,这是指针对以教研组形式坐班办公的体制而言的。教研组是学校第一线教学工作的组织者、实施者、执行者。教学,实际上是课程的实施,最终会落实到教研组。

当然,学校课程管理的执行必须借助于必要的制度,科学、完善、规范的管理制度是不可或缺的。

(四)悉心研究课堂教学,提高教学实效

课堂是执行课程的主要落脚点。为此,课程的领导很大程度上是体现在对教学的组织实施与指导上。走进课堂、关注教学是对课程实施过程性管理的必要基础。走进课堂不仅是为了了解教师"教"的情况,也是为了了解学生"学"的情况,因此更应该关注学科课程实施的过程。只有这样,课程实施方案才能真正得以执行。

1. 注重实践引领

学校课程教学既应当以常规课为基础,也应当始终以示范课、研究课为重要研究手段。想知道如何上好新教材的课和如何统整协同,仅有理论学习是不行的,还要到课堂教学实践中去探索。学校要通过教研组的集体备课,组织教师结合个人实际研究教案、规划课堂教学、实施教学,让教师更好地把握教材的编写意图和掌握教学的重点、难点。对课程管理来说,重要的是能够发现问题,并调控学校的课堂教学。

2. 加强课后反思

要想使课程领导有实效和教师在教学后有收获,学校领导就必须在开展教学比武、质量监控后对学科课改情况有一个书面分析,肯定优势、提出问题、制定改进策略,从而把握学校整体课改方向。因此,课程与教学管理工作,不但要做在课前,还要做在课后。学校既要求教师以高度的责任感和踏踏实实的工作态度走进课堂,并认真完成教学任务,还要努力培养教师有课前预设、课中生成、课后反思的习惯,特别是要让教师注重教学反思,因为教学反思是确保教学不断前进的原动力。只有在评价反思之后,教师才会重建更好的教学方法和逐步提高自身的教学能力。

目前,虹教附中的教师都已经把写课后反思作为评价自己教学过程的一部分。教师们通过写反思笔记,谈自己对教材的理解与困惑,记录新教材教学过程中的成功与失败。这种经常性的评价反思促进着教师的发展、团队的发展,使教师随时保持着对新课程、新理念的敏感,促成教师自我更新与发展的良性循环,更保证了课程的有效执行。

案例 3-4

引领教师走进新课程天地

为了引领教师走进新课程天地,在集团领衔和托管学校虹教院的支持下,虹教附中先后邀请了 10 多位市级和区级教研员来校做"走进新课程"系列报告。专家们将新课程理念的确立、方案的出台、课程的体系建设、试点学校实际操作的经验等一一传授给虹教附中的教师们,并手把手地指导。新课改、新思路、新举措不断撞击着教师们的观念,使虹教附中全校教师以最快的速度了解新课程、走入新课程。

(1)走近新课程:在新课改逐渐推进后,结合课题研究,虹教附中要求教师对新教材进行一次学习与梳理,使许多教师对新教材从陌生走向熟悉。在学校公开课上,在数量众多的校内听课评课中,在积极反思中,教师们逐步正确地把握了课程改革的脉搏,从新课程的边缘走向中心。

(2)走进新课程:虹教附中积极组织校内培训,以教师论坛为载体,通过试点公开课,展开对新教材的讨论,并在思辨中让教师领悟新课程的实质。在"请进来"的同时,虹教附中还积极创造机会,不断选派教师(英语)赴国外培训、参加市区级骨干教师培训课程和公开教学的观摩、参加校际交流等,使教师走进新课程改革的天地。

第三节　实现有效的校本课程与教学管理

寻求课程与教学管理的有效和可持续发展,一直是学校校长的心愿,也是学校发展所追求的目标。一个学校品牌的树立,第一标准就是课程与教学管理是否有效,因此把它称为学校管理的第一要义是不为过的。

一、有效的课程与教学管理是学校管理的第一要义

(一)有效的课程与教学管理是学校教育教学的基础工作

学校基础工作就是课程与教学,即通过对课程的教学使学生提高素质并成为对社会有用的人才,以此实现学校的教育目标。这里把课程狭义理解为教学科目。我国一些有影响力的工具书及教育学教科书大多持这种认识,认为课程即学科,既指一门学科,也指学生学习的全部学科。

"教学"一词在我国出现比较早,"教"与"学"同义,在当时,以"学"代"教"的

现象较为普遍。"教学"实际上是专就"学"而言的。今天的"教学"不再是教或学的某一方的活动,而是成了"教师的教与学生的学的统一活动",教与学的双边活动都纳入其内。

对课程与教学的关系可作如下比喻:课程是一幢建筑的设计图纸,教学则是具体的施工过程;课程是一场球赛的方案,教学则是球赛进行的过程;课程是一份乐谱,教学则是对这份乐谱的演奏。

学校打响办学品牌主要是追求课程与教学管理的有效、有特色。对于如何理解课程与教学的"有效",目前没有比较一致的认定,既可以是学校整体教学工作的整体有效,也可以泛指一节课、一个单元的教学有效。但不管如何,有质量、有特色就是有效。

(二)有效的课程与教学管理是保障学生成长的主要途径

影响在校青少年成长的因素是多方面的,其中学校起主导作用。这其中,学校教育的主要任务是什么呢?中科院院士杨叔子先生曾指出:"学校的根本任务:一是教会学生如何做人;二是教会学生如何思维;三是教会学生掌握必要的、高层次的知识以及运用这些知识的能力。"

实现这个目标的主要途径是在遵循国家课程纲要的基础上,在学校可控的范围内,构建适合学生的课程结构并实施有效的教学,创建学生成长的优良环境,实现以人为本、科学管理,从而保证教学质量。可以说,学校有效的课程与教学管理是学生成长的主要途径。比如,科学的校本课程建设、高质量的教师教学、坚持常规教学管理等。教学工作是学校中心工作,为严肃课堂教学过程而产生了教学常规管理。严格和规范教学常规是学校实施新课程、管理新课程的最基础工作,是全面提高新课程教学质量的最基本保证。

(三)有效的课程与教学管理是促进教师专业发展的要素

自20世纪60年代以来,国际上对教师素质的关注逐渐达到了前所未有的程度。1966年,联合国教科文组织与国际劳工组织在《关于教师地位的建议》中提出:应当把教师职业作为专门职业来看待。自20世纪80年代以来,教师专业化进程出现了一个重大转折,从以追求教师职业的专业地位和权利为中心转向以追求教师的专业发展为中心。教师专业化是职业专业化的一种类型,本质上是个体成长的历程,是教师不断接受新知识、增长专业能力的过程。新一轮基础教育课程改革对广大教师提出了新的、更高的要求,并已经从理念层面进入课堂教学层面。

对教师来说,课程与教学和专业发展密切相关,教师的日常生活已经与课程教学整合在一起。课程改革既依托于教师的专业成长,又为教师专业化发展提供舞台。教师在教学实践中不断适应新课改,不断提高自身的专业素质,因此,有效的课程与教学管理也是教师专业发展的要素。

虹教附中逐步形成可以检查、督促的制度,建立促进教师不断分析和反思自身教学行为的教师评价体系,倡导教师进行教学过程的反思性教学,成为反思型教学实践者,以此提高课程与教学质量。

二、有效的课程与教学管理的管见

"有效的课程与教学管理"的界定既是一个众说纷纭的问题,更是一个理论与实践相结合的大问题。有效的课程与教学管理是指在校长领导下,遵循国家课程纲要,在促进学生全面发展和个性发展的前提下,学校自主进行课程统整、课程研发、课程实施,实行教学质量保障、教师专业发展等,取得明显实效,受到学生、教师、学校、家长、社区普遍认可。有效的课程与教学管理是校长对课程与教学实施有力领导的体现。

(一)形成学校课程文化

1. 学校课程文化的定义

课程文化是一个复杂的系统,是由课程价值观、课程规范、课程符号、课程传统与习俗以及课程物质设施等要素构成的复合整体,是各个要素构成一个系统所表现出来的文化特质。各要素既具有相对的独立性,又相互结合成严密的体系。其中,课程价值观是各要素的核心,体现于其他各要素之中。

课程文化包含两方面的含义:一是课程体现一定社会群体的文化,二是课程本身的文化特征。前者主要就课程是文化的载体而言,后者主要就课程是一种文化形式而言。

课程文化包括三部分:课程物质文化、课程制度文化、课程精神文化。课程物质文化主要是指课程付诸实施的客观物质条件和必要前提,通常以形象化的形式出现,如各种教材、教学多媒体、校园、校舍等,对学生的身心发展和人格健全具有潜移默化的影响。课程制度文化主要是指各级教育行政部门制定的相关政策、法律法规以及一系列课程教学规范和指导标准等,如《基础教育课程改革纲要》《上海市普通中小学课程方案》及各学科课程标准等,旨在给课程的科学运行提供制度保障和执行规范。课程精神文化是课程文化的本质所在,主要是指特定的学校教育主体(教育行政部门、校长、教师和学生)所应有的治学理念、人才价值取向、科学态度、探究精神、人文素养以及文化自觉的意识与能力等。这种精神文化,对个人来说,是面对纷繁复杂世界的主心骨和从事实践活动的指示器;对学校来说,是学校成熟发展、提高育人品位的深厚底蕴和灵魂,也是学校品牌建设的核心。

课程文化具有丰富内涵,只要是教育主体——校长、教师和学生在教育活动中创设的一切人化和物化的因素,都可视为课程文化的范畴。由于教育者和教育对象的不同、教育环境的不同,每所学校都会有自己的课程文化,在学校发展过程中发挥着重要的作用。

《基础教育课程改革纲要》提出的一些新的课程目标、课程理念逐渐被教师理解并接受。校本课程开发就是其中一个新概念,体现了学校自主权利的重塑。只有以创建特色学校为抓手,重塑校本课程文化,才能使课程改革在每一所学校得到创造性落实。

2. 学校课程文化的特征

学校课程文化旨在倡导一种新的课程理念,即以学校为课程开发的基地及课程开发活动的基础和决策依据,以学校的教师为课程开发的主体。学校课程文化的构建没有固定不变的程式或方法。学校课程文化包括课程目标中的文化、课程内容中的文化、课程实施中的文化与课程评价中的文化。

(1)课程目标中的文化。学校课程开发的目标至少包括两个相互联系的工作:一个是针对教师的专业发展目标,一个是针对学生的课程目标。学校课程目标要关注学生的发展,关注学生完美个性的养成,注重学生良好心理品质的形成,使学生养成健康的情趣和生活方式。学校课程目标的制定首先要考虑学生的需求,最大限度地满足学生在不同层次和水平上的发展需要,体现学生的个体差异性,促进学生在原有基础上获得充分的、可持续的发展。同时,学校课程目标要体现教师的专业发展。教师的专业发展需要一定的氛围文化,在这种文化下,教师们能够自觉而不断地对自己的教育教学实践进行反思,教师们相互间能够分享关于教学的理念与实践经验,并努力在课程教学中尝试新的教学方式与技术。

(2)课程内容中的文化。学校课程开发的出发点是满足学生的学习需求,因此,学校课程的设计必须能够满足并不断引发学生的内在学习兴趣,并注意学生的自主学习活动。课程内容要关注学习者个体内在的心智发展以及自由、自主、创造精神与能力的养成,要把学生个体视为文化的建构者,强调对学生的陶冶、解放与培养。学校课程的内容要关注全体学生、关注学生发展的差异性,尤其重要的是,课程内容要关注学生的生活体验,满足学生理智生活、情感生活、审美生活、道德生活的需要。

(3)课程实施中的文化。学校课程开发强调师生之间的互动与协商,无论是教师的教,还是学生的学,都是在师生协商互动的基础上进行的。新型的教学关系使教师的角色发生极大的转变,学校课程开发与实施是一个教师增权赋能的过程,意味着教师的课程和教学方面能力的提升。同时,仅靠单个教师的力量显然无法完成课程开发,需要教师之间更紧密、更有效的有机结合,形成一个平等、合作、互动的教师工作群体。另外,这种合作文化不仅仅倡导师生、生生、师师之间的合作,也要求教师与家长之间的合作、教师与社区之间的合作,从而发挥学校、家庭、社区一体化教育网络的作用。

(4)课程评价中的文化。学校课程开发是民主、开放的课程决策过程,需有一个开放的、动态的评价体系,体现参与、互动、对话、合作、民主和多样性的原则,需要校长、教师、课程专家、学生以及家长和社区人士共同参与评价,需要通过多种渠道获取信息、建议和意见,来共同推进和完善校本课程的实施。课程评价是人本化的评价,不仅要关注结果,更要注重学生成长发展的过程,有机地将量化评价和质性评价相结合,将评价贯穿于校本课程实施的全过程中,使评价实施动态化、连续化、日常化。人本化课程评价充分尊重师生以及学校和社区环境的独特性和差异性,强调在自我反思、自我体验的过程中,使人的自主性得以健全发展。学生以主体的身份投入课程的运行、评价过程中,同时,随时自我反思和体验,不断地理解知识,不断地重构知识,觉知到自己的进步和缺失,体验着新的创造和重大意义的顿悟和发现,最大限度地实现自我价值。

(二)建立有效运转的学校课程与教学管理

这里不再从校长角度去阐述学校课程与教学的管理,而是着重从制度和操作层面做叙述。

1. 建立完整、规范、科学的学校课程与教学管理体系

现代学校有效的课程与教学管理的基础在于学校课程与教学管理体系,主要涉及人、机构、制度三个方面。

(1)人。人既包括作为管理者的人——校长及各级管理者,也包括作为被管理者的人——教师和学生。管理者和被管理者的矛盾不可避免,但是,如果管理体系的设计能够尽可能让大多数人参与管理,就能够化消极为积极,把许多矛盾化解在开始阶段,即把矛盾化解在摇篮中。

(2)机构。机构包括管理的决策机构和执行机构。在不同的学校,学校课程与教学管理执行机构的名称是五花八门的,但无非都是教导处和人事办公室的变种,比如人力资源部、课改办公室等。机构关键是要少而精,不要多头管理,互相扯皮;管理人员要精,职责要明确;程序如何也要清清楚楚。学校管理决策机构注册人员基本上是校长以及学校中层人员。

(3)制度。制度的设计是为了管人,管人的目的是为了把事情做好。因此,在设计制度时,既要考虑制度的完整、规范、科学,还要考虑教师的接受度和学校的发展实际。暂时还不能被大多数人接受的制度条款,要慢慢制定和执行。

2. 教导主任承担课程与教学管理的执行责任

学校课程与教学管理的操作层面首先是教导处。在普通中小学,教导主任是学校教育教学计划的执行者,是"教头",带领各个学科教研组长去履行课程实施工作——教学。教导主任的执行责任具体来说有以下三个方面。

(1)课程开发指导。教导主任要协助校长提出符合校情的课程开发理念和思路,指导教师设计并开发校本课程,提出学校在3~5年内课程的开发或国家课程校本化计划。例如,德育校本化课程要确定社会实践主题教育活动课的地位和比例;对基础型课程要进行统整和二度开发;要开拓和丰富拓展型课程;要探索和提高探究型课程质量。教导主任对搞好搞活学校"三型"课程建设、严格

把控"三材"质量、推进和提高教学水平都承担一定的责任。

(2)课程实施协调。由于课程开发涉及各个学科、各个教研组、各个年级组、每个教师、每个学生,因此需要教导主任进行协调。从教的层面来说,教师自行确定拟开课程并制订课程计划,并将课程申报给校方后,一般应由教导主任做初步调整、筛选,按年级、学科分类,制成菜单,依据校情,从课程体系的要求出发,进行合理编排。从学的层面来说,对于学校自主开设的课程,学生有自主选课的权利,这样可以最大限度地激发学生学习的兴趣,开发学生潜能,促进学生健康成长。因此,对于选修课程,学生可以依据自身的特点、兴趣、潜能自主选择,但教导处要做必要的协调,以保证课程的实施。

(3)课程过程监控。校长当然要承担课程实施过程的监控之责,但是,大量的监控事务工作实际上是由教导主任及其下属承担的。教导处的主要工作是对课程与教学进行常规监控,包括:严格执行课程计划,加强课程管理;严格依据课程标准,加强对课程内容与要求的管理;重视教学基本环节,抓好对课堂教学过程的管理;注重教学评价,加强对教学质量的管理;开展校本研修的制度化管理。

3. 教研组具体落实课程与教学的实施

课程实施最终是由教研组来具体落实完成的。教研组处于学校课程与教学管理的操作层面。学校要以新课程实施为导向,改进和加强教研组工作。中小学教研组是一个兼具专业性、学术性和管理性的复合型组织。这个组织需要承担本学科的校本课程的建设,需要开展教学业务研究和落实有序的学科教学,需要对教学进行基础性监控以确保教学质量,还要承担提高本组教师师德和业务修养的任务。可以这么说,一个优秀的教研组往往决定着该校某学科教学的质量,甚至对全校教学质量产生影响。

教研组承担学校教学管理的四大功能:①学科教学的指挥功能。这是指落实本学科教学目标实施、教材把握、教学过程研究及教学评价等。②学科教学质量的监控功能。这是指在日常的教学工作中,对本学科教学质量进行监测和调控。③学科教学的研究和创新功能。这是指顺应现代教育发展趋势,力求在学科教学中有新的突破。④学科教学的协调功能。这是指注重本教研组内的交流沟通、与其他学科的横向交融、与年级组的协调发展。正因为教研组具有不可替代的功能,因此,教研组是学校课程与教学管理的关键环节。

现在,不少学校在创建特色教研组。教研组的特色主要就是学科教学与管理的特色,就是课程的特色、教学的特色、教师的特色。这既是教研组建设的需要,也是教育教学改革发展的需要。

(三)有效促进学生全面而有个性的发展

有效的课程与教学管理必须可以促进学生的发展,学生发展水平是学校课程与教学管理是否有效的唯一检验标准。

1. 学校课程开发要满足学生的需要

学校教学管理的基本任务是全面统领课程改革在学校教学中的实践和创新,包括研究教学过程、改善教与学的行为、提高教学的有效性。其中最关键的是教师的教学行为,因为其直接影响着学生的学习效果。当教师开展新课程时,必须改变传统的课堂教学行为,促进学生学习方式的转变,以达到提升学生学力的目的。

正因为国家课程在一定程度上不能全面满足不同情况学生的需要,才有必要要求各学校自主开发适合自己学生的课程,因此学校课程的开发必须满足促进学生全面而有个性的发展的需要。在课程开发前,学校领导层必须要对学生进行研究,了解不同学生的需求和兴趣,尽量开发丰富多彩的和能满足不同学生需要的学校课程。

课程开发有两个基本层面。第一个层面是课程的第一次开发,主要是国家或地方颁布的课程标准等方面的内容,是基本框架和基本要求。第二个层面是课程的第二次开发,也就是学校层面的落实,即把国家课程校本化重构,这才是实际运用的校本课程,因此,只有第二次开发才能直接影响学生,才是真实付于实施的课程。学校对课程的开发主要体现在第二次课程开发的过程中。学校通过课程组织领导,把国家课程转化成学校课程,把学校课程转化为教师执教的课程,最后把教师课程转化为学生学习的课程。

2. 学生全面发展和个性发展

许多教师把主要精力都集中在怎样把教材内容讲清楚,以及大量的课后辅导和作业批改上,但对学生们怎样去学、学得怎样、收获什么等问题却比较疏忽。相应地,学生们也往往采取被动、消极的学习行为,进而滋生了厌学情绪,不仅激发不起学习的兴趣,反而产生学习压力。课程改革是实施素质教育的关键,教师要立足于学生的学习兴趣、爱好和潜能,并结合教师自身的特长研究教的行为,以促进学生发展。

教育既然要适应学生的发展,就一定要满足学生选择教育的权力,包括对学习兴趣、学习方向、学习方法的选择,但是,这样的选择不应违背教育的规律和科学的逻辑。教育要鼓励学生的潜能发展和自我实现,但是不赞成偏离社会需要的自我设计、自我实施,也不赞成只强调社会需要而否定、扼杀个性的充分、和谐发展。遵循和利用教育规律只能是手段,满足学生的需要、促进学生的全面发展才是目的。

(四)有效实现教师的发展愿景

只有有效地实现教师的发展,提升教师的素质和能力,让教师在教育教学工作中得心应手、应付自如、感到舒心,教师才会幸福。就教学而言,教师的发展是教师自身不断改变自己教学行为的过程。随着新课改的推进和研究性学习的开展,教师参与教育研究、改变教学行为已经成为实现发展的重要途径。

1. 合作与交流的能力

从新课程对教学方式改革的要求来看,仅仅依靠教师一支笔、一张嘴、一言堂的局面必然被打破,取而代之的是适合学生发展、适合教师发展的探究学习、合作学习、综合学习等学习方式,这都需要教师之间、师生之间的合作、交流和协作。教师首先要与学生进行合作与交流,要审视自己在学生中扮演的角色。学生是发展中的人,教师应该尊敬学生,努力在课堂上与学生共同营造一种民主、和谐、平等的气氛。教师还要与其他教师合作。比如,让教师们在热烈的课前讨论、认真的课件制作、丰富的资源共享中,把教学中的"教教材"变为"用教材",为上好每一堂课做充分的课前准备。课程改革为教师们开拓了更广阔的天空,而合作交流能力正是新课程对教师的必然要求,也是教师自我成长的基本功。

2. 运用现代信息技术的能力

现代信息技术与课程的有机整合可以促进课程与教学更趋直观和有效,这是新课程改革的一大特点。教师的信息素养、技能水平决定了信息技术应用的程度和效果,进而直接影响新课程的课堂教学质量。因此,在教学中整合运用现代信息技术,已经成为教师适应新课程改革必备的基本功之一。

3. 课程开发和课程实施的能力

过去我们总是习惯于根据大纲和教材来安排学习内容,但是新课程的实施不仅需要教师理解课程标准的目标要求,了解教材的知识体系和重点难点,而且要求教师首先要了解学生的学习需要,了解他们已有的经验,了解他们的个别差异,进而根据他们的需要、经验及差异开发、选择或重组各方面的课程资源。

4. 开展教育教学研究

新课程需要教师成为一个研究者,具有一种批判、反思的科研精神,善于发现教育教学中的问题,进而选择某些问题作为研究课题,独立或合作展开研究,最后将研究的成果运用于教学实践。对于一线的教师来说,最重要的研究是学科教学研究。教师们要结合自身教学实际,深入研究课堂教学新模式,及时把握教与学的动态发展趋势,主动转变自己的教学行为。

第四章　课堂改进：付诸课程教学的六个行动

虹教附中的校本化课程改革措施都体现在课堂教学中。该校加强对学校课程与教学改革的统一领导和部署，依托教师团队群体和个人，持续开展基于"教与学"的"行动—改进—再行动—再改进"，从而提升课堂教学质量、提高教师专业能力、进而增强学校办学治校水平。虹教附中重视教师扎根于课堂的教学实践与研究，以及由此产生的课堂改进。

第一节　行动一：用教材教

一个学校里最重要的就是教师、学生、课程三个方面，而与课程密切联系的就是教材。教师、教材、学生是教学过程的三个基本要素，三者呈现交互关系。在课堂教学的过程中，三者关系和谐，就能够优化课堂教学生态和实现课堂教学的动态平衡，就能上出一堂生动活泼、富有趣味的好课。

一、课程与教材

广义的课程泛指学生应学习的学科总和及其进程与安排。可以说，课程是对教育目标、教学内容、教学活动方式的规划和设计，是教学计划、教学大纲等诸多方面实施过程的总和。课程是以实现各级各类教育目标而规定的学科及其目的、内容、范围与进程的总和，包括学校老师所教授的各门学科和有目的、有计划的教育活动。

教材又称课本，是依据课程标准编制、系统反映学科内容的教学用书。教材是课程标准的具体化，通常按学年或学期分册，并划分单元或章节。教材主要是由目录、课文、习题、实验、图表、注释和附录等部分构成。

课文是教材的主体。随着科学技术的发展和教学手段的现代化，教学内容的载体也多样化了,既包括教材,还包括:各类指导书和补充读物;工具书、挂图、图表和其他教学辅助用具以及教学程序软件包;幻灯片、电影片、音像磁盘等。

二、用教材教

新课程倡导教师在课堂上"用教材教",而不是简单地"教教材"。"教教材"是把教学狭隘地理解为传授知识,过多依赖于教材上的教学内容,把教科书当作唯一的凭借。新课改深入发展到今天,已经从传统的"唯教材,教教材"和照本宣科地讲解教学,发展到用教材教。对"用教材教",《语文课程标准》如此阐述:"应创造性地理解和使用教材,积极开发课程资源,灵活运用多种教学策略,引导学生在实践中学会学习。"

"一千个读者心中有一千个哈姆雷特",每一个人即使读同一本书,也会有各自的理解。因此,尽管教材提供教学内容的文字样本和规范的教学流程,然而,读懂教材是一般教学的基础要求,灵活运用教材是高效教学的必须手段,不能简单照搬教材到课堂的教学过程中,必须因师生的差异和特点,适当做出调整并运用到课堂教学上。

用教材教,应该是指教师要准确把握教材意图,深刻理解教材内容,全面领悟教材的知识要点及其蕴含的教学思想方法,制定合适的策略与方法,从而为课堂教学打下基础。同时,教师在充分了解学生已有的学习水平和生活经验的基础上,要注意因学生的差异和特点对教材内容进行恰当地选择与改变以及删减与补充,设计出有利于学生学习的教学方案,体现"教有方法,教无定法"的策略思想。"用教材教"这一理念,还包括学生对学习过程的理解和方法的掌握,以及在情感态度和价值观方面的发展,是教材有效的整合、筛选和补充,以及创造性地使用。

三、策略或方法

在新课改的推动下,虹教附中各个学科的教师都已经创造性地使用教材,把教材内容与教学方式进行综合优化,把教材内容与学生生活实际相联系,让学生在读中学、玩中学、听中学,在思考中学习、游戏中学习、合作中学习。创造性地使用教材和优化课堂教学具有普遍的实践意义。这里扼要举两个例子说明用教材教的策略或方法。

策略1:师生同台表演。在文科(比如语文、英语、道德与法治等)教学中,常用这种方式把教师的讲述课变为表演课,甚至师生同台、学生为主进行表演,把课文的内容演化为微剧情,通过台词、说唱、演员表情、肢体动作等,个性化地、活灵活现地表现出不同角色的性格、动作和角色位置。这种形式不仅有助于深挖课程内涵、表现课文主题,而且有助于激发学生学习兴趣、强化教学记忆、提升课堂教学效益。

策略2:短文长教或长文短教。在课堂教学中(尤其是语文学科课堂教学)常有这种情况。不同教师采用不同教法体现了同课异构的教学思想。例如,有的教师在执教古代散文和现代文时就分别采用了短文长教和长文短教的方法。由于古代散文往往文章不长但含义深刻,因此这位教师便短文长教、精教细说,仔细进行词语剖析,让学生进行默读背诵,从而使学生能熟练地把握古文的字词句篇,进而为学生补上了古文的短板。而在执教某篇现代文时,这位教师却采用了长文短教的方法,把时间放在课后的拓展上,让学生到网上去寻找这篇现代文写作者的其他作品,并且要求每个学生可以只选一篇,然后进行深度阅读,并写出读后心得,最后让学生们在课堂上进行演讲,并由自己对其进行点评。

案例4-1

育人目标在美术课堂上的体现

上海是一座现代化的国际大都市,被称为"魔都"。王君老师的美术课为了要表现上海大都市的魅力所在,因此抓住上海特有的"桥"的风采。他尝试用美术剪贴画的方法表现上海的桥,探寻艺术之美,将师生对上海的赞美与热爱之情融入自己的创作构思中。这堂课成功的关键是强化知识技能与审美的联系和挖掘美术课堂中的育人价值。

在上课中,王君老师运用了上海的桥这个载体,将现代的桥与古桥做纵向对比,通过剪贴的形式,将大轮廓到小细节用黑白灰的形式呈现,借助情境的创设使得作业环节既解决了教学的重点和难点,同时给予学生设计的思路和路径,培养思维能力。

美术学科具有视觉性、审美性、实践性、创造性、人文性等特点,培养学生美术学科核心素养需要以灵活多变的具体情境为载体,让学生通过在课堂上探究学习方法和习得学科知识,做一个有思想、会表现、能传达的学习主动者。

王君老师的课堂教学是通过创设情境让学生探索和理解美术知识及运用美术知识技能,从而培养学生两个能力,即灵活运用美术知识技能的能力和解决复杂问题的能力,进而培养学生的美术核心素养(图像识读、美术表现、审美判断、创意实践和文化理解)和实现美育的价值。

第二节 行动二:授之以渔

授人以鱼不如授人以渔。一条鱼能解一时之饥,但不能解长久之饥,想永远有鱼吃,就要学会捕鱼的方法。

一、兼顾"授之以鱼"和"授之以渔"

联合国教科文组织提道:今后的文盲将不再是不识字的人,而是不会自学和学了知识不会应用的人。但有的教师总是下意识地认为,教人打鱼不如直接给鱼有效。然而,一个称职的教师不但要给学生以知识,还要教会学生学习的方法,即既"授之以鱼"又"授之以渔",使学生从"学会"变为"会学"。

二、"授之以鱼"的教与学

在课堂上,单纯的"授之以鱼"的教学方式是仅仅给获得物,也称说教性教学,这是一种以告知为主要形式的教学模式,而对学生来说,说教性教学相对应的是低级的接受性学习,即老师直接告知学生什么是该相信的,什么是在思考一个问题时该考虑的。学生的任务仅仅在于记住老师所说的,并在要求时重复和记住老师所说的话。

接受性学习是指人类获得个体经验的一种方法。在这种学习活动中，主体接受他人的经验，把别人发现的经验经过掌握、占有或吸收转化成自己的经验。低级的接受性学习主要表现为呆读死记、"一知半解""半通不通"。不能认为接受性学习都是低级的，因为人类的学习都必然经过接受性学习，但必须从低级走向高级。高级的接受性学习表现为举一反三、触类旁通、融会贯通等。

授之以鱼的教学模式背离了提高学生主动性和思考能力的培养要求，不仅错误地认为老师可以直截了当地将知识告知学生而无须考虑学生对这些知识做何思考，而且错误地以为知识可以脱离理解和辨析而独立存在。从批判性思维的角度看，说教式教学既混淆了"陈述"原则的能力要求与对这条原则的理解，也混淆了"知道"的深度能力。

三、"授之以渔"的教与学

授之以渔的教学方式就是知识的习得、能力的掌握、方法的融会贯通三者的密切结合，表现为高级的接受性学习（有意义的接受性学习）和发现性学习的整合。

高级的接受性学习是一个积极主动的过程。它要求学习者进行一系列活动：①在决定新知识纳入已有的哪些知识中去时，需要对新旧知识的"适合性"做出判断；②当新旧知识存在分歧和发生矛盾时，需要进行调节；③新的命题通常要转化为个人的参照系，与学生个人的经验背景、词汇、观念结构趋于一致；④如果找不到作为调节新旧知识分歧或矛盾的基础，需要对更有概括性、容纳性的概念进行再组织。上述活动限于要求理解学习材料的意义，使新旧知识趋于一体化。

所谓发现性学习，是指学习的主要内容不直接呈现给学习者，而只是呈现有关线索或例证，学习者必须经历一个发现过程，自己得出结论或找到问题答案的一种学习方法。学习者通过独立学习、独立思考，自行发现知识和掌握原理、原则。发现性学习是学生通过自己再发现知识形成的步骤来获取知识并发展探究性思维的一种学习方式。发现性学习既是教的方法，又是学的方法。前者是指通过发现过程进行学习的方法,后者则是指把学习发现的方法本身作为学习的目的。总之,发现性学习以培养探究性思维方法为目标,利用基本教材使学生通过一定的发现步骤进行学习,主要特点是学习的主要内容必须由学生自我发现。

四、课堂教学改进

为了既"授之以鱼"又"授之以渔",课堂教学要进行改进,这主要包括方法改进和教师担当两个方面。

(一)方法改进

(1)创设问题情境,提出学生感兴趣的问题,使学生在此情境中产生矛盾,从而提出要求解决的或必须解决的问题。

(2)学生利用教师和教材提供的某些材料,对问题提出解答的各种假设、推测,寻找联系、已知与未知。

(3)从理论上或实践中检验、审查、补充修改自己的假设,不同意见可争论或讨论。

(4)引导学生对争论做出总结,得出共同的结论,使问题得到解决。

(二)教师担当

鼓励学生有发现的自信心;激发学生的好奇心,使之产生求知欲;帮助学生寻找新问题与已有经验的联系;训练学生运用知识解决问题的能力;协助学生进行自我评价;启发学生进行对比,引导新的发现。

案例 4-2

给学生提供学习支架

在语文课堂上,学生对普通的写作都有非常大的困难,在日常写作教学中,老师可能会提到比较多的概念、术语,如明确中心、合理选材、加入修辞描写等,但学生的习得并不明显。听得懂却不会操作,仍然是一个大问题。怎样化解这个问题呢？

沪教版七年级语文教材中有一篇课文《走一步，再走一步》。这个标题充分地阐释了一个循序渐进的教学方法，那就是：在学习环节给学生充分提供支架。比如，在要求学生完成习作 300～400 字的短文《说说我的新朋友》时，虹教附中的唐田田老师就注意给学生提供学习支架，告诉学生怎样一步一步去"说说"新朋友，以掌握操作步骤，从而让学生相对容易地完成习作。具体方法如下：

第一步，让学生用简单明确的语言去点明即将写的这个好朋友的主要特征。第二步，让学生用一件事来证明他是我的"新朋友"这个观点，实际上就是解决中心与选材之间的关系。第三步，让学生列出某个交往事件的起因、经过、结果，这就自然而然地让学生进行提纲草稿的布局。简简单单三个环节，实际上解决了"是什么、为什么、怎么样"的一系列问题。教师通过不断搭支架和提供学习路径，使学生有章可循、有例可循，从而使学生能很自然地按部就班进行学习而没有任何的障碍。

第三节　行动三：把有效性贯穿于全过程

只要教师有足够的责任心，所有的学生就都能够在原有基础上取得进步，课堂教学过程也就会是有效的。

一、什么是有效教学

崔允漷教授在《有效教学理念与策略》一文中对有效教学的内涵进行了清晰的界定：一是"有效教学关注学生的进步或发展"。为此，教师必须确立学生的主体地位，树立"一切为了学生的发展"的思想。二是"有效教学关注教学效益，要求教师有时间与效益的观念"。三是"有效教学更多地关注可测性或量化"，如教学目标尽可能明确与具体。四是"有效教学需要教师具备一种反思的意识"，就是教师必须在教学后从学生的角度回溯教学过程，并进行调整。五是"有效教学也是一套策略"，可以进行评价与反馈。

二、什么样的课堂教学才是有效的

(一)树立了科学的效益观

有效教学的狭义理解是指在课堂教学上让学生用尽可能少的时间、精力等达成学习目标。科学的课堂教学效益观是对单位时间内学习过程与学习结果的综合考量,要在课堂教学中把握好教学的密度、难度、师生交流的尺度和信息输出的艺术性。有效教学的广义理解是指课堂教学达到三维目标,即知识、能力和价值观,也就是立德树人。

提升课堂教学效益,必须强调师生双方教学交往的有效性。教师是教的主体,学生是学的主体,学生的学习主体地位要靠教师来引导和规范。应当提倡一种健康的、富有创造性的和既能体现教师权威和教学纪律又能凸显学生生动活泼学习的、双方平等与关爱的师生关系。

(二)教学内容有价值

课堂教学有效的基础是课堂教学内容有价值,能够提高学生思考问题与解决问题的能力,并最终能够满足学生学习与发展的需要。知识(能力)在问题解决中起重要作用,但并不能把知识的多少与解决问题的能力简单画等号,因为解决问题能力的高低还与知识的属性及学生的学习状态高度相关。

(三)教学过程有效益

教学过程有效益是指课堂教学达成了学生要实现的学习目标。促进学生的发展是教学的主要任务,这不仅要看教师教得认真不认真,也要看学生有没有学到什么,或者学生学得好不好,以及学生的学习需要是否得到满足。如果学生不想学或者学生没有收获,那么即使教师教得很辛苦,也是无效教学。同样,如果学生学得很辛苦,但没有获得应有的发展,那么这也是无效或低效的教学。

(四)课堂教学有吸引力

课堂教学拥有长久的感染力、渗透力、亲和力是课堂教学有效性的最高标准。现代教育培养的学生要具有终身学习的愿望和能力。成功的学习者是积极主动的、有明确目标指引的、善于自我调节的、能对学习承担起责任的人。成功教师的个人修养必然包括待人热情，教学有组织、讲效率，思维富有创造性和想象力等方面，也正因如此，成功教师一定是有吸引力的。

三、把握好课堂教学的各个环节

(一)重组备课环节

课堂改进要从全面重组备课环节入手，要把作业设计和评价设计融入备课环节，扩充和丰富传统备课的内涵与方法，具体是指"两提前"：

一是提前设计和公布课堂目标、供选择的学习步骤，从而明确学生在参与课堂学习过程中所需承担的各类学习任务。

二是提前设计和公布作业与评价标准，进一步提示学生通过承担学习任务所需达成的学习效果。这不仅是预习作业的前置设计，也包含学习结果的前置设计和评价方案的前置设计，从而促进备课成为一种高屋建瓴的教学整体规划。

虹教附中通过校内多轮试点和对比试验，发现这种做法至少带来两个好处：

(1)使师生共同明确教学要求，督促教师主动思考自己究竟要教什么和要教到何种程度，同时帮助学生了解自己究竟要学什么和要学到何种程度，从而提高了教与学的目标透明度和学生自主学习的可能性。

(2)有利于推动民主型课堂建设，促进师生间的沟通交流和理解认同，既让教师从学生立场出发思考教学起点和理想方案，又让学生感受到教师设计课堂教学环节的目标考量和良苦用心。这种换位思考和相互磨合大大拉近了师生间的心理距离，使教与学产生共鸣与合力，让课堂焕发灵气与活力。

(二)优化上课环节

思维发展是学生成长的内在需求，能让学生受益终身。虹教附中推动每一位任课教师把培养学生思维作为课堂教学的核心目标，并把培养思维的抓手落实在课堂教学的"两创新"上。

一是提问形式创新，使提问从"简单提问"为主走向"复式提问"为主，即不拘于学生回答的对错本身，而是有意识地引导他们自主思考和发掘每个概念、原理、现象背后的深层寓意和来龙去脉，让学生学会如何深度思考和学习。虹教附中鼓励骨干教师带头开展行动研究，反思当前课堂教学中教师的提问策略、提问性质和应答方式，探索如何让课堂提问摆脱单纯的监控目的，释放启迪和引导的积极信号。数学教研组还积极参与胡军院长领衔的高峰计划项目，开展培养学生高阶思维的研究。

二是学科知识整合创新。新中考改革要求打破传统课堂的时、空和模式，为学生创设更多的真实情境，提供更多的实践体验机会，让知识学习更加贴近生活、贴近自然、贴近社会，使学生有更多的亲身感受和体验。虹教附中既探索跨学科项目化、主题式的综合实践活动课程，鼓励学生在自然和社会体验中锻炼思维能力，也注重在各个学科中不断融入其他学科的知识与智慧，探索"问题导向"的合作机制——激励不同学科的教师们从各种自然现象或社会问题切入选题，尝试将多科知识融入自我课堂。

"两创新"的课堂充满着想象力和趣味性，符合初中生的心理发展特点与需求。虹教附中惊喜地发现，灌输式课堂教学不见了，学生创意和学习热情普遍提升，就连那些平日沉默寡言和精神游离的学生也能聚精会神地参与讨论；不同学科间的探讨和切磋常能碰擦出智慧的火花，教师自己上起课来更加有滋有味；一些家长也反映，孩子们回家玩电脑游戏少了，开始逐渐习惯和学会利用互联网寻找新知识和讨论学习问题。

（三）夯实辅导和作业环节

众所周知，虹教附中实行小班化，注重个性化辅导。这固然得益于招生规模，却也是生源多元性的应对之策。当前，学生在家庭背景、知识基础、兴趣爱好、性格特征方面的差异性不断扩大，即便小班化教学也受制于教学时间和任务，难以充分顾及每一位学生。唯有不断推进针对性辅导和个性化作业，方能弥补课堂教学的短板，提升教学活动的针对性、发展性和有效性，最终帮助每位学生实现最大限度的自我发展。由此，虹教附中提出"两针对"：有针对性地夯实辅导和有针对性地加强作业环节。

一方面，虹教附中有针对性地夯实辅导。虹教附中要求任课教师与班主任形成"朋友圈"，共同分析班上每位学生的性格和学习特点，及时把握每位学生的学业和兴趣变化，在此基础上为他们提供有针对性的个体辅导。个体辅导不仅仅是学业辅导，而是针对学生学习和成长中的各类问题全方位地答疑解惑。

另一方面,虹教附中有针对性地加强作业环节。虹教附中为学生定制个性作业。这并不是出于分层教学的考虑,而是指向学生更自然的成长过程。无论课前、课中还是课后,根据学情需要,每一份作业都可能有所不同。此外,结合新中考改革的要求,虹教附中以年级组为单位,自发组织各学科教师,打破学科界限、共同为学生设计综合实践活动课程体验作业。较之传统学科作业,新的作业从形式到内容有了突破与创新:既有研究型的"长作业",允许学生在一个有价值的问题上与老师和同伴共同探讨,钻研数周甚至历时数月;也有跨学科的"宽作业",需要学生把各科知识融会贯通、综合运用。虹教附中的校本练习册每年都在不断完善和推陈出新。

(四)改进评价环节

教学评价涉及两种对象(或两个模块):一是学生成就;二是教师教学。这两个对象必须兼顾,不能厚此薄彼。

课堂教学评价是在评价一个活生生的人,既是对发展中的人进行的评价,更是为了让人更好发展而进行的评价。2018年,针对学情,虹教附中特地将办学理念修改为"让每一个学生自信地走向未来",并致力于在学校文化和课堂文化中打造和传播这一信念,其中特别重视对学生自信心的培养。虹教附中引导教师转变观念,使他们真正认识到,人的成长并非个体间的相互碾压,而是不断地实现自我超越,因此万万不能用同一把尺子来衡量所有学生。只有为每位学生量身定做评价方式,才能更有针对性地支持和激励他们不断成长。虹教附中所实施的新型提问策略、跨学科教学、针对性辅导和个性化作业,无一不对传统的评价理念带来冲击,并推动一系列个性化的新评价实践,包括正在推进实施的"综合素质评价"方式,都在强调一个共同点,就是鼓励教师坦然接受并拥抱个体差异,让每位学生成为"最好的自己",感受到并树立起成长中难能可贵的自信。

评价并不是教学的终点,而是进一步改革的起点。对于教师教学,虹教附中将评价课堂教学五个环节作为教学管理的核心工程,并搭建了教师研修的"五个一"平台。虹教附中结合每学年校内组织的课堂教学展示和教学技能评比以及适应新中考改革的校本培训课程等,组织了五强校的教学观摩和互评研讨以及各种市区研修活动等。虹教附中积极开展教师自评、学科组和年级组观摩互评以及集团领导班子和教研员坚持随堂听课调查活动。对于评价中发现的缺点和问题,虹教附中积极汇总、提供建议、要求整改、认可改进;对于评价中发现的优点和经验,则予以奖励、积极宣传、扩大交流、增强影响,从而促进教师育人观念的转变和专业的发展。

随着教学评价的改进,教师们形成形式多样的学习共同体,交流切磋的时间、频率和质量不断增长,共同钻研改进教学逐渐成为所有教师的共识与日常工作的有机组成部分。虹教附中欣喜地看到,学生班集体更为团结向上,学生找到或正认真寻找自身定位和发展方向,并有意识地展现和锻炼自身才华。通过课堂改进的实践,虹教附中欣喜地发现,在虹教附中这块热土上,传统课堂正在悄然发生着改变。

四、有效课堂教学的制约因素和衡量因素

有效课堂教学可以使学生获得进步或发展,而学生有无进步或发展是教学有没有效益的唯一指标。有效课堂教学有以下的制约因素和衡量因素。

(一)有效课堂教学的制约因素

有效课堂教学的制约因素有三个:关系教学的外部世界、涉及教学的人的内部心理世界、教与学的行为方式。

关系教学的外部世界主要指教学设施、教学的硬件装备等物质条件;也可能是物化了的精神产品,如教科书、教学软件等。

涉及教学的人的内部心理世界指师生的认知、情感、意志等精神活动状态的过程,主要是指情感、态度、价值观。

教与学的行为方式指课堂内讲述与聆听、提问与应答、阐释与分辨、辅导与练习等可感知的教学方式与操作系统。教与学的行为方式对教学效果的影响比其他两个因素更直接、更深远。

(二)有效课堂教学的衡量因素

有效课堂教学的衡量因素有三个:投入、收益、学习体验。

投入主要是指教与学双方时间、精力的投入,这是有效性教学的量化指标。一般认为,教学特定的内容,用相对少的时间投入获得较大的学习收益才是有效

率的,可以用课堂有效教学时间与实际教学时间的比率来衡量。投入是实现教学目标的价值量度。简单来说,课堂教学有效性的标准就是看在规定的时间里学生有没有收益。学生学了没有收益,就是无效教学。

收益是指学生经过学习产生的变化、获得的进步和取得的成绩。每一节课都应该让学生有实实在在的收获,收获表现为从不懂到懂、从少知到多知、从不能到能。学习结果不仅表现在基本知识、基本概念的掌握上,还表现在德智能的提升上。教学效益不同于生产效益,不是仅仅取决于教多少内容,还取决于单位时间内学生的学习效果。

学习体验是指学生的学习感受,即学生伴随学习活动生发的心理体验。这方面是被传统教学所忽视的,却是教学有效性的一个向度。教学过程应该成为学生的一种愉悦的情绪生活和积极的情感体验。这是有效性的灵魂,学生越来越爱学习是有效性的保证。

三个因素具有内在的统一性。学习时间的投入是前提,投入一定的时间并提高效率是增强学习效益和强化积极学习体验的基础;学习效益是关键,学生的学业进步和学力提升不仅能促进学习效率的提高,也能增进学习的积极体验;学习体验是灵魂,积极的体验和态度会促使学生乐于学习,提高学习的效率和结果。

案例 4-3

提升小组讨论的有效性

课内的小组讨论是课堂教学的经常性做法。课内的小组讨论就是把学生分成几个不等的小组,以小组为单位,针对课堂教学中的某一个问题,每个小组的成员进行相互讨论,解决问题。然后每个小组把最终的结论与大家分享,教师进行点拨评价。

提升小组讨论的有效性,在于把握以下三点:

一是小组讨论的问题能否激发学生的兴趣。兴趣是学生学习的起点,只有激发了学生的兴趣,课堂才有生机。小组讨论是把主动权交到了学生的手上,学生只有对问题感兴趣,带着好奇心去探讨,才会真正动脑筋去思考问题,才能达到教师设置小组讨论的目的。

二是小组讨论的问题深度、难度与用时的匹配。问题的深度与难度在立足教学文本的同时,还要符合学生的认知水平。根据问题难度、学生表现,要有相应的时间长短的控制。要防止"贴标签"式的问题,为"问"而"问"。

三是讨论的问题能否让学生"论"有所获。小组讨论的有效性能否提升,学生是否有所获是关键。学生收获的标准是宽泛的,比如学会倾听、互相合作、学会辩论等。学生在整个小组讨论过程中不坐享其成等待答案,而是积极主动获取答案并有所收获,这才是小组讨论的价值和意义所在。

第四节　行动四:以学定教

传统教学一直是以教定学,即教师教什么、怎么教决定学生学什么、怎么学。中国历史上 2 000 多年的私塾制度就是以教定学的典型范例。但随着以学生为本、促进学生的个性发展、提升学生综合素养的课程与教学改革成为学校教育的潮流,以学定教必然日益兴盛。

一、以学定教的解读

以学定教是对以教定学的传统教育观的革命,它既有历史的渊源和现实的必要性,从教育本质来看也有其必然性。以学定教理念要求教师不仅要将学生当作教育主体,而且还要坚守为师的价值信念,并且以促进同伴互助成长的策略构建新型的民主和平等的师生关系。

以学定教至少包含两个方面的含义:一是指教学要从学生出发。这要求教师根据学生已有的知识水平、认知差异、个性特点、发展潜能,也就是学生的学习基础、需要和可能来设计和实施教学活动。二是指教的活动应该依据学生的学情而展开。只有在明确了学生的学习需要,清楚了解学生在哪里出现了障碍、在哪里需要拓展、在哪里需要升华时,教师才能有针对性地加以扼要的补充、精当的点拨,从而促进学生习得的升华。

以学定教的内涵包括满足学生的成长需求、基于学生的学习准备、尊重学生的个别差异、开发学生的内在潜能和促进学生的学业进步五个方面。就以学定教的实现途径而言,需要树立全面依靠儿童(学生)的教学观念,建立以对话、互助为中心的教学范式,培育以学生发展为本的学校文化。

二、生成式课堂

新课程倡导的重要教学理念之一就是课堂教学的生成性,实质上就是要求以学定教。生成式课堂教学是一种动态的和多样化的教学。生成式课堂教学是相对于预设式课堂教学而言的,其更强调学生对于学习的自主构建,更强调教学的动态生成。生成式课堂教学要求在教学中充分重视师生生命活动的多样性和教学过程的复杂性,教师要将每节课都视作是不可重复的激情和智慧的综合生产过程。生成式课堂教学强调教师、学生、教材三者之间的互动,即学生在原认识的基础上,通过与教师和文本的对话交往,实现意义的获得和提升。

从以教定学的传统课堂转化为以学定教的生成式课堂,应当从以下几个方面开展研究:首先,通过理论学习和文献资料阅读了解生成、课堂教学生成、生成与预设的关系等内容,进而明确与"生成式课堂"相关的各个概念的内涵界定,并分析其特征。其次,扎根优秀教师的教学课堂,观察和聆听一些优秀教师的教学。通过对不同课堂教学案例的分析,重点讨论课堂教学生成的原则、策略和课堂教学运用的方法。最后,呈现几个不同的案例并进行反思和修正,将其中的策略与方式呈现出来,教学生成的理念在课堂中凸显出来,并落实到真正的课堂中。

通过研究可以发现,生成式课堂的特点在于充分调动学生课堂学习的主动性和积极性,让学生敢发言和敢参与教学过程。学生有了积极思维活动后,教师再把课堂教学中的书本知识和日常生活融合在一起,把无限的生活资源都放在真实的教学中,学生的探究欲望就会被激发,课堂就会精彩无限。

三、以学定教模式

实现以学定教会存在不少困难。典型的难点有:第一,怎样既准确又全面深入地了解学生的学习状况;第二,怎样适应学生的差异和变化来实现既要预设教案又要随机生成。目前存在"先学后教"和"以教导学"两种基本模式用来解决这些困难并实现以学定教。

(一)"先学后教"模式

"先学后教"模式是对传统的"先教后学、课后作业"教学模式的颠覆性改革。在这种模式下,一堂课总是从"学"开始,而这个"学"是指学生自学,即在每堂课的开始阶段,学生们都带着教师布置的任务、有既定目标地进行自学。这是"先学后教"模式的最大特色和亮点。

需要特别强调的是,学生的自学不是盲目的自学,而是在教师指导下的自学。教师的指导必须实现"四明确",即明确时间、明确内容、明确方法、明确要求。只有这样,才能为学生指明自学的目标和方向,学生也才能高效率地进行自学。

(二)"以教导学"模式

在新课程理念的指导下,教师不再是作为单纯的传递者而存在,而是作为学生的同伴和学生学习过程中的支持者和帮助者而存在。

为了提高课堂有效性,更多的教师采用"以教导学"模式开展教学。在这种模式下,教师首先确定教学内容,接着思考教授内容与学生前置知识的联系、学生的能力水平等,然后设计怎么教。这种教法能满足大多数学生的需要,可以提高课堂效果。

需要说明的是,"先学后教"和"以教导学"中的"教"字都不是指系统讲授的意思,而是指"点拨"的意思,即教师根据学生的自学情况进行点拨,或规范其不准确的表达,或解答其疑惑的问题,或纠正其错误的理解。由于学生通过自学已基本掌握了书上的知识,所以教师真正讲解的东西不是很多,从而能在课堂上省出很多时间让学生"当堂训练"。

案例 4-4

聚焦核心素养,优化课堂教学

2019 年 5 月 14 日,虹教附中的王云霞老师上了一节五强校历史比赛课《七七事变与全民族抗战》。在该课的教学过程中,王老师先通过视频激发学生兴趣,然后充分发挥学生的主体作用,让学生们讲故事和分享纪念馆学习成果,接着通过问题引出材料,引导学生理性地去认识南京大屠杀的历史真相,最后通过阅读新闻来讨论抗战的现实意义。以下是王云霞老师对这堂课体会的分享:

第一,要熟练掌握和运用"希沃5"技术。运用多媒体把超文本、图形、图像、动画、声音等结合在一起能够令人产生深刻的视听效果。因此,我自学希沃课件制作并运用希沃课件,通过一次次的试讲、一次次的修改来娴熟运用"希沃5"上课,使学生们耳目一新,师生互动也变得更加有趣、有效。

第二,要注重聚焦核心素养,优化课堂教学。今天的历史课堂,不再是史实的简单讲解,而是要渗透史学思想,教会学生"论从史出,史论结合"学习方法。课堂上,我充分发挥学生的主体作用,引导学生有感情而不失理性地去认识南京大屠杀历史真相,强调一种对历史的理性审视和反思。同时,我还培养学生史论结合分析问题的能力和论从史出的思维习惯,并最后使其升华为以史为鉴、牢记历史、勿忘国耻、复兴中华的情怀。

第三,要积极组织学生活动并为教育教学服务。学生活动是本节课最大的亮点。课前,我组织学生参观淞沪抗战纪念馆,收集各种史料;课堂上,我再次组织学生讲故事,分享参观学习成果等。这些活动既调动了学生的学习主动性,激发了他们学习的兴趣,也培养了他们包括口头表达能力在内的综合能力和合作精神。

第五节　行动五:开展互动式教学

课堂教学不能没有灌输,也确实存在教学灌输的需要。灌输的原意是把流水引导到需要水的地方,引申为输送知识、道理和思想等。在教育教学上常会用到教学灌输,德育、道法课教学多见教学灌输。

一、对教学灌输的理解

合理的教学灌输有助于强化对知识和标志物的认定和记忆,比如语言灌输、形象灌输等。语言灌输的方式有报告、演讲、辨析等,特点是对象明确、有特定的环境和直观的表达方式。形象灌输的方式有电影、电视、文学艺术或是树立榜样人物等,可以促使人们的思想认识得到提高。

但教学灌输不等同于灌输式教学。灌输式教学是与启发式教学相对应的一个概念。灌输式教学原指在学校教育中,不顾学生学习认识过程客观规律和他们的理解能力以及知识水平,把现成的知识结论灌输给学生,并由教师主观决定教学进程,强迫学生呆读死记的教育方式。随着教育改革,教学灌输可以通过改进方法而帮助提高教育效益,而灌输式教学则不再被提倡。而且随着教育改革的深入进行,互动式教学越来越被提倡。

课堂的教与学并不仅是知识的流动,也是情感的流动,并不只存在竞争和效率,还存在思考和合作。然而,灌输式教学是教师对学生的单向灌输和单向的知识流动,这就使得教与学倒退为单向行动。互动式教学则倡导师生之间、生生之间的互动与合作,并以师生的互动领衔,构成课程与教学过程的张力,影响与带动生生互动,引发多向流动,提升教育的效率与效益。

二、提倡互动式教学

互动式教学是一种教学模式,其把教育活动看作是师生之间进行的一种生命与生命的交往、沟通,把教学过程看作是一个动态发展着的教与学统一的交互影响和交互活动过程。在这个过程中,互动式教学提倡通过优化教学互动方式,调节师生关系及其相互作用,形成和谐的师生互动、生生互动、学习个体与教学中介的互动,强化人与环境的交互影响,以产生教学共振,从而提高教学效果。

可以从以下几个方面理解互动式教学:第一,互动的前提是合作。"互"的汉字结构好比两个手握在一起,在字义里也包含着双方的意义。也就是说,互动必须有两方,单方不构成互动。第二,互动的概念中还要动,如果双方是静止的则不构成互动,而这个动则是双方进行的,是在"互"的范畴之内进行的。第三,互动的基本形式就是双方之间,一方向另一方发出信号或行动,另一方给出相应的反馈。这个反馈可以是信号回应,也可以是行动回应。这是最基本的一次互动回合。复杂的互动是一方发起后,双方对对方的信号和行动不断地给予反馈,产生多回合的信息或行动的交流回合的过程。成为互动双方的资格在于双方都要有对对方发出的信息或行动产生反馈的能力。

互动式教学是一种民主、自由、平等、开放式的教学。双向互动必须经由教师和学生的能动机制、学生的求知内在机制和师生的搭配机制共同作用才能形成,根本上取决于师生的主动性、积极性、创造性,以及教师教学观念的转变。所以,营造民主的课堂氛围,建立和谐、平等的师生关系,是开展互动式教学的基本前提和条件。一方面,必须让学生的主体地位在课堂上得到落实和凸现,使其真正成为课堂的主人、学习的主人。这既是互动式教学的内在要求,也是学生能力发展的需要。另一方面,教学过程是一个全息的过程,要促使师生积极参与其中,而决不能只局限于教师与个别优秀学生之间,必须突出多边互动,让每一个学生积极参与。只有互动式教学的全员性、广泛性得到全面体现,才能实现教学互动向更深、更广的方向拓展,才能使全体学生的能力得到培养和锻炼。

三、互动式教学的互动问题

为确保互动式教学的实施,教师在课前必须依据课程标准和教学目的,立足教学内容,精心设计互动问题。互动问题可以侧重于以下几个方面:

一是教学热点方面。教师应该选择多数学生熟悉和关注度比较高的问题和热点进行互动,从而有利于学生大胆提出自己的观点。如果互动问题艰涩,互动就可能开展不起来。同时,教师还可以将热点互动问题提前告诉学生,让大家预先准备。

二是教学重点方面。教学重难点关乎学生素质能力的生成。教师必须吃透大纲和教材,把握重点、难点,使选择的互动问题具有重点价值,同时采用多种教学手段激发不同层次学生的兴趣,使大家在思维的碰撞中生成知识,并提高分析和解决问题的能力。

三是教学疑点方面。"疑是思之始,学之端。"思维是从疑问和惊奇开始的。学生对于教学中的疑点往往比较敏感,所以教师在教学中应抓住学生容易生疑的知识点设计互动问题。围绕疑点问题开展互动,既可以激发学生探索欲望,也可以换来学生心态的开放和创造力的激活。

案例4-5

"染色体与基因"的教学与互动

"染色体与基因"是一节生命科学课。在这节课上,既有教师讲解,也有小组学习。在教学活动开始前,老师讲解了什么是基因并对遗传图解的写法做了简单的示范,学生在此基础上联系自身的情况,分析自己家庭的遗传现象,做到了活学活用,由此开拓了学生的学习视野。

在教学过程中,教师首先让学生以小组为单位完成分析,随后让各个小组派代表上台分享交流遗传图解。在整个过程中,教师只是作为观察者和引导者而存在,将整个课堂几乎都交给了学生,从而给了学生主动学习的机会,以此培养学生良好的主动学习习惯。同时,学生利用所学知识分析解决生活中的问题,也培养了自身善于观察、乐于思考、勤于分析的学习能力。在活动过程中,由于时间关系,每个小组只能帮助一位同学完成遗传图解,因此其他同学需要主动帮助这位同学分析遗传图解,从而为学生营造了全新的学习环境。整个活动过程通过创设真实问题情境以综合提升学习效率,使学习效果优质、高效。

由于在"染色体与基因"一课中采用了互动式教学,因此全面促进了学生学习意识、学习技能、学习方法和学习品质的培养。

第六节 行动六:创建探究课堂

中国人历来倡导"啃书本","十年寒窗人不知"的过程几乎就是这个过程。对于"啃书本"的理解有褒义和贬义。前者比喻读书,每天手不释卷,几乎废寝忘食;后者比喻读死书、死读书和照搬照用、全盘接受。我们反对后者这种学习方式,而提倡探究学习和由此产生的探究课堂。

一、鼓励学生思辨学习

由于学习是一项付出体力、精力的艰苦劳动,因此社会舆论始终倡导学习者的刻苦勤奋和持之以恒,以及日积月累、渐成大器。但是,由于学习又是一项凝聚智慧的智力活动,因此要鼓励学生开展思辨学习。在现实中,刻苦"学习"积累了满腹"知道",而所有的"知道"可能没有都进入脑子里、思维中并转化为"知识",这样的学习者并非个别。"知道"到"知识"需要通过大脑消化才能实现,这就进入思辨学习的过程。

思辨,扼要解读就是思维与辨析,是通过抽象的思考、推理、论证得出结论的哲学方法。万物要经辨识,才会区别物与物之间的差异;万事要用辩证眼光去看待,方能分清事与事之间的联系。但是,思辨的主观性比较强,因此还需要冠之以科学思辨,才更全面。

思辨能力就是思考辨析能力。所谓思考指的是分析、推理、判断等思维活动;所谓辨析指的是对事物的情况、类别、事理等的辨别分析。思辨能力首先是一种抽象思维能力。例如,能区分鸡蛋和鸭蛋不能算有思辨能力,因为仅凭经验观察就能够区分鸡蛋和鸭蛋;若要搞清楚"鸡和蛋谁先谁后"这个问题,只靠经验观察是不够的,必须有较强的思辨能力才行。

鼓励学生进行思辨学习,就是要让学生带着自己的思想、思维能力、辨析能力去学习,探索未知、获取真知。这就为探究课堂和开展探究性学习打下了基础。

二、创建探究课堂

探究课堂是由于新课改的三类课程建设而产生的,因为要基于基础型课程来建设拓展课、探究课,才产生了探究课堂。比如,许多中小学校建设的创新实验室就是探究课堂。

所谓探究课堂,就是以探究为主要方法,确立探究主题,为学生讲授科学文化知识的一种教学形式。具体来说,就是在教师的启发诱导下,以学生独立自主学习和合作讨论为前提,以现行教材为基本探究内容,以学生周围世界和生活实际为参照对象,为学生提供充分自由表达、质疑、探究、讨论问题的机会,让学生通过个人、小组、集体等多种解难释疑尝试活动,将自己所学知识应用于解决实际问题。

探究课堂特别重视开发学生的智力,发展学生的创造性思维,培养学生的自学能力,力图引导学生通过自我探究学会学习和掌握科学方法,为终身学习和未来发展奠定基础。作为探究课堂的导师,教师的任务是调动学生的积极性,促使他们自己去获取知识、发展能力,做到自己能发现问题、提出问题、分析问题、解决问题;与此同时,教师还要为学生的学习设置探究的情境,建立探究的氛围,促进探究的开展,把握探究的深度,评价探究的成败。作为探究课堂的主人,学生要根据教师提供的条件,明确探究的目标,思考探究的问题,掌握探究的方法,敞开探究的思路,交流探究的内容,总结探究的结果。由此可知,探究课堂是教师和学生双方都参与的活动。

三、开展探究性学习

在探究课堂上,我们鼓励学生开展探究性学习。探究性学习具有以下特征:

(一)实践性

探究性学习关注的重点是学生的学习过程,即要拓展或深化学习的过程。相对于简单的课堂知识学习,探究性学习更强调学习过程中深刻的、充实的探究经历和体验,从而使学习成为丰富而完整的学习过程。探究性学习无疑是增强体验的一种途径,学生在做一做、考察、收集资料、辩论等一系列活动中发现和解决问题,体验了发现知识的过程,发展了实践能力。

(二)专题性

探究性学习要求确立小微课题,让学生就社会或学习中的某种现象或某个小领域进行探讨,给学生创建发掘知识的过程场景。

(三)互动性

在新课标下的探究课堂上,教师除了完成知识的传授外,还要让学生学会学习、学会合作。要达到这样的目标,就必须进行互动。这种互动既可以是师生之间的互动,也可以是生生之间的互动以及学生与家长之间的互动。

（四）创新性

探究课堂要创设由学生"构建而非复制"的活动情境,尽量安排一些学生能够自由参与探究和创新活动的空间与内容,赋予学生创新的责任,激发学生创新的欲望。

（五）开放性

探究性学习要求对活动课探究的结果具有开放性的答案,并允许有多种解释出现,即只要言之有理并有根据就可以。

（六）综合性

由于探究课堂建设和探究性学习是要打破学科界限,借鉴不同学科的教学成果,因此具有明显的综合性、跨学科的特点。

案例 4-6

"万物有灵"的探究活力

"万物有灵"综合实践活动课程是以生命科学学科为主,辅以其他学科进行跨学科的融合教学,以主题项目式开展探究性学习的一种新型的课程形态。

"万物有灵"综合实践活动课程尝试打通基础、拓展、探究三类课程之间的联系,通过开展科普讲座、探究实验、主题活动、社会考察等方式,介绍内容丰富的植物知识,让学生掌握植物识别的基本方法,并制作形式多样的植物标本、绘制自然笔记以及撰写生态报告等,以此培养和发展学生的兴趣爱好,开发学生学习潜能,促进个性发展。此外,该课程还通过小组合作的形式开展相关课题的研究,将"知识学习"与"研究学习"融为一体,让学生运用探究性学习发现和提出问题,从而培养学生创新精神和综合素养。

"万物有灵"综合实践活动课程强化学生深度学习,即在教学过程中注重知识教学的"深度、广度和关联度",引导学生主动投入学习,并能够在学科知识和生活经验中来回穿梭,掌握知识内容和本质属性与内在联系等。"万物有灵"综合实践活动课程通过创设情境、实验探究、课题研究等方式,引导学生基于各学科知识的学习,由浅层知识的学习向学科知识的深度融合方向发展,从而促进学生的深度学习。

第五章　行为规范:建设和完善虹口区示范校

虹教附中在创建"虹口区行为规范示范校"的过程中,紧紧围绕社会主义核心价值观,本着"让每一个孩子自信地走向未来"的办学理念,坚持以行为规范教育为抓手,结合心理健康教育和家庭教育指导,探索环境育人、制度育人、活动育人、评价育人并行的发展之路,科学有序地推进学校行为规范教育,营造出文明和谐、积极向上的校园文化氛围。因为行为规范示范校的带动,近年来学校先后获得上海市安全文明校园、上海市心理健康达标校、上海市红旗大队、虹口区文明校园等荣誉称号。

第一节　行为规范教育的多重保障

行为规范教育既是学校德育工作的重要组成部分,又是学生教育的奠基工程,还是衡量一个学校办学质量的重要指标。我国对中小学生开展行为规范教育的目的是希望通过加强对中小学生日常行为规范的训练,促使他们从小就树立正确的国家观、集体观、道德观、法制观、人生观、价值观,并养成良好的行为习惯,从而促进他们身心的健康发展。为此,教育部制定了《中小学生守则》和《中学生日常行为规范》。这两个文件集中体现了对中小学生思想品德和日常行为的基本要求,对学生树立正确的理想信念,养成良好行为习惯,促进身心健康发展起着重要作用,是我国中小学校开展行为规范教育的依据。其中,《中小学生守则》主要从大处着眼,对学生思想品德形成和行为习惯养成提出了基本要求;《中学生日常行为规范》主要从小处着眼,从行为习惯养成入手,提出具体的、操作性较强的要求。《中学生日常行为规范》是对《中小学生守则》的细化,两者应该结合使用。

根据社会发展对人才培养提出的新要求,《中小学生守则》和《中学生日常行为规范》的修订,增加了符合时代特征的内容,如诚实守信、加强实践、合作意识、创新意识、网络文明、安全自护、远离毒品等。基于此,学校教育和教师应当根据学生的学习、生活实际及思想状况变化,帮助学生增强国家观念、道德观念、法制观念,使其懂得什么是正确的、什么是错误的,提高其分辨是非和善恶的能力及道德选择与行为评价的能力。学校要组织开展多种形式的校内外教育活动,帮助学生理解、记忆《中小学生守则》和《中学生日常行为规范》的相关规定和要求,使其增强守法、守规、守纪的意识。

虹教附中始终把行为规范教育作为学校工作的重中之重,切实增强对学生思想品德教育和日常行为规范教育的制度性、针对性和实效性,充分保障行为规范教育的有序开展。在建设和完善虹口区行为规范示范校的过程中,虹教附中形成了校内的"思想教育—常规管理—检查评比"的链式制度,并积极开展校内外"三位一体"联动协作,充分发挥学校、家庭和社区的作用,特别注重通过家长会、社区教育委员会等多种途径宣传《中小学生守则》和《中学生日常行为规范》,从而协调社会各方面力量协助学校抓好对学生的行为规范教育。

一、落实组织管理

(一)完善学校行为规范教育组织机构

虹教附中建立了健全和责任明确的行为规范教育组织机构。该校建立了以书记、校长为组长,政教处、教导处、校务处、工会等部门相互协作的行为规范教育领导小组,制订教育计划,进行学校行为规范教育顶层设计。

领导小组每两周召开一次工作会议,探讨、研究、解决学校行为规范教育的重点或难点问题,检查评估上一阶段学校行为规范教育工作,并进行总结反馈,提出改进意见,研讨如何推进下一阶段的工作,以及修正教育手段和方式。各部门分工明确,人人有岗、个个有责,各司其职、通力合作,确保学校行为规范教育各项工作顺利推进。

通过构建校内外教育网络,使横向与纵向、内部与外部形成合力,形成一个双重的、全方位的、多层面的行为规范教育组织机构体系,从而达到共同参与、齐抓共管(见图5—1)。

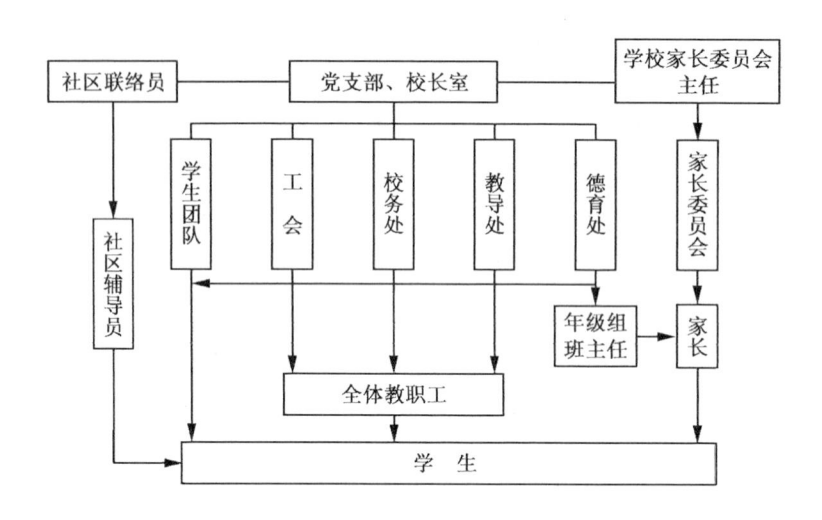

图 5－1　虹教附中行为规范教育组织机构体系

(二)明确学校行为规范教育工作职责

虹教附中行为规范教育工作小组成员自上而下包括党支部、校长室、工会、校务处等,一直延伸到班主任和一线教师。虹教附中明确规定了每个成员的工作职责(见表 5－1)。

表 5－1　　　　　　　虹教附中行为规范教育领导小组成员工作职责

部　门	职　责
党支部校长室	1. 全面负责行为规范教育各项工作。 2. 主管学校德育及师生行为规范教育工作,负责全面规划和顶层设计,并领导学校行为规范领导小组开展工作,定期举行会议和进行学习、研究及检查工作。 3. 加强师德师风建设,定期对全体教师进行师德培训和考核工作,进一步完善教师师德考核评估制度,提高教师行为规范教育的科学性与实效性。
工　会校务处	1. 制定和完善学校管理各项规章制度,努力形成全员参与的行为规范教育管理体制。 2. 负责后勤资源处(总务处)工作,负责对门卫保安、后勤等职工的行为规范教育。
教导处	对任课老师课堂行为规范进行管理和监督,组织教师在课堂教学中主动渗透行为规范教育,提升任课老师对行为规范教育的认识。

续表

部门	职责
德育处	1. 负责学校德育全面工作,加强学生行为规范教育的规范化建设,组织学生日常行为规范的训练、检查及评比、展示活动,通过形式多样、主题鲜明的教育活动,以及各类社会实践与志愿服务,以社会主义核心价值观为导向引导学生,提升学生综合道德素养。 2. 组织管理家长委员会,定期对家长进行家庭教育指导培训。
学生团队	通过少先队组织活动开展自动化集体和自我教育,协助学校做好对少先队、中队辅导员、队干部等的行为规范教育培训,通过开展生动的和丰富多彩的各项行为规范教育活动来加强对学生行为规范、纪律、文明礼貌等方面的教育和引导。
年级组长	分管年级师生工作,落实年级行为规范教育目标,指导年级师生有效地开展各项行为规范教育工作。
班主任	1. 抓好班级学生、班级的行为规范教育建设及常规管理,通过多种途径适时地对学生进行行为规范、纪律、安全、法制等方面的教育和引导,使其养成良好道德品德及行为习惯,形成良好班风。 2. 及时、妥善地处理班级中的各类突发事件,做好班级学生的操行评定和违纪处理工作。 3. 通过家访、家长会等方式与家长加强沟通,争取家庭和社会对班级行为规范教育工作的支持。 4. 做好班级各类行为规范教育资料的收集工作。
未保教师	妥善处理学生中各类突发事件,及时做好学生的行为辅导和违纪处理。
心理教师	做好学生心理健康教育工作,协助年级组长、班主任对特殊学生、特殊家长进行教育和指导,定期组织学生、家长、教师的心理咨询和讲座,做好心理调适工作。
卫生教师	定期在校园中宣传、普及卫生健康知识。每日检查校园卫生、学生个人卫生等,及时进行反馈。
任课老师	加强学生日常教学行为规范教育,协助班主任开展班级管理。

(三)学校师生一日常规检查

虹教附中每天对师生行为规范进行检查、评估、总结及反馈,将之作为每周班级流动红旗评比、每学期评选红旗中队的主要依据,有序推动学校行为规范教育的开展(见表5—2)。

表 5—2　　　　　　　　　虹教附中师生一日常规检查评估一览表

责任人	检查内容
行政干部	根据学校行为规范教育领导小组要求,对师生一天的在校行为规范进行检查、评估、总结,并反馈到相关部门,及时做好整改
学生干部	在大队部直接领导下,由少先队团队干部每周轮流做好行规示范,并监督、督促各中队行规教育各环节的落实,做好检查记录,跟进改善情况
值勤中队和学生	以"我是主人翁"的态度,每周开展以中队为单位的行为规范示范服务工作,涉及卫生、文明、纪律等方面,由行政、政教处、大队部和卫生室联合对值勤班级情况进行综合评定

为不断完善全员、全程、全方位育人工作格局,虹教附中以专项培训、专题讨论、名家讲座的形式开展教师行为规范培训,促进教师队伍建设,并将教师师德规范教育和学生的行为规范教育融入日常的教育教学之中和明确于学校三年发展规划之中。同时,虹教附中还组织教职工参与学生日常行为规范管理工作,使人人都是德育工作者的理念成为每个教职工的自觉行动。

在虹教附中,学校、年级、班级三级家长委员会相互协调、共同合作,积极主动地发挥作用,参与学校行为规范教育。虹教附中还依托社区教育资源,聘请专家、街道社区志愿者进学校,加强对学生行为规范教育的指导,形成"以学校教育为主体,家庭教育为基础,社区教育为依托"的行为规范教育网络和协作机制。同时,虹教附中每年还组织骨干教师志愿者团队参加"心理咨询师、家庭教育指导师进社区"活动,为孩子及其家庭提供积极健康的行为规范教育环境,从而不断丰富办学内涵、积极追求校园文化高品质、呵护未成年人健康成长,进而实现了学校、家庭、社会的良性互动,并取得了广泛良好的社会影响。

二、细化制度建设

虹教附中始终坚持依据章程规范学校管理,以章程规范和引导学校行为规范教育工作,注重加强与学校章程配套规章制度的建设,使得学校管理工作更加制度化、规范化、精细化,对规范办学行为、保障师生合法权益、提高民主管理水平等具有积极的作用。这些规章制度成为师生行为规范的准则和行动指南。

在细化制度建设方面,虹教附中采取了以下措施:一是学校章程明确规定了学校要坚持"德育为先",注重学生品德培养,开展以学生为本的行为规范教育系列活动;二是学校规章制度涵盖了学校所有工作并都渗透着对学生的行为规范教育;三是学校发展规划中明确了育人目标(敦品、励学、尚美、自信),并将学生的良好行为规范养成放在了突出的地位;四是对于学生还有专门的系列养成规范行为的具体制度。在制度建设方面,教师、学生、家长角色分工明确,任务职责分明。虹教附中与行为规范教育相关的规章制度如表5-3所示。

表5-3　　　　　　　虹教附中与行为规范教育相关的规章制度

学校管理制度	《学校规章制度》《师德规范》《德育工作管理条例》《教学常规管理若干规定》《教职工考核制度》《班主任岗位职责》《专用教室管理制度》《虹教附中家长委员会章程》
学生行规制度	《虹教附中学生手册》《虹教附中行为规范达标实施细则》《虹教附中教室卫生管理评比制度》《虹教附中流动红旗评比方案》《虹教附中校园行为规范评比细则》《虹教附中优秀队员、队集体评选细则》《虹教附中优秀志愿服务个人和集体评选细则》《班级公约》《学生文明就餐礼仪》《初三毕业生推优方案》

三、营造环境氛围

行为规范教育需要一种相应的环境氛围,这就需要家庭、学校、社区三位一体共同营造一个有利于学生行为规范养成的大环境。在这方面,虹教附中主要开展了以下工作:

首先,十分重视校园环境与校园文化建设。为了营造绿色生态的温馨校园,虹教附中对专用教室、场地的改扩建加大资金投入,打造了舒适优美、藏书丰富的图书馆,展示学校办学过程与成效的门厅与长廊,可供学生体验的多元有趣的安全教室,并把优秀学生的书法和绘画作品、文明宣传指导语、安全教育提示语等有序地展示在学校大厅和每层走廊墙面上。同时,各班根据班情对教室环境进行特色设计和布置,以学生为主体,充分利用黑板报、墙报、墙角等,营造属于他们的温馨教室环境,让每一面墙壁都能说话,形成浓厚的班级文化氛围。虹教附中校园环境整洁美观,颇具文化内涵,熏陶着师生心灵。2020年5月初,学校的"智慧百草园"活动基地正式完工,一个兼顾学校EACH综合实践活动课程与劳动教育的场所呈现在全校师生的面前。"智慧百草园"活动基地不仅为 EACH 课程实施提供了最好的资源和载体,也为学生们提供了进行自然探索和劳动实践的最佳空间,从而成了虹教附中育人文化环境建设的一个亮点。

虹教附中开展的"两节一主题"团队活动更是格调清新高雅、学生参与面广,让人们感觉到虹教附中校园文化氛围浓厚,师生精神面貌积极向上,群体形象文明、健康,师生、生生关系融洽。"两节一主题"团队活动内容如表 5—4 所示。

表 5—4　　　　　　　　　"两节一主题"团队活动内容

学期	时间	主题	学期	时间	主题
第一学期	九月	少先队节	第二学期	三月	志愿服务节
	十月	"智慧星"学科节		四月	红领巾读书节
	十二月	迎新活动		六月	庆六一活动

其次,形成家校共育的合力。学校教育的理念不仅要体现在校园的每一个角落,还应该让它延伸至家庭,从而使家校之间达成行为规范教育方面的共识。虹教附中运用网络媒介创建互动平台,通过家长委员会、家长会、微信群、家访电访等途径,做到全天候家校畅通互动,营造健康的网络育人环境。虹教附中每年都办好新生家长学校,邀请教育专家、教师等对家长进行行为规范教育方面的宣传与辅导,与家长共同营造学生行为规范教育的良好氛围。

最后,与社区携手,共建多方积极配合的和谐环境。志愿者服务活动是帮助学生认识社会、适应社会、服务社会从而确立正确人生观的极好途径。近年来,虹教附中利用周边地区丰富的教育资源,与李白故居建立了素质教育基地,与社区社工服务站建立联系,尽可能多地提供时间与空间,让学生参加各种志愿者活动,引导学生关心他人、关心社会,主动把知识和技能服务于社区,使学生在社会公共生活中学会更好地规范自己的言行,从而提高适应社会生活的能力。

第二节　行为规范教育实施途径多样

在新一轮行为规范示范校创建过程中,虹教附中将行为规范教育与文化建设、课程建设、活动建设和学生自主管理教育相结合,以《上海市中学生行为规范》《虹教附中学生手册》为基础,围绕学生培养目标和初中生不同学段身心发展的特点,制定了适切的行为规范教育目标。

一、目标内容

(一)总目标

虹教附中行为规范教育的总目标是:以中学生行为规范基本道德养成为基础,从个人行为习惯(学习和生活习惯为主要内容)和公共道德行为规范(交往礼仪、校园集体规范和社会公共规范为主要内容)两方面为抓手,用体验教育的方式,让学生在实践中体验规范、内化规范并且践行规范,成为"敦品、励学、尚美、自信"的虹教附中学子。

(二)分年级目标

虹教附中以生活习惯、学习习惯、交往礼仪、学校集体规范和社会公共规范五方面为主要内容,根据不同年段学生的身心成长规律,分阶段、分层、循序渐进地推进各学段学生行为规范的教育工作。虹教附中行为规范教育分年级目标与内容见表5—5。

表5—5　　　　　　　　虹教附中行为规范教育分年级目标与内容

年级	目标	指标要素
六年级	"训知"——以"适应"为支点,进行行为规范的教育与训练,扩展和修正学生已有的行为规范认知结构,促进学生掌握具体的行为准则	讲究个人卫生,掌握学习方法,尊师友爱同学,参与集体建设,生活勤俭节约,遵守班级班规
七年级	"探知"——以"习惯"为支点,注重学习规范的稳定与落实,通过校内各类活动促进学生进一步探索、理解和感悟行为规范要求	学会调控情绪,精心管理时间,乐于帮助他人,主动服务集体,爱护公共财物,遵守校纪校规
八年级	"行知"——以"责任"为支点,巩固公共规范的训练与养成,鼓励学生积极参加社会实践,在与他人的互动过程中内化礼仪规范	乐观自信向上,提升学习能力,尊重异性相处,维护集体声誉,关心社区生活,遵守公共秩序

续表

年级	目标	指标要素
九年级	"续知"——以"理想"为支点,促进综合素质的培养与提升,鼓励学生主动参与校内外各种活动的展示与评比,自觉践行规范,起到榜样示范作用	增强抗压能力,规划生涯目标,宽容礼让他人,有集体荣誉感,了解党史国情,认同民族文化

二、教育方法

虹教附中的行为规范教育严格有序,同时积极拓展行为规范教育载体,把握良好的教育契机,注重学生的参与度、投入度,为学生内化行为习惯提供条件。虹教附中的学生行为规范教育贯穿于德育六大实施途径之中,形成了行为规范教育的全程化和全员化。

(一)与课程相融合

虹教附中的行为规范教育以育人为目标、以课程为抓手。该校落实立德树人根本任务,坚持系统设计和整体规划课程的各个环节,整合课程资源,形成学校特色课程,从而实现全科育人、全程育人和全员育人的目标。近年来,该校通过优化课程体系、强化德育课程、建构实践活动课程等形式,卓有成效地利用课程改革,发挥了学校整体课程的育人作用。

虹教附中围绕育人目标,以"关注差异,培养品质"为行为规范教育的方针,针对不同年级学生身心发展特点,构建符合学生全面发展的校本德育课程,进行体验式校本德育课程的开发、新生适应教育课程的规划、"武德修身"单元课程包的开发与实践、"与男生成长同行"男生品格养成教育课程的研发、"EACH成长课堂"校本德育课程的研发。虹教附中在不同学段实施差异化和适宜的多样化行为规范教育,为学校行为规范教育搭建实施推进的有效载体。

(二)与文化相融合

虹教附中加强校园文化建设,让校园处处成为育人场所,让学生每时每刻都能感受到规范的指引。虹教附中把优秀学生书法和绘画作品、文明宣传指导语、安全教育提示语等有序地展示在学校大厅和每层走廊墙面上,让每一面墙壁都能说话,从而形成礼仪规范的文化氛围。同时,虹教附中还打造了舒适优美、藏书丰富的图书馆,展示学校办学过程与成效的门厅与长廊,可供学生体验的多元有趣的安全教室,从而使校园环境整洁美观并颇具文化内涵,进而熏陶师生心灵。此外,虹教附中的各班也根据班情对教室环境进行特色设计和布置,以学生为主体,充分利用黑板报、墙报、墙角等,营造属于他们的温馨教室环境。

(三)与活动相融合

学生良好的行为习惯的养成教育并非单纯的说教,而是需要在实践过程中通过各种形式的活动对学生进行生动形象的教育和潜移默化的影响。虹教附中将行为规范教育与德育活动紧密联系,通过整合校本课程、社团组织、社会实践、学科活动等教育载体,有效促进学生良好的生活习惯、学习习惯、人际交往、公共规范的形成,让行为规范教育真正落到实处并行之有效。虹教附中与活动相融合的学生德育活动情况如表5-6所示。

表5-6 　　　　　　　虹教附中与活动相融合的学生德育活动

类型	活动	内容	年级
教育养成	新生学前教育	在暑期让入学新生学习《虹教附中学生手册》,进行队列、纪律、学习习惯等训练,为中学生活打好基础	中预
	行为规范专题教育	以校班会、日常检查、各种评比等形式,培养学生良好的行为习惯意识和能力	全校
	尚德达人评选活动	以"爱国、诚信、友善、敬业、文明、自理"为内容,进行"附中尚德达人"的标准讨论和评选活动,引导学生更好地规范学习和日常行为	全校
	"武德修身"课程	以爱国、学礼、勤学为教育的三大模块,培养中预学生良好的行为规范,让他们学会与人交往的基本礼仪,并尽快适应初中的学习生活	中预
	男生品格养成教育	通过集知识传授、交流分享、情感体验、行为训练于一体的团体辅导,激发男生对其所属群体的共同活动、行为规范及所承担任务的自觉态度,使其逐步成长为一个真正的男子汉	中预至初二

续表

类型	活动	内容	年级
责任感教育	升旗手轮换、展示	每学期,通过"光荣升旗手"年级轮换、升旗手介绍等活动,对全体学生进行荣誉感、责任感教育	全校
	少代会制度	每学年召开一次少代会。通过少代会平台,使队员们能在学习民主、发扬民主和管理自己事务的过程中,增强荣誉感、责任感,培养"自我管理、自我教育、自我服务"的意识	全校
	红领巾换戴活动	通过初一换戴大红领巾、初三换戴队徽的仪式,开展责任感等系列教育	初一、初三
	十四岁生日仪式	通过举行十四岁集体生日、阅读家长的一封信等活动,对学生进行感恩教育,让学生感受亲情、友情与责任	初二
	少年团校	以授课形式,对学生进行党团知识和责任意识教育	全校
	生命与健康教育	通过卫生健康、心理健康、青春期教育、民防教育、参观等活动,进行安全、防艾、禁毒等教育,培养学生良好的生活习惯	全校

(四) 与实践相融合

虹教附中将行为规范教育与实践相融合,通过开展各类主题实践、劳动实践、志愿服务等实践体验活动,增强学生的社会责任感、实践能力和规范意识,具体如表5-7所示。

表5-7　　　　　　　虹教附中与实践相融合的学生德育活动

类型	活动	内容	年级
主题教育	体验式主题班会、队活动课	根据学校体验式德育课实施方案,结合每学期教育目标与学生实际,开展形式多样的主题班会和少先队活动课,注重加强学生礼仪规范教育	全校
	主题活动	通过开展少先队"两节一主题"活动,引导学生在活动中践行校园行为规范	全校
	志愿者活动	以雏鹰假日小队为单位,在校或进入社会开展形式多样的少先队志愿者活动,引导学生在活动中践行社会规范	全校

续表

类型	活动	内容	年级
社会实践	社区服务	通过"志愿服务节"活动,组织学生进入学校所在社区开展各类志愿服务活动,培养学生"爱集体、爱学校、爱社区"的情感	中预
	民防、国防教育实践	通过军营生活我体验、独立生活我能行、消防演练我参加、国防知识我学习等系列活动,增强国防意识和民防知识,从而更好地促进学生集体行为的规范和生活习惯的养成	初二
	春秋游和社会实践	将综合实践活动课程的主题确定、实践体验、交流学习等环节融入春秋游,赋予春秋游趣味性和体验性,使春秋游活动更符合学生身心发展需求。同时,通过社会实践活动"道德风尚奖"的评选促进学生自觉遵守社会公共规范,提升综合素质	全校

(五)与管理相融合

虹教附中推进学校治理现代化,从完善管理制度、明确岗位责任、加强师德师风建设、细化学生行为规范、关爱特殊群体等方面,将行为规范的要求贯穿于学校管理的细节之中。

例如,该校在德育校本课程《虹教附中学生手册》中明确了学生在校一日常规,其中包括学生行为规范、学习规范、社区行为规范等内容;德育处从新生入学开始,就通过"目标管理"方式认真开展行为规范养成教育,各年级则阶段递进;通过晨会班会宣讲、值周班检查、卫生与文明礼仪流动红旗的评比、温馨教室建设、班级特色项目建设、行为规范示范员的评比与宣传、社会实践活动的开展等一系列活动,形成了学校行为规范教育、训练和评价的完整流程。

(六)与协同相融合

虹教附中加强家庭教育指导,构建社会共育机制,争取家庭、社会共同参与和支持,共同促进学生规范的养成。

例如,该校结合分年级行为规范教育目标制定家庭教育指导工作计划,通过家长学校培训课程,帮助家长提高家庭教育指导的规范意识,助力学生拥有健康的日常生活习惯和生活情趣,培养学生自我约束和自我教育能力;通过家长学校主题学习、经验分享等形式,对家长的教育行为进行规范指导;通过网络媒介互动平台等形式,让每位家长及时了解子女在校情况,及时在家庭中给予矫正;通过三级家长委员会推荐,鼓励家长积极参与学生行为规范教育督导工作。2020年,虹教附中被评为"上海市家庭教育指导示范校"。

三、教师垂范

虹教附中全体教师能自觉遵守师德规范,牢固确立"人人都是德育工作者"的观念,坚持用自我规范的"教"来影响学生规范的"学",要求学生做到的,自己首先做到。教师注重一日在校常规和文明礼仪,能做到上课认真准时到位、辅导学生用心细讲、组织活动合理高效、课堂教学组织有序,能注重在学科教学中渗透并体现对学生的行为规范教育,能在班主任的协助下独立教育个别特殊的学生,并协助班主任共同处理突发事件。

例如,出身于单亲家庭的小宋(女生),一直和父亲生活在一起。随着青春期的到来,小宋经常与父亲发生冲突,而且也常与老师、同学发生冲突,学习成绩直线下降,性格脾气变得十分古怪。学校多次进行专题讨论,由校长直接牵头各部门,一次次上门家访,与其父亲交流教育方法,指导改进家庭教育方式,以正确的言行给孩子树立榜样,并督促与协助父亲整理房间以便给孩子提供学习空间。同时,安排未保专职教师、心理专职教师等,协助党员导师对该生进行个别谈心与辅导,关心小宋在校行为表现,进行跟踪评价,及时予以肯定与建议,让小宋感受到周围老师和同学对她的关爱与帮助。2016年,小宋顺利考入虹口区某重点中学。

为更好地营造良好的教育氛围,虹教附中经常组织教师学习师德理论、法规条例等,引导教师运用先进的教育理念引领教育教学,通过良好的形象影响、熏陶、感染学生。近年来,该校先后涌现出一批市区级优秀集体和先进个人(具体见表5—8)。在学习和实践过程中,该校教师潜移默化地引导学生养成良好行为,并成为学生行为规范教育的典范。

表 5－8　　　　　　　虹教附中近年来个人、集体所获市区级荣誉

时　　间	个人/集体	荣誉称号
2018 年	宇海燕	上海市优秀共青团干部
2019 年	周荣辉	虹口区园丁奖
2019 年	李　蔚	上海市园丁奖
2019 年	语文教研组	虹口区优秀教研组
2020 年	李　蔚	上海市特级教师

四、学生自主

行为规范教育的核心在于培养学生的自主教育能力，而行为规范教育要想取得成效就必须发挥学生的主动性。为此，虹教附中充分发挥学生自主管理委员会和少先队组织作用，推行"自我管理、自主活动"的管理机制。

(一)学生自主管理目标

在行为规范教育的过程中，虹教附中发挥学生的主体作用，激发学生对行为规范的自觉要求，发挥学生自主管理的作用，构建校级、班级自主管理机制来督促和管理学生行为规范，提高学生行为规范水平。

(二)学生自主管理内容

第一，在自我管理方面，虹教附中成立学生自主管理委员会，确立以学生为主体的班级自查、值勤中队检查和学校抽查的行为规范检查模式，并定期对全校学生进行行为规范宣讲，形成学生自查自纠的监督机制。

第二，在自主活动方面，虹教附中根据学校行为规范教育目标，创设丰富多彩的活动情境，鼓励学生主动参与其中，给学生更多的主体参与、自我管理、自我发展的时间和空间，发挥学生特长，发展学生潜能。

(三)学生自主管理措施

第一，以学生为主体，承担管理、服务、沟通的职能。虹教附中的学生自主管理委员会以《虹教附中学生手册》为准则，负责对全校学生的各项行为规范进行

检查,并将检查过程中发现的情况及时反馈到班级并督促各班针对发现的问题及时进行调整,实现学生自我教育和自主发展。

第二,办好每年一次的少代会,让队员们充分发挥主人翁精神,通过民主选举产生自己的队长,每位队员还通过提议案的方式对学校常规、教育教学、学生活动等各方面提出意见和改进的建议,并由代表听取学校领导部门的相关答复,培养学生参与学校管理的主人翁意识。

第三,开展"行为规范示范员"评选活动,形成良好的榜样示范,促进学生的行为规范养成。

第四,开展多种形式的志愿服务活动,使学生在活动中体会奉献和服务他人的乐趣。

第五,开展学生"一帮一"或"学习小组"等形式的互助活动,自己的同学自己帮,形成互帮互爱、相互督促的班级氛围,构建"信任、协作、谦让、欣赏"的生生关系。

第六,依托"智慧百草园"劳动实践基地,设立劳动实践体验岗位,让学生自主管理、维护百草园和开展劳动实践,体验劳动的乐趣,培养劳动的意识和能力。

虹教附中通过"规范+自主"的学生自主管理模式,积极鼓励学生以主体身份参与学校管理,并开展以学生为主体的自我教育、自主发展活动。虹教附中一方面鼓励学生参与学校的管理,发表对学校建设及管理的意见,参与制定学校的有关学生的规章制度;另一方面将一部分学生管理权赋予学生自主管理委员会,同时由学校进行适当监督与调控,使学生在自我教育活动和自我管理的过程中提高组织、管理的能力,并形成蕴含独立和尊重、交往和合作、自律和奉献等人文素养的行为规范。

第三节　行为规范教育成果丰硕

虹教附中全面加强学生日常行为规范,从校内延伸到家庭和社会,在生活习惯、学习习惯、人际交往、公共规范等方面,都促使学生养成了良好的行为表现。与此同时,虹教附中还结合课题研究、特色建设、品牌示范,使该校学生的良好行为得到社会的广泛认可。

一、凝聚优良行为习惯

(一)生活习惯养成

"绿色指标"测试结果表明虹教附中的学生具有良好的生活习惯和健康的生活方式。在班级值日、校园值勤与劳动中,虹教附中的学生逐渐养成了良好的卫生习惯:勤剪指甲勤洗澡,校服、领巾整洁干净;桌椅摆放整齐,爱惜劳动工具,教室整洁美观,不乱丢垃圾,在校园看到纸屑垃圾会自觉弯腰拾起;每个班级都能在教师的组织下做到地面清、黑板清、桌面清、垃圾清、桌椅齐,学生既掌握了劳动技能,又学会珍惜爱护劳动成果,还树立了自觉维护环境的意识。虹教附中的学生还养成了良好的用餐习惯,具体表现为有序排队领取餐盒,用餐时不交谈、不挑食;餐后保持桌面整洁,餐盒摆放整齐;及时清理果皮和点心包装纸,及时倾倒垃圾,确保饮食卫生和环境整洁。

虹教附中严格实行"三课、两操、两活动"制度,积极落实"阳光体育一小时"的要求,从而使学生获得充分的体育活动,进而有助于学生缓解学习压力、增强体质和促进身心健康发展。虹教附中的学生热爱生命、珍爱生命。例如,在运动会上,虹教附中的学生根据个人运动特长,选择适合自己的竞技项目,努力拼搏;通过"禁毒教育日",主动宣传毒品的危害、参加禁毒知识竞赛和召开"珍爱生命,远离毒品"主题班队会等生命教育活动;通过"国防民防教育3+2"主题活动,学习和掌握紧急救护知识等,形成科学的生命观,并拥有积极、乐观和向上的健康心态。

虹教附中注重开展节粮教育,大力推行"光盘行动",培养学生的节约意识。虹教附中的学生关注环境保护问题,积极投入绿色环保和低碳节能活动,以"垃圾分一分,地球美十分"为主题,自制倡议书以及宣传海报,进入社区传递环保的理念,养成垃圾分类的良好生活习惯。

虹教附中在平时的卫生打扫、军训、春秋游社会实践和"国防民防教育3+2"活动中,注重对学生良好生活习惯的养成教育。例如,在初二年级学生参加的"国防民防教育3+2"活动中,学生们要离开父母集体生活5天。在这5天里,学生们要按时作息和遵守寝室公约,每天要独立把洗漱用品摆放整齐,把床上用品整理有序,把寝室卫生打扫干净。这样既锻炼了学生们的生活自理能力,又树立了他们的健康生活理念。

(二)学习习惯养成

课堂教学是培养学生行为规范的主阵地。虹教附中各年级认真落实分层教育目标,提倡科学的学习方法。任课老师尤其注重对学生学习细节上的引导,培养学生学习规范意识。虹教附中的学生们课前预习课后复习,上课认真听讲、积极动脑,按时独立完成作业,作业书写端正、格式规范、簿本整洁且错题及时订正,精神面貌良好。虹教附中每学期开展优秀作业展评,树立优秀典范,促进学风建设。同时,在每次考试时,虹教附中的学生都遵守考试规则,诚信应考。

为了培养学生的阅读习惯,虹教附中于2017年重建了图书馆和阅览室,增加了图书馆的面积和藏书量,同时还在走廊里放置了开放书架和智能借阅柜,在班级里也增加了"书香阅读柜",让学生随时随地都有书可读。在自主阅读中,学生把老师教授的阅读方法逐步付诸实践,摘抄美词佳句、撰写读书笔记、参与征文演讲。特别是在每年的"读书节"活动中,他们展现的朗诵激情、呈现的书法作品、对垒古诗词大赛时的风采等,更是处处诠释了对阅读的热爱之情。

(三)文明行为养成

虹教附中的学生自觉并严格遵守规章制度,进校时佩戴红领巾、校徽、团徽(值勤同学佩戴值勤标志),校服整洁,自觉接受值勤同学与教师的检查,对待教职员工及来校师长都礼貌有加,同学之间也友爱热情。在全体师生的共同努力下,虹教附中学生们的良好习惯已蔚然成风,例如文明休息、轻声漫步;爱护公物、节约水电;爱护绿化、珍惜草木;上下楼梯靠右行走,见到师长主动问好;进门喊报告、双手递物品等。学生们举止恰当、言语得体、礼貌文明、友爱相处,自觉规范自己的语言和行为。

虹教附中把"诚信教育"作为学生行为规范教育的重要内容之一,重点突出"言行一致"和"学会负责"方面的教育。各班依据《中小学生守则》,通过学生讨论制定了以"不说谎、不作弊、不抄作业"为主要内容的"诚信公约"。同时,虹教附中重视培养学生孝亲尊师、关爱他人的品质。虹教附中每年都开展献爱心活动,学生们参与积极性高。

（四）公共规范养成

虹教附中的学生积极践行"五爱教育"。例如，自觉遵守《国旗法》《国歌法》，在"纪念反法西斯战争胜利 70 周年"、庆祝"红军长征胜利 80 周年和建党 95 周年"等活动中，通过国旗下讲话、每月主题教育活动及中队主题队会等形式，歌颂爱党、爱国和爱人民的情怀；又如，在清明祭、红歌会、红色之旅活动中抒发民族自信心和自豪感，树立国家观念、公民意识和社会责任。

虹教附中的学生喜欢上学，对学校认同度高。遵守校纪、班规已经成为他们的自觉行动：每天准时到校，有病有事由家长向老师递交书面请假条，凭借老师开具的出门条出校门；懂得爱护学校公共财物，爱惜教室里的电化教学器材，不在黑板、桌面、墙壁上涂抹圈画；课间文明休息，在走廊和教室里不奔跑，上下楼梯靠右行走，文明行为蔚然成风。此外，学生们在"5·18""6·26"和"12·1"等系列法制教育专题活动中，认真学习法律知识，乐于宣扬法律知识，自觉遵守法律法规。

虹教附中的学生们不仅遵守交通规则，还通过小手牵大手争做小小宣传员，向父母宣传行车安全，向周围邻里亲戚宣传交通安全、禁烟、禁燃等知识，倡导爱护公共设施，为积极创建虹口文明城区尽到自己的绵薄之力，充分体现了虹教附中学子的公共道德规范和意识。

二、实践研究与品牌示范

（一）强化实践研究

虹教附中高度重视行为规范教育课题研究。目前，虹教附中正围绕《EACH 综合主题课程的建构与实践研究》和《指向学习素养提升的 EACH 课堂的构建与实践研究》的市级课程领导力项目，探求提升学生学习素养的 EACH 课堂的构建，同时通过《基于解决问题能力培养的初中深度学习与学法指导行动研究》课题研究，着重指导、训练并强化学生学习规范的更好途径与方法。

虹教附中《初中生原生家庭关系与人际困扰的萨提亚团体辅导干预研究》《"初中生职业生涯规划"校本课程开发设计》《随迁子女家庭教育家长自助手册

汇编与使用指导》《构建以创造性劳动能力为核心的劳动实践课程的实践研究》《指向学生未来发展的初中"小辅导员制"的设计与实施研究》等项目的开展，对学生的学习习惯、行为习惯和生活规范的培养与训练起到了良好的促进作用。虹教附中行为规范教育相关的实践研究及研究成果如表5-9所示。

表5-9　　　　　　虹教附中行为规范教育相关的实践研究及研究成果

序号	项目名称	项目来源	立项或结项时间	负责人	研究成果
1	EACH综合主题课程的建构与实践研究	市教研室课题	2019年立项	周荣辉	结题报告
2	指向学习素养提升的EACH课堂的构建与实践研究	市教研室课题	2019年立项	周荣辉	结题报告
3	基于解决问题能力培养的初中深度学习与学法指导行动研究	区级重点课题	2018年立项	周荣辉	结题报告
4	初中生原生家庭关系与人际困扰的萨提亚团体辅导干预研究	市级心理协会课题	2018年结项	吴秋平	结题报告、论文
5	"初中生职业生涯规划"校本课程开发设计	区级合作项目	2019年结项	吴秋平	结题报告、校本课程
6	随迁子女家庭教育家长自助手册汇编与使用指导	区级青年课题	2019年立项	吴秋平	结题报告、自助手册
7	构建以创造性劳动能力为核心的劳动实践课程的实践研究	市级德育协会课题	2019年立项	宇海燕	结题报告、论文
8	指向学生未来发展的初中"小辅导员制"的设计与实施研究	区级课题	2020年结项	宇海燕	结题报告、论文

(二)形成品牌特色

虹教附中积极探索行为规范教育的途径和方法，逐步形成了具有学校特色和具备科学性、操作性及推广价值的行为规范教育特色项目——"EACH成长课堂"校本德育课程。

虹教附中在"让每一个学生自信地走向未来"办学理念的引领下，以生涯发展论和建构论为理论基础，以生涯发展教育为核心，根据各年级学生的身心发展规律与特点及不同学段的生涯教育目标，结合社会主义核心价值观和学校育人目标，构建了"EACH成长课堂"校本德育课程，并确立了四个年级不同的教育主题和目标(见表5-10)。

表 5-10　　　　　　　　"EACH 成长课堂"校本德育课程主题和目标

培养目标	内　　涵
敦品（Heart）	敦厚品行、品德为先是自信的基础。虹教附中学子能够致力于陶冶道德情操、锻炼道德意志、树立道德信念、养成道德习惯
励学（Excellence）	扎实学力、明知事理是自信的关键。虹教附中学子能够掌握良好的学习方法，善于独立思考，以自己踏实的态度积极探求科学知识和追求科学真理
尚美（Aesthetics）	求真尚美、践行美好是自信的外延。虹教附中学子能够形成科学严谨的治学精神，形成对心灵、语言、行为、环境之美的崇尚与追求
自信（Confidence）	自省成长、健康阳光是自信的表现。虹教附中学子能够自觉投入增强体质的活动中，进行自我心理调适，形成健康的生活方式与自信的心理品质

结合四个年级的主题，虹教附中设计了贯通初中四年学段的成长课程内容（见表 5-11）。

表 5-11　　　　　　　　"EACH 成长课堂"校本德育课程内容

年级	主题	课程内容
中预	敦品	(1)认真对待人生的又一个转折点；(2)科学对待青春期的生理、心理变化；(3)养成良好的习惯；(4)重视培养独立自主能力
初一	励学	(1)探索自我兴趣；(2)正确对待学习成绩；(3)掌握科学的学习方法；(4)学会与人沟通的心理学智慧
初二	尚美	(1)青春期行为大揭秘；(2)突发情况的应对和危机干预；(3)正确使用网络；(4)如何看待青春期异性交往
初三	自信	(1)了解多元智能优势；(2)学会与压力相处；(3)如何做时间的管理者；(4)为自己制订适切的学业规划

（三）注重展示辐射

虹教附中在行为规范教育、公益劳动、家庭教育指导等方面取得了不少荣誉和成绩，已走上了稳步发展、特色发展之路。同时，学校积极参与行为规范教育示范展示互动，在市级、区级、校际进行行为规范教育成功经验和做法的展示交流，取得良好评价。

虹教附中积极参加市区各项行为规范教育的展示活动。2018 年，虹教附中的《基于新中考改革背景下的"2+3+X"初中生公益劳动的实践探索》学生劳动教育案例获得上海市德育协会 2019 年德育创新奖,并多次被报纸报道及在《上海教育》等刊物刊登,从而推广学校相关经验和做法。在虹口区区内强校工程建设的交流会上,虹教附中的校长向兄弟学校汇报了学校行为规范教育的方法和成果。此外,虹教附中组织开展的"跟着父母去上班"寒假社会实践活动,被《家庭教育周刊》报道,题为"寒假作业让孩子更了解父母"。

虹教附中班主任在行为规范教育上的心得体会和经验做法,被撰写成指导案例,多次在市区交流活动或比赛中获得优异成绩。其中,陈怡怡老师撰写的《微信群里炸开了锅》家庭教育指导案例被收录在《教师家庭教育指导实务(高中版)》一书中,《第一次家长会》家庭教育案例在 2019 上海市中小学班主任高端研修班微课大纲评选活动中获得二等奖,《"交互式"沟通促进学生共同成长》个案获得了第八届长三角地区中小学班主任基本功大赛"论文奖"初中组一等奖和第八届长三角地区中小学班主任基本功大赛初中组综合一等奖;曹芳芳老师撰写的家庭教育指导个案《精诚齐心,合力致远》获得了虹口区中小学班主任基本功大赛初中组二等奖,课题《指向学生未来发展的初中"小辅导制"的设计与实践研究》获得虹口区第 13 届教育科研成果奖一等奖。

近年来,各类媒体对虹教附中也给予了关注,多次进行了报道,扩大了学校办学的影响力与辐射力。上海电视台的《新闻透视》以及《新闻晚报》《东方教育时报》等 4 家媒体对学校的办学特色、课程建设进行了专题报道。例如,2018 年 9 月 30 日,上海东方卫视晚间新闻报道了虹教附中学生在李白烈士纪念馆做义务讲解志愿者的情况;2018 年 11 月 3 日,《新民晚报》第 1 版"家门口好学校"专栏发表文章《在观赏植物中感受古诗词之美——虹教附中不断拓展教育资源让学生自信多才》。

虹教附中在行为规范教育上取得了显著的成效,获得了 2014—2015 年度上海市安全文明校园、2015 学年区红旗大队、2015—2016 年虹口区文明单位、2016—2017 年度"上海市红旗大队"、2016—2017 年度上海市安全文明校园、2017 年虹教系统"慈善之星"称号、2017—2018 年虹口区文明校园、2020 年上海市家庭教育指导示范校等荣誉。

第六章　校本德育：多途径强化思想品德教育

虹教附中基于校情、生情特点，并围绕该校的德育状况，因地制宜地设计和编制了大德育课程，将学生的思想道德认识转化为受教育者个体的思想品德行为，具有丰富性、实时性和实效性，影响力大，说服力强。虹教附中的大德育课程全面提升了学校校本德育的实效和学生的综合素质。

虹教附中的校本德育，除了包括行为规范教育中的常规德育以外，还包括家庭教育指导、劳动教育、生涯规划教育、特殊学生教育等，从而真正形成了校本化的大德育，并与大课程、大教学相结合，全面提升了该校的办学水平。

第一节　开展家庭教育指导

家庭教育指导是联系学校与家庭的桥梁。家庭教育指导要以学校为主导、以家庭为主体，由家长对子女开展政治思想、品德礼仪的教育，从而强化学校与家庭的教育一体化，进而实现学生德育的全时段、全空间的覆盖，强化了德育的有效性。虹教附中长期坚持开展家庭教育指导，科学规划，形成组织体系和教育网络，强化研究，形成课程平台和信息载体，实现了家庭教育的全面推进。

一、科学规划，家庭教育有保障

学校教育和家庭教育是影响青少年健康成长的两个重要方面，各有优势和局限。虹教附中充分认识家庭教育的重要性，把家庭教育纳入学校工作的总体部署并作为重要组成部分，做好家庭教育的顶层设计，围绕"统筹规划""制度建设""师资培训"等方面保障家庭教育工作的有序开展。

（一）科学统筹有规划

虹教附中三年发展规划中明确要求："加强家校合作，拓宽教育领域。充分发挥家长委员会参与学校教育管理的积极作用,进一步完善'家长委员会'制度,通过强化家长委员会的职能,提高家长在学校管理中的参与度,进一步促进家长之间的教育交流,让家长资源主动成为学校教育和管理的新资源,建立和谐的家校关系。"

虹教附中年度工作计划的重点工作之一就是贯彻《教育部关于加强家庭教育工作的指导意见》文件精神,落实上海市《关于进一步加强家庭教育工作的实施意见》,以"上海市家庭教育示范校评审"为契机,开展家庭教育指导工作的标准化建设管理,切实提高学校家庭教育指导质量,根据家长的家庭教育需求和学生成长中需要家长关注、陪伴的教育关键点,加强班主任开展家庭教育指导的培训,提升家庭教育指导的针对性和实效性。

虹教附中将家庭教育指导工作纳入学校章程及发展规划之中,组建家长委员会、家长学校,充分保障家长对学校办学活动和管理行为的知情权、参与权和监督权等权利。《上海市虹教附中章程》第九章第三十三条规定:"学校组织家长,按照一定的民主程序,本着公正、公平、公开的原则,在自愿的基础上,选举出能代表全体家长意愿的在校学生家长组成家长委员会。特别要选好家长委员会的牵头人。要从实际出发,确定家长委员会的规模、成员分工。"第三十四条规定:"学校定期召开家长委员会会议,介绍学校发展规划、教育教学工作和学校发展中存在的问题以及解决问题的设想、措施,听取家长委员会的意见,取得家长委员会的支持和帮助。"第三十五条规定:"学校依靠家长委员会办好家长学校,有计划地加强对家庭教育的指导。"第三十六条规定:"学校要求教师,特别是班主任,广泛联系家长,做好家庭访问工作,使家庭教育与学校教育形成合力,促进学生健康成长。"

虹教附中《德育工作条例》第二条规定:"本着学校办学理念统领学校德育工作,坚持正确的政治方向,坚持知、情、意、行的统一,努力实施社区、学校、家庭三位一体的立体化教育,既符合社会发展的要求,又符合普通公办初中优质教育发展的规律与需要。"

虹教附中《政教主任工作职责》第十一条规定:"指导学校大队部工作,指导未保老师维护青少年合法权益工作,关心学生心理、生理健康,协调心理老师、卫生室老师工作。协调学校与家庭、社会关系,协助社区教育、建立家长委员会和家长学校开展各项工作。"

虹教附中《年级组长工作职责》第二十三条规定:"根据学校安排,开好学生家长会,每学期召开一次以上本年级家长会议,汇报或反映学生的情况,阐明学校的要求,争取家长的积极配合。同时督促班主任做好家访工作,并建立年级家长委员会。"

家庭教育指导工作千头万绪,但最终都要落实到班主任身上。虹教附中《德育工作条例》第二十八条中关于班主任的工作职责部分明确规定:"做好学校与家庭的联系工作。通过家庭访问、家长会、电话或信函等形式及时与家长交流学生的思想、学习、生活、工作等方面的信息,争取家长配合,每月填写《家校联系情况记录》。""有计划、有目的地进行家访,新组建(接手)的班级原则上达到100%的家校联系率,老班每学期达三分之一。""每学期召开1~2次家长会或家长接待。在与家长接触时应维护学校形象、教师形象;不刁难、指责家长,不收受家长礼品。"虹教附中《德育工作条例》第五十二条还规定,班主任应"协助学校德育部门积极做好家庭心理健康指导,帮助家长、教师、学生之间发展良好的交往关系,发挥心理指导和协调的作用"。

(二)工作实施有机制

健全的机制是学校运行的前提和保障。为进一步明确家庭教育的重要性和家庭教育的职责与任务,确保家庭教育各项工作有序开展,虹教附中成立了家庭教育工作领导小组(见图6—1)。家庭教育工作领导小组结合学校和学生的实际,通过定期召开会议和专题研讨,做好学校家庭教育工作的顶层设计工作,探讨家庭教育的有效途径,指导学校老师与家长做好家庭教育工作,调动各方力量和资源,共同为学生的成长保驾护航。

在家庭教育指导工作领导小组的带领下,虹教附中组建了家庭教育指导工作实施骨干团队、核心团队及兼职队伍(见表6—1),从而实现了各部门岗位职责分工明确、相互配合、协同工作,有计划地开展家庭教育指导工作。虹教附中每学期都会将班主任开展家长学校、家长会、家访等家庭教育指导工作计入工作量,并通过问卷、座谈会、家长委员会等多种途径听取家长反馈意见,对班主任家庭教育指导工作进行考核和给予相应的绩效奖励,并形成了长效工作机制。

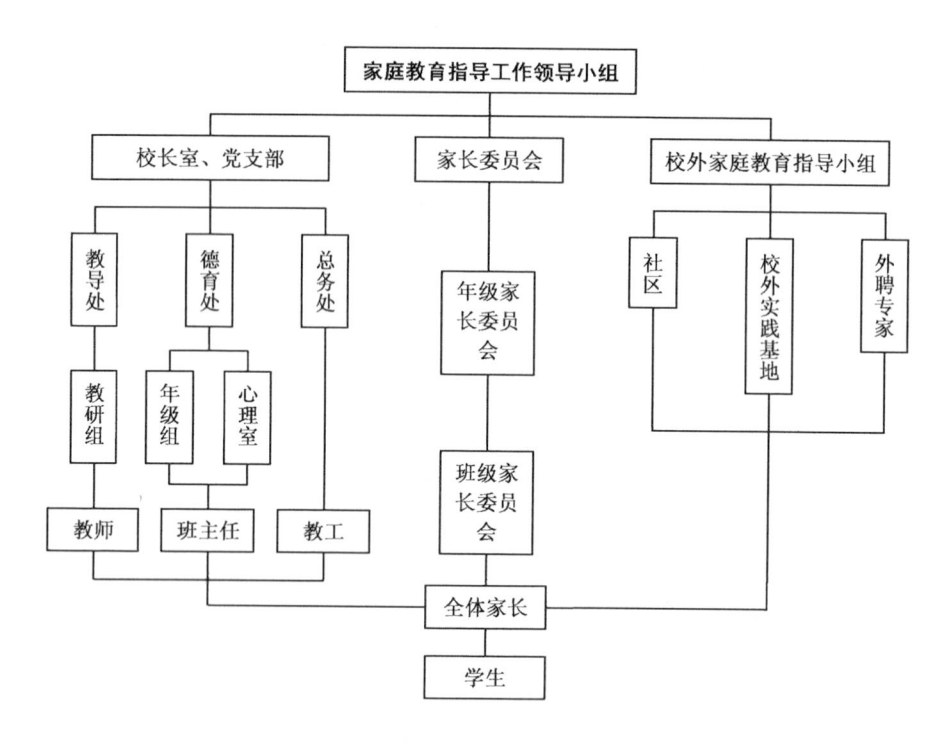

图 6-1　虹教附中家庭教育工作领导小组

表 6-1　　　　　　　　虹教附中家庭教育工作网络职能分工表

部门名称	成员构成	工作职责
家庭教育指导工作领导小组	校长、德育校领导、德育主任、家长委员会负责人、社区代表	全面统筹规划,加强家庭教育指导工作的整体规划和策略指导;定期开展家庭教育指导工作专项研讨,确保家庭教育指导工作的针对性和实效性;根据家庭教育指导工作规划任务,制订家庭教育指导工作计划;定期总结
骨干团队	德育主任、教导主任、科研主任、总务主任、团队干部、年级组长、班主任、心理老师、家长委员会骨干家长、社区代表	德育主任落实家校互动合作各项工作,保持与社区、街道、居委的联系;教导主任挖掘家长、社区资源,开发家教指导校本课程,开展课程建设;科研主任负责家教指导课题申报、指导;团队干部负责组织家长志愿活动;心理老师负责开展学生、家长心理健康指导活动;总务主任负责家校之间沟通关于午餐、校服等问题,指导家长给孩子提供合理膳食,关注孩子身体健康;年级组长、班主任在各部门领导下落实家庭教育指导工作,家长委员会作为自治的组织,管理日常家校互动活动的策划及联系

134　　　　　　　　　　　　　　　　　　基于 EACH 课程的强校办学路径探索

续表

部门名称	成员构成	工作职责
核心队伍	德育校领导、德育主任、年级组长、班主任、家庭教育指导师、心理咨询师、家长委员会成员代表、社区代表	定期开展分学段、分年级、分层次的家庭教育指导和研修活动
兼职队伍	外请专家、优秀家长、社区代表、社会专业人员等	根据学校家庭教育指导的要求开展家庭教育指导培训、经验分享、交流等

为了能充分整合家庭、社区资源,为学生搭建社会实践平台,虹教附中与社区携手,共建多方积极配合的和谐环境,通过开展志愿者服务,帮助学生认识社会、适应社会、服务社会,从而确立正确的人生观。近年来,虹教附中利用周边地区丰富的教育资源,与李白故居建立了素质教育基地,与社区社工服务站建立联系,邀请家长担任学生社区活动志愿者,尽可能多地提供时间与空间,让学生参加各种志愿者活动,引导学生关心他人、关心社会,主动把知识和技能服务于社区,在社会公共生活中学会更好地规范自己的言行,提高适应社会生活的能力。

(三)师资培训强队伍

虹教附中坚持以"立德树人"为理念,提倡"人人都是家庭教育指导者",注重加强教师队伍的培训,把家庭教育指导工作渗透到学校的教育教学活动中。为了提升每一个教职员工的家庭教育指导能力,让每一个教师都有参加家庭教育指导培训的机会,虹教附中定期邀请专家给全体教师开设家庭教育指导专题讲座和相关培训,从而保障家庭教育指导工作的顺利开展。

自2017年以来,虹教附中先后邀请严红、倪竞、潘琳琳等多名专家来校做了"亲子生涯沟通指导""家庭教育指导中的个体辅导技能""面向家庭的生涯教育"等6场专题讲座。

虹教附中鼓励教师积极参加"国家二级心理咨询师""家庭教育指导师""生涯规划师"等相关培训,提升家庭教育指导能力。虹教附中现有上述各类称号的教师7名。虹教附中积极利用各种培训平台,给教师创造学习和提升的机会。例如,2014～2018年,虹口区教育局与上海市增爱公益基金会、香港大学联合举办了"引入生命自觉的萨提亚模式——家庭重塑培训师培训课程"初级和进阶培训,虹教附中的德育主任积极报名参加了该培训,取得了"家庭重塑培训师(初阶和进阶)"证书;2018年暑假,虹教附中多名班主任参与了上海市中小学德育研究协会班主任专业委员会举办的上海市骨干班主任"家班携手,合力育人"暑期培训。

虹教附中组成了由分管德育校级领导、德育主任、年级组长、班主任、家庭教育指导师、二级心理咨询师、家长委员会成员代表、社区代表为成员的家庭教育核心团队,定期开展分年级、分层次的家庭教育指导和研修活动,比如开展"家校互动群的建立与管理"经验分享、"如何与家长面对面沟通"情景式模拟体验培训等。

班主任是家庭教育指导的一线骨干,处于核心地位。虹教附中每学期每两周举办一次"班主任培训"。在培训中,针对家庭教育指导专题,虹教附中既开展了"如何有效地开展家庭教育指导""完善三级家长委员会运作机制""家校互动群的建立与管理"等讲座或专题研讨,还举办了"家庭教育指导个案交流"论坛等活动,切实提高了班主任家庭教育指导的能力。

虹教附中有一支由外请专家、优秀家长、社区代表、社会专业人员组成的家庭教育兼职队伍。这支家庭教育兼职队伍根据学校家庭教育指导的需求,帮助学校开展家庭教育指导培训、经验分享、交流等活动。例如,为了帮助六年级家长更全面地了解初中孩子身心发展的特点,指导家长更好地与孩子沟通,家庭教育兼职队伍中的上海市心理学专家陈默老师为家长们作了"做最好的家长"家庭教育指导专场讲座,促进了家长的自我成长,增强了父母效能。

二、科学指导,家校合作形式多

家庭是孩子成长的第一所学校。越来越多的家长认识到,孩子的教育不仅是学校的责任,更是家庭的责任。虹教附中的学生中外来务工家庭的子女较多,多数家长存在家庭教育认识不到位、教育水平不高的问题,甚至有不少家长因缺乏科学专业的教育方法而陷入焦虑迷茫。为此,虹教附中积极履行指导家庭教育的职责,组建家长委员会,开设家长学校系列指导课程,搭建形式多样的家校互动载体,实现让教育改善家庭、让家庭助力教育的愿景,合力促进学生自信成长。

(一)发挥家长委员会作用,建立家校共育平台

家长委员会是学校联系家长的桥梁和纽带,虹教附中以《教育部关于加强家庭教育工作的指导意见》为依据,积极推动建立年级、班级家长委员会,把家长委员会纳入学校日常管理,完善会议联席等制度,促进家校合作,充分发挥家长委员会在家庭教育指导中的重要作用,做到有序化、常态化和制度化,推动现代学校制度的建设。

《上海市虹教附中家长委员会章程》明确了家长委员会的性质、构成、管理、权利与义务等相关内容,充分保障家长对学校工作的知情权、参与权、建议权和监督权。

1. 建立家长委员会的完善网络

虹教附中建立了完善的三级家长委员会体系,成立了校级、年级、班级三级家长委员会,规定了各级家长委员会的产生程序规范。虹教附中严格按照《家长委员会选举办法》,组织家长采用自我申报和民主推荐相结合的方式,选出各级家长委员会成员。各班级分别成立班级家长委员会,通过班内家长个人自荐、家长互荐和班主任推荐的方式,通过竞选形式,由全体家长无记名投票选出班级家长委员会代表4名;各年级组成立年级家长委员会,由各班选举产生的家长委员会代表共同组成,并从中选举产生1名年级家长委员会主席和1名副主席;学校成立学校家长委员会,家长委员会产生办法为:先是由每班产生2名学校家长委员会成员,方法是由各班班主任在充分征求班级家长委员会家长意愿的前提下,通过班级家长委员会代表自荐和家校协商产生,然后组成学校家长委员会,并从中选举产生1名学校家长委员会主席和2名副主席。

学校、年级、班级三级家长委员会构成了一个沟通畅通、上下联动、相互配合、协调有力的工作网络,切实保障了家长参与学校管理和发挥作用的权利。

2. 发挥家长委员会的自主能动性

虹教附中的家长委员会通过联席会议制度和家校联系沟通制度,充分发挥共商共管共育的作用,定期商讨家校共育中的热点、重点、难点问题,为学生的健康成长出谋划策。同时,家长委员会充分发挥家长自我教育的优势,通过微信、

家长学校等多种方式向家长委员会委员以外的其他家长提供形式多样的家庭教育指导服务,分享家庭教育的成功经验,宣传科学的家庭教育理念、知识和方法。

3. 保障家长委员会的有序运转

虹教附中依据《家长委员会章程》,确保家长委员会的相对独立自治,在经费、场地、人员上给予支持,为家长委员会的正常运转提供有力保障。家长委员会按照《家长委员会章程》规范、有序、有效地对学校、教师的教育教学、管理活动实施监督,提出意见、建议。

虹教附中通过家长委员会会议,组织家长委员会成员学习《家长委员会章程》和家长委员会工作制度,明确家长委员会成员享有的权利和应尽的义务,了解家长委员会开展的各项工作。这些培训可以有以下作用:有利于进一步梳理和规范家长委员会的工作,可以让家长委员会成员明确了解参与学校管理的方式方法和及时了解学校每学期开展的教育教学工作;有利于家长委员会参与学校管理工作,向学校及时提出合理化的建议和建设性的意见;有利于家长委员会做好学校与家庭之间的沟通,向家长传达学校近期的重要工作和准备采取的重要举措,并协调学校与家长之间的关系和及时反映家长的意愿。

虹教附中既与家长委员会共同商议学校发展规划与重要决策,也在教育教学和管理工作方面争取家长委员会的支持与配合,还对事关学生和家长切身利益的事项召开专项家长委员会。例如,在每年新生入学征订校服时,虹教附中就通过家长委员会针对校服制作、检验流程,校服款式、面料、安全等家长最关心的问题进行详细介绍;又如,在每年初三毕业生推优自荐工作开展前,虹教附中就通过家长委员会与家长们共同商议学校推优自荐工作方案,让家长委员会代表全程参与学校推优自荐工作,并对此进行监督;再如,对于学生营养午餐价格的制定、午餐伙食的改善等问题,虹教附中也通过家长委员会收到了很多中肯的意见。

此外,虹教附中还搭建各种平台,组织家长委员会成员参与学校、社区教育。例如,邀请家长担任平安志愿者工作,共同维护孩子安全的生活环境;邀请家长参与学校迎新活动并与孩子同台表演、参加学校运动会并担任裁判志愿者等。这些都使家长意识到自己就是教育资源,要努力发挥自己的优势和特长,积极配合学校、社区活动,主动承担一定的工作任务,使自己的孩子受到更多、更好的教育。

(二)规范家长学校建设,形成家校共育合力

虹教附中开展家庭教育指导的主要任务是提高家长科学育儿水平,促进和保障学生全面健康成长。近几年,虹教附中以健全家庭教育指导服务体系、提升学校家庭教育指导服务水平为目标,进一步丰富学校家庭教育指导服务形式和内容,规范家长学校的建设,形成适应家长和学生需求的家庭教育支持服务体系,帮助家长掌握家庭教育的方法和技能,形成家校共育的合力。

1. 重视家长学校建设,实现"三个需要"结合

虹教附中重视家长学校建设,把家长学校纳入学校工作的总体部署,实现"三个结合":与学校德育工作相结合,与学生发展需要相结合,与家长需求相结合。

每学期开学初,虹教附中学校家庭教育工作领导小组商议和制定家长学校培训计划。一方面,学校家庭教育工作领导小组通过线上家长问卷调研方式,及时了解不同年段家长的需求、家庭教育的热点和难点问题,并结合不同年段学生身心发展需要,针对学生在学习过程中反映出的一些共性现象和问题,调整、充实"家长学校"全员培训模块内容,对家长进行更有针对性的专题培训,如"做最好的家长""学会有效的亲子沟通"等。另一方面,学校家庭教育工作领导小组还会根据学生不同情况,开展个性化的家庭教育指导和团体辅导,探讨家庭教育中的重点、难点,让家庭教育指导更有实效性。虹教附中"家长学校"培训形式多样,有讲座、互动培训、体验式活动、工作坊和心理咨询等多种家庭教育指导活动。例如,学校邀请了虹口区家庭教育指导师和心理教师团队,对有特殊需求的家长开设"萨提亚"模式下家庭教育指导工作坊,引导家长觉察并调整自己的言行,通过改变自己去影响孩子的成长,促进家长的自我成长,增强父母效能。

家长学校每学年至少组织 6 次家庭教育指导和实践活动,受到家长的广泛好评。家长参与率达 90% 以上,且有记录、有反馈。通过家长学校的学习,家长不断更新教育观念,系统掌握家庭教育科学理念和方法,增强了家庭教育本领。

2. 落实家长学校建设,组建师资团队和培训课程

家长学校的建设离不开一支专业的师资团队。这个师资团队需要有家庭教育方面的专业知识与技能,能深入家庭和指导家长开展家庭教育,帮助家长走出

家庭教育的困境与误区。虹教附中组成了由分管德育校级领导、德育主任、年级组长、班主任、家庭教育指导师、二级心理咨询师、家长委员会成员代表、社区代表、外聘专家为成员的家庭教育核心团队,定期开展分年级、分层次的家庭教育指导和家长学校教学研讨活动,系统设计和开发"家长学校"培训课程,设定分年级目标,开展有主题培训。

虹教附中家庭教育指导课程以生涯发展教育为核心,从适应和发展两个维度设计了家庭教育指导课程学习模块,配套实施相应的实践活动,贯通了学生初中生涯的四个学段,围绕"中预年级——敦品""初一年级——励学""初二年级——尚美""初三年级——自信"四个主题,不断丰富家庭教育课程内容,形成家庭教育指导的校本化课程。参与家长学校授课者有校领导、中层干部、心理老师、教研组长、一线教师、班主任和有成功经验的家长代表。

此外,虹教附中还根据家长和学生需求,聘请校外心理专家、家庭教育指导专家等来校为家长做专题培训。例如,为了帮助六年级家长更全面地了解初中孩子身心发展的特点,指导家长更好地与孩子沟通,虹教附中邀请了上海市心理学专家陈默老师,上海市青春期家庭教育讲坛讲师、国家二级心理咨询师张瑜老师及雷冬冬博士等专家为家长们分别做了"做最好的家长"和"如何与青春期的孩子沟通"等家庭教育指导专场讲座。

(三)搭建家校互动平台,提升家校共育实效

为了使家庭教育工作落到实处,虹教附中对家庭教育的指导,除了理论层面的指导外,还积极开展多种形式的教育实践活动,以体验式活动为核心,搭建学生、家长交流平台,让家长和学生共同参与、共同体验、共情提升,增进亲子关系,提升家校共育实效。

1. 精心策划活动,增进家校情感

虹教附中联合家长委员会精心策划、设计、组织形式多样、载体丰富的家校互动活动。

一是积极开展主题鲜明的感恩教育,通过班会、年级会、团队活动等形式,让家长和学生在感恩教育活动中懂得彼此珍惜,感恩遇见,建立良好的亲子关系,引起情感的共鸣,达到同情共振的教育效果。例如,在初二年级14岁集体生日、毕业典礼等重大节日庆典上,虹教附中邀请家长与学生一同参加,通过读家信、

写家信、"爸爸妈妈我想对你说"等活动,引导学生思考成长、责任等问题,懂得表达感恩之情,让家长在陪伴孩子成长的过程中,真正读懂孩子的内心世界和成长需求。

二是以重大纪念日、民族传统节日等为契机,有组织、有计划地开展主题教育活动,并邀请家长共同参与、共同见证学生的成长。例如,虹教附中在每年开展体育节、读书节、艺术节等主题活动时,都会邀请家长一起参加,家长的参与率非常高。有的家长在庆祝中华人民共和国成立70周年歌咏活动中,与孩子一起同台歌唱,共养家国情怀;有的家长在学校运动会上主动担任裁判志愿者、医疗志愿者或参与亲子互动比赛项目,通过活动全面了解孩子在校情况,加深与孩子的情感联结;有的家长在学校活动时主动担任摄影师志愿者,带着孩子一起拍下学生们成长中的精彩瞬间,用自身言行给孩子做榜样;有的家长走进学校担任安全监督员,和学校一起维护着孩子们的健康成长。虹教附中为亲子沟通与交流搭建了丰富的对话平台,在学校的各项活动中都活跃着家长的身影,而家长也在活动中进一步加深对孩子的了解并增进了亲子情感。

三是基于很多家长平时忙于工作、较少与孩子沟通交流、亲子关系时常不和谐的现象,在寒暑假时精心设计社会实践活动,如研学旅行、志愿服务、劳动实践、职业体验等,让孩子了解社会、体验社会、融入社会的同时,为家长和学生建立互动、信任的交流平台,加强亲子沟通交流,增进亲子感情。例如,2019年暑假时,虹教附中设计了"跟着父母去上班"职业体验活动,引导学生观察父母一天的工作,了解父母工作的职业特点、能力需要,感受父母工作的辛苦,理解父母养家的不易。又如,2020年新冠肺炎疫情期间,虹教附中设计了"宅家生活小能手"劳动技能通关挑战赛活动,既培养了学生的劳动技能、激发了学生的劳动创意,也搭建了亲子互动的平台,使学生与父母一起感受劳动快乐,增添生活乐趣,为家庭生活创造更多的劳动成果。

2. 建立家访制度,开展个性指导

(1)多途径开展个性化指导。

每届新生入校时,虹教附中心理室就会为每位学生建立个人心理档案,全面了解学生的心理健康状况;每学期开学时,虹教附中都会对全校学生进行家庭生活情况和心理健康状况排摸工作,跟踪了解学生的身心发展变化,一旦发现特殊学生立即进行立案跟踪,并及时开展家访和家庭教育指导,把工作做细、做实。

虹教附中党支部全体党员每年都会与各班级特殊学生开展帮教结对活动。每位党员每个月至少与帮教学生谈心一次,关心他们的学习和生活,并将了解到的学生近况和班主任进行沟通,及时反馈发现的问题,并与班主任共同探讨如何对特殊学生家长开展有针对性的家庭教育指导,切实帮助学生健康成长。

每位班主任都是学生家庭教育的个别化指导者,他们以学生、家长为中心,定期通过电话、约谈、上门家访等多种形式开展个别化的家庭教育,并根据学生、家长的特点因材施教、因势利导,找到适合的家庭教育指导方法,增强家庭教育的有效性。例如,由于虹教附中外地学生居多,因此很多家长在学生升学选择方面有很大的困惑。有鉴于此,班主任从新生入学时就仔细排摸每一个外地生源学生情况,针对学生入学后的学习表现和成长潜能,结合家长对孩子的发展要求和家庭生活实际情况,会同教导处和德育处老师给予每一位学生一个量身定制的学业规划,及时提供学生升学的学业指导,辅助家长做出最适合学生成长的决策。

对有特殊需求的家长,虹教附中还邀请了虹口区家庭教育指导师和心理教师团队开展了"萨提亚"模式下家庭教育指导小型工作坊活动,从关注自我、学会在亲子沟通过程中"停一停"及"萨提亚"沟通模式体验几方面,帮助家长了解孩子在不同成长阶段的心理需求,让家长了解父母和家庭里的其他成员的言行是如何对孩子产生影响的,引导家长觉察并调整自己的言行,通过改变自己去影响孩子的成长,促进了家长的自我成长,增强了父母效能。

(2)全方位落实家访制度。

在虹教附中的"班主任工作职责"中明确规定了班主任的家访制度,要求班主任及时做好学校与家庭的联系工作。班主任需要通过家庭访问、家长会、电话或信函等形式及时与家长交流学生的思想、学习、生活等方面的信息。班主任每学期都需有计划、有目的地进行家访。对于新组建(接手)的班级,班主任需要做到100%的入户家访联系率,老班每学期家访率则不低于班级学生数的1/3。对于五类特殊学生(学习困难学生、行为偏差学生、心理异常学生、家庭特殊学生、发生意外伤害事故学生),班主任必须做到100%家访。如遇学生请事假、病假,班主任需每天通过电话与学生及其家长取得联系,关心相关情况。其中,对于病假3天以上的学生,班主任需要上门家访和探望学生;对于发生意外伤害事故的学生,班主任必须家访探视。

(3)运用新媒体拓展家教服务平台。

虹教附中积极搭建新媒体服务平台,充分运用现代信息技术媒体,不断探索多渠道家校宣传和服务平台。学校创建微信公众号,让所有家长能及时了解学校发展动态、教育教学活动;设立专题专栏,开展家庭教育知识普及,让家长随时学习并掌握科学的家教方式。虹教附中还探索建立家庭教育远程服务网络,引进"家长慕课"App。目前,全校所有家长都已登录了该平台,利用碎片化时间,通过手机客户端学习家庭教育指导微视频,提升家庭教育指导水平。

为了更规范、有效地利用现代互联网通信工具开展家校沟通,使家校互动群成为促进老师、学生、家长共同成长和进步的良好载体,虹教附中和家长委员会共同制定了《家校互动群公约》。《家校互动群公约》从家校互动群使用规范和管理规范两个方面,对互动群的进群、信息发布、教师和家长相应的管理规范等做了明确的规定。

家庭教育指导网络服务平台的建设,提升了虹教附中开展家庭教育指导服务的覆盖面及有效性。在2020年新冠肺炎疫情期间,虹教附中无法正常开学,但停课不停学,学校借助微信公众号、晓黑板、家长微信群等网络载体,开展线上家长学校、云家访、视频家长会、个性化辅导等家庭教育指导,定期向家长及时发布学校各项工作的开展情况,指导家长在云课堂时期合理安排好孩子居家学习、指导孩子开展居家劳动实践活动、更好地促进亲子互动沟通等专题内容,让家长在家期间陪伴孩子不焦虑、亲子沟通无障碍。

表6—2　2020年新冠肺炎疫情期间虹教附中线上开展的家庭教育指导工作情况

发布时间	线上家庭教育指导主题
2020—01—23	预防新型冠状病毒感染,致家长们的一封信
2020—01—29	防控疫情,减少室外活动,学生居家体育运动指南
2020—01—31	口罩文化!七步洗手法!拒绝新型肺炎必须Get起来
2020—02—02	防范疫情,提高"心理免疫力"——虹教附中致师生及家长的"心理处方"
2020—02—03	寒假英语绘本阅读推荐——如何帮助孩子提高英语学习兴趣

续表

发布时间	线上家庭教育指导主题
2020—02—09	"视力不下降、体重不上升"——指导孩子争做居家抗疫行动派
2020—02—11	运动战"疫",健康同行——居家体育运动指导
2020—02—13	加强疫情防控,我们一起读一读
2020—02—15	拿起画笔家中作,心系疫情把话说——致敬最美逆行者
2020—03—09	专属"心"房间——心理辅导微课
2020—03—24	美好生活,劳动创造——居家劳动实践活动指导
2020—03—27	"空中课堂"在线学习辅导——如何指导孩子积极参加在线学习
2020—04—03	"宅家生活小能手"居家劳动实践活动展示
2020—04—10	"变废为宝小创客"和孩子一起美化生活
2020—04—11	家有孩子上网课,家长如何不烦恼
2020—04—14	国家安全,你我同行——共同关注2020全民国家安全教育日
2020—04—16	线上学习忙,云中家校连
2020—04—18	在线学习,同伴智慧"云"集
2020—04—23	致同学、家长的一封信
2020—04—27	重启校园生活ing,返校"心"护航
2020—04—30	复学在即,你准备好了吗

(4)完善沟通渠道,处理家长诉求。虹教附中关注家长意见和建议,并建有多种家长提出诉求的渠道。学校每学期会通过家长委员会会议、家长在线问卷调查、校长接待等形式,积极听取家长对学校管理、课程教学、师德情况等多方面的意见和建议,并在收到家长诉求3天内及时处理,并给予反馈,做到有问必答。

(5)参与社区服务,给予专业支持。虹教附中努力构建"家—校—社"三位一体的家庭教育协调共建机制,学校每年暑假选派青年骨干教师担任社区教师志愿者,配合社区开展假期亲子活动和家庭教育指导;每年3月5日,学校选派党员教师参加在居委会和社区举办的教育咨询服务;学校的心理老师、家庭教育指导师积极参与虹口区百名"心理咨询师"及"家庭教育指导师"公益咨询,为家长提供专业的家庭教育指导,对社区给予支持。

三、科学研究，家教指导显成效

(一)积极开展家庭教育研究

针对家庭教育指导中存在的重点、难点和热点问题，虹教附中通过家庭教育指导需求专题问卷调研，梳理出家长急需解决的问题，充分发挥教科研引领作用，积极开展理论与实践相结合的家庭教育研究，探索开展家庭教育的新方法、新举措，使家庭教育理论和实践不断有新的创建和发展，并更具针对性、时代性。近几年，虹教附中积极开展家庭教育相关的研究课题(见表6—3)，引领着学校家庭教育工作的开展。

表6—3　　　　　　　虹教附中近年来家庭教育研究课题

年份	课题名称	级　别	负责人	结题情况
2017	指向学生未来发展的初中"小辅导员制"的设计与实施研究	区级课题	周荣辉	实施中
2018	初中生原生家庭关系与人际困扰的"萨提亚"团体辅导干预研究	市级心理协会课题	吴秋平	结题并推广
2018	基于解决问题能力培养的初中深度学习与学法指导行动研究	区级重点课题	周荣辉	实施中
2019	"初中生职业生涯规划"校本课程开发设计	区级合作项目	吴秋平	结题并推广
2019	随迁子女家庭教育家长自助手册汇编与使用指导	区级青年课题	吴秋平	实施中
2019	构建以创造性劳动能力为核心的劳动实践课程的实践研究	市级德育协会课题	宇海燕	实施中

虹教附中积极鼓励班主任从"事务型"向"研究型"转变，积极撰写家庭教育指导个案。虹教附中的班主任通过开展家庭教育指导个案的研究，转变观念，掌握家庭教育指导的科学方法，创新工作思路，在提升自我的同时更好地开展家庭教育指导工作，积累了一定的家庭教育研究成果(见表6—4)。

表 6—4　　　　　　　　　　虹教附中家庭教育研究成果

年份	论文名称	作者	获奖/发表情况
2018	点燃环保意识，创建绿色集体	陈怡怡	2018 年"闵行杯"上海市班主任基本功系列竞赛初中组二等奖
2018	微信群里炸开了锅	陈怡怡	收录在《教师家庭教育指导实务（高中版）》一书中
2019	"交互式"沟通促进学生共同成长	陈怡怡	第八届长三角地区中小学班主任基本功大赛初中组综合一等奖、初中论文一等奖
2019	第一次家长会	陈怡怡	2019 上海市中小学班主任高端研修班微课大纲评选二等奖
2019	精诚齐心，合力致远	曹芳芳	虹口区中小学班主任基本功大赛初中组二等奖
2019	基于新中考改革背景下的"2＋3＋X"初中生公益劳动的实践探索	宇海燕	上海市德育协会 2019 年德育创新奖

（二）丰富家庭教育课程建设

虹教附中家庭教育指导以生涯发展教育为核心，从学生适应和发展两个维度设计了家庭教育指导课程学习模块，配套实施相应的实践活动，贯通了学生初中生涯的四个学段，围绕"中预年级——敦品""初一年级——励学""初二年级——尚美""初三年级——自信"四个主题，不断丰富家庭教育课程内容，形成家庭教育指导的校本化课程。结合四个年级的主题，虹教附中从学生适应和发展两个维度，设计了贯通学生初中四年学段的具体家庭教育指导内容。

1. 中预年级——敦品

中预年级是初中生涯发展的起始期。在这一时期，初中学习和生活上的变化给学生的内外世界带来了挑战。此阶段以"敦品"为主题，目的是指导家长帮助学生更快地适应小升初的学习生活变化，树立目标意识，培养良好习惯，锻炼坚毅品质。

此阶段家庭教育指导主要关注点为：(1)认真对待孩子人生的又一个转折点；(2)科学对待青春期孩子的生理、心理变化；(3)引导孩子养成良好的习惯；(4)重视培养孩子的独立自主能力；(5)"居家生活小能手"亲子家务劳动实践活动。

2. 初一年级——励学

初一年级是初中生涯自我认知的探索期。在这一时期,学生在不断探索兴趣、能力、价值观对自己生涯的影响。此阶段以"励学"为主题,目的是指导家长协助学生了解、接纳并发展自己的兴趣、能力、价值观,定位自己的学习风格,增进学习动机,提高学习效率。

此阶段家庭教育指导主要关注点为:(1)与孩子一起兴趣探索;(2)正确对待孩子的学习成绩;(3)引导孩子掌握科学的学习方法;(4)与孩子沟通的心理学智慧;(5)学习型家庭评选实践活动。

3. 初二年级——尚美

初二年级是初中生涯外部探索的关键期。在这一时期,学生的独立性有了显著发展,广泛探索外部世界。此阶段以"尚美"为主题,目的是指导家长引导学生认清身边事物的是非曲直,提升社交管理能力,合理管理情绪,激发学生成为更好的自己。

此阶段家庭教育指导主要关注点为:(1)青春期孩子行为大揭秘;(2)突发情况的应对和危机干预;(3)引导孩子正确使用网络;(4)如何看待青春期异性交往;(5)十四岁集体生日仪式活动。

4. 初三年级——自信

初三年级是初中生涯发展的决策期。在这一时期,学生的学习任务难度加大,学习压力增加,面临升学竞争。此阶段以"自信"为主题,目的是指导家长帮助学生缓解考试焦虑,提升自我效能感,了解不同的教育路径差异及其与未来生涯发展的关系,引导孩子理性分析,做出适合自己的升学选择。

此阶段家庭教育指导主要关注点为:(1)了解孩子的多元智能优势;(2)帮助孩子学会与压力相处;(3)如何做时间的管理者;(4)引导孩子做出适合自己的升学选择;(5)"梦想起航"初三毕业典礼活动。

(三)提升家庭、社区满意度

为了更好地提升家长的满意度,虹教附中每次讲座、活动后都积极收集家长的反馈意见,针对建议和意见,不断优化家庭教育指导的形式。家长对学校提供的家庭教育指导服务满意度每年均达到90%以上。

虹教附中每年派青年骨干教师和拥有心理咨询师、家庭教育指导师资质的专业教师到居委会、社区担任志愿者,为社区家长提供公益性的家庭教育指导服务、咨询,得到居委会、社区和家长们的充分认可与一致好评。例如,2017年至今,虹教附中派教师参与虹口区百名咨询师下社区公益活动,参与社区心理、家庭教育咨询;又如,虹教附中心理专职教师每年参与虹口区"心理护航"中考热线服务。

第二节　提升学生劳动素养

教育部发布的《关于加强中小学劳动教育的意见》规定:2020年之前,中小学要推动建立课程完善的劳动教育体系,并且,劳动评价将记入学生档案,作为升学评优参考依据。上海新中考改革也明确把"完善初中学生综合素质评价制度"作为这次改革的重要任务之一。综合素质评价内容包括品德发展与公民素养、修习课程与学业成绩、身心健康与艺术素养、创新精神与实践能力四大方面。其中,规定学生必须完成80课时公益劳动。

虹教附中尝试在已有校内劳动实践活动的基础上,建立一个从家庭到学校和社区,各层次实施途径目标明确又有机衔接的劳动教育体系,并依据学生发展状况、办学理念、特色、可利用的资源等,对不同年级学生劳动实践项目内容进行系统设计、统筹安排,使具体内容、要求随年龄增长而逐步提升,同时对劳动实践与学科学习、跨学科考察探究、各类主题教育等方面进行综合设计,以整合方式实施,使不同活动要素彼此渗透、融会贯通,充分发挥了课程育人的功能。

一、现实困境:学生为什么不热爱劳动

劳动教育曾是我国学校教育的传统特色,是培养"德智体美劳"全面发展人才的关键一环。但随着时间的推移,劳动教育在学校里渐行渐远,家庭、学校、社会在不经意间把主要精力都放在了学生的学习上。

在一次关于劳动的主题问卷调查中,62%的学生在家里几乎没有机会从事家务劳动,家庭里父母习惯于包办所有的家务;48%的家长认为初中阶段学生的学习比劳动更重要,劳动所用时间会占据学习时间;56.2%的学生认为现有的校

内劳动内容无趣、形式单一,对参与劳动活动没有太大兴趣。可见,劳动教育的现实情况并不乐观。

虹教附中每周四的中午是班级大扫除时间。同样是做班级卫生,有的班级在班主任组织下,把教室的角角落落都仔细打扫一遍,有的更是先用湿拖把将地板拖干净,再用干拖把抹一遍,打扫后的教室窗明几净,营造了干净、整洁、温馨的学习环境;而有的班级,不仅地板还有明显脏的地方,大扫除时间有的学生头也不抬地在写作业,感觉班级大扫除与己无关,偶尔还出现老师进班占用劳动时间进行讲题的现象,以至于学生劳动流于形式。

劳动既是人类身体力行获取知识的方式,也是人类文明起源发展的最主要手段。不能简单地把劳动理解为打扫卫生,教育中的劳动应是知识的躬身修行,它的意义贵在让学生用身体丈量物理和心灵的世界。因此,学校教育必须为师生们创造一个热爱劳动的氛围,不仅要致力于培育劳动观念,而且要重在教学生如何从劳动中体验生活的乐趣,从而培育一种现代"新生活"方式,使学生拥有持续创造好生活的能力。

二、剖析问题:寻找产生的根源

如何突破现下劳动教育的困境,同时又能真正落实新中考改革综合素质评价的新要求?虹教附中德育团队围绕这个问题开展了研讨活动。

在研讨过程中,虹教附中德育团队首先围绕学校现有的劳动实践活动种类、内容和形式进行了广泛的讨论,并结合问卷调研的结果进行了对比分析,找到了学生不热爱劳动的原因。

(一)学校对学生参与劳动实践的统筹力度不够

因为对学生参与劳动实践的必要性和重要性认识不足,所以至今未将"劳动实践"纳入学校常规工作予以统筹安排。在此种情况下,学生所面临的劳动实践类活动,大部分是由各部门、班主任或任课老师"各自为政"布置的。这样的随意布置无法保持学生在校开展劳动教育的持续性和有效性,实际上在无形中为学生参与劳动实践制造了障碍。

（二）学校未能为学生劳动提供足够的岗位和资源

一是学校提供给学生劳动实践机会非常有限，既无法确保每一个学生都能有劳动实践岗位可锻炼，也没有与校外单位建立互助协作型劳动实践基地，未能让学生有机会走出校园、走向社会和体验多种形式的生产劳动；二是因校园规模不大，学校未充分利用校内资源，对教室、食堂、学校空地和操场等场所进行规划调整，没有为学生创造丰富的校内劳动实践场地。

（三）学校和家庭没有形成加强劳动教育的合力

家庭是劳动教育的重要场所，没有家庭的配合，劳动教育的链条是不完整的。很多学生劳动意识的淡薄与家长的教育有着很大的影响。学校需要转变家长对孩子参与劳动的观念，使家长懂得劳动在孩子学习、生活及未来发展中的积极意义，让家长成为孩子做家务劳动的指导者、协助者和监督者，共同引导学生参加力所能及的家务劳动，不是把做家务视为完成"作业"或是"作秀"。

因此，虹教附中德育团队提出了一个想法：从家庭、学校、社区一体化布局设计入手，保持学生劳动教育的连续性，重构一个从家庭到学校、社区，实施途径目标明确又有机衔接的劳动教育体系，同时将劳动教育与学科学习、跨学科考察探究、综合实践活动课程开设等进行综合设计，以主题式学习方式开发劳动实践特色课程，给学生提供更多的劳动实践岗位和资源。

三、重构体系：梳理形成劳动体验活动新模式

通过德育团队反复的集体讨论、校内校外资源的多方协商与专家咨询，虹教附中终于形成了一个新的学校劳动教育体系，即"2＋3＋X"初中生公益劳动体验活动模式（见图6—2）。

"2＋3＋X"初中生公益劳动体验活动模式中的"2"是指学校开展劳动教育的2个目标，"3"是指实施劳动教育的3个有效途径，"X"则是指围绕2个目标，通过3个有效途径，配套实施的系列劳动教育活动初中生公益劳动体验活动。

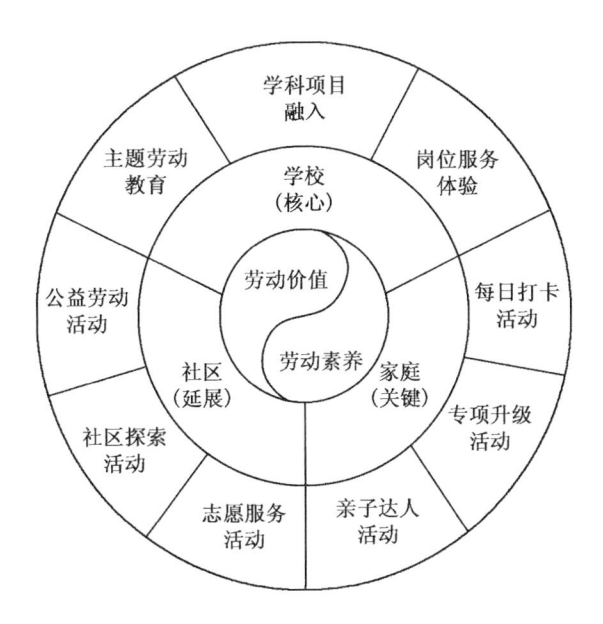

图 6—2　虹教附中"2＋3＋X"初中生公益劳动体验活动模式

(一)以家庭为原点,让劳动成为一种习惯

由于劳动习惯的养成首先来源于学生的家庭生活,因此学校必须与家庭紧密联合。

首先,虹教附中德育团队通过家庭教育指导会让家长明确家庭对于学生劳动习惯培养的重要性,转变家长对孩子参与劳动的观念,使家长懂得劳动在孩子学习、生活及未来发展中的积极意义,让家长主动成为孩子做家务劳动的指导者、协助者和监督者,共同引导孩子参加力所能及的家务劳动。然后,虹教附中通过"每日打卡活动""专项升级活动"和"亲子达人活动"三个模块的劳动体验活动,引导学生在家庭里参与适量的家庭劳动活动,让学生在简单的家务劳动中养成劳动习惯,将劳动变为自觉的行为。最后,每个学期结束前,虹教附中的各中队举行家务学习成果展示活动,每个学生选择自己最有体会的一次劳动实践活动,撰写一份"21 天学习成果报告书",在中队里分享交流自己劳动习惯养成的经历、感受、收获和成果展示,同时邀请家长一起参与,通过各种形式检测学生的家务劳动技能,评出"家务劳动小能手"。

通过家务劳动及其成果展示,虹教附中帮助学生在学习和掌握劳动技能的同时,体会到劳动的价值与乐趣。

(二)以学校为基点,让劳动成为一种文化

由于学校是学生开展劳动实践的主课堂,因此学校要在校内为学生积极创造劳动机会,在学校日常运行中渗透劳动教育,利用学校的土地资源,融合综合实践活动和生涯教育,鼓励学生在校内进行自己力所能及的劳动。为了更好地推进学校劳动教育的开展,虹教附中梳理了已有的劳动教育活动经验,并有机融合学校特色课程,把学校劳动教育分为三个模块。

第一模块为劳动体验模块。主要是班级定时、定岗、定人的值日劳动,每周的教室大扫除和包干区打扫,"爱校护校统一行动"校园保洁活动,"劳动岗位一日体验活动"等,让学生围绕日常校园生活开展劳动体验,探索劳动精神,养成劳动习惯,形成积极的劳动观念和态度。

第二模块为志愿服务模块。虹教附中加强对学生志愿服务活动的规划设计,结合学校实际和学生年龄特点,系统梳理社会实践资源,遴选校外服务岗位,合理规划校内服务岗位,积极创新班级服务岗位,构建志愿服务三大板块(自主管理板块、主题活动板块、社会实践基地服务板块),扩大学生劳动服务覆盖面,为学生提供更多的劳动服务机会。虹教附中在校内开设了一批适合学生们在课余时间进行的劳动服务岗位,如图书馆管理员、午间活动管理员、早高峰使者、学校大型活动引导员等。在校外,虹教附中与爱国主义教育基地李白烈士故居共建,开设了讲解员志愿服务岗位。因此,无论是校内或校外,学生们都有可以体验劳动服务、践行劳动精神的岗位。

第三模块为劳动实践模块。虹教附中将劳动教育与学科学习、跨学科考察探究、综合实践活动课程开设等方面进行综合设计,以主题式学习方式开发劳动实践特色课程,指导学生学习一定的劳动技能解决生活中的问题,将自己的创意、方案付诸现实,提升创造性劳动的能力。在学校 EACH 课程的大背景下,综合实践活动课程作为劳动教育的主要载体,在实施的过程中充分聚焦培养学生积极的劳动观念和态度,以主题式学习方式设计不同兴趣需求学生的劳动实践项目,如"创客空间""万物有灵"等。

(三)以社区为延展,让劳动成为一种风尚

校外劳动实践是对校内劳动课程和日常劳动实践的补充和扩展,是学校劳动教育的延伸。虹教附中将社区作为校外劳动的主要载体,充分利用社区资源,以雏鹰假日小队活动为主要形式,组织学生进入社区开展公益劳动、文明宣传、社会服务等活动。例如,组织小队进入社区开展"垃圾分一分,地球美十分"宣传垃圾分类知识的文明新风尚活动;让学生到社区老年人活动室为老爷爷、老奶奶提供力所能及的公益服务;让学生到校外爱国主义社会实践教育基地——李白烈士故居,体验志愿讲解员岗位,为游客介绍李白烈士的生平故事;与虹口区第三中心小学携手,让队员体验小辅导员的岗位,为小学二年级的小队员上队课和讲雷锋的故事;与社区街道携手,让有绘画才能的队员用画笔美化社区社工服务站等。

丰富的校外实践活动,让学生能够学以致用,以自己的劳动满足社会组织或他人的需要,并在满足被服务者需要的过程中获得自身发展,促进相关知识技能的学习,提升实践能力,为社区发展做贡献。

四、打破壁垒:探索课程育人的新融合

虹教附中德育团队在重构"2+3+X"初中生公益劳动体验活动模式中,对于"学科项目融入"做了细致的分析,并对如何将劳动实践与课程育人相融合,从而达到充分发挥综合实践活动课程在立德树人中的重要作用做了深入探讨。

由于综合实践活动课程在现行中小学课程体系中是劳动教育最主要的载体,因此虹教附中德育团队提出,要以学校原有的综合实践活动课程为学科项目切入口,以校园内即将改建的中草药种植实践"百草园"为劳动实践场地资源,融合项目化的学习方式,设计开发"万物有灵"综合实践活动课程,并作为学校"2+3+X"初中生公益劳动体验活动模式中重要的校内劳动实践模块。这个提议得到了大家的认可,并在与综合实践活动课程组教师的共同研讨下,进行了课程的整体架构和设计。

(一)课程概要

"百草园"原是虹教附中校园河道边闲置的一块空地,在建构学校劳动实践课程的过程中,这块空地提供了课程实施最好的资源和载体,更成为学生们进行自然探索、劳动实践的最佳空间。虹教附中在基础课程"生命科学"和"科学"中

的植物板块进行校本化实施,围绕着学校劳动教育的两大目标(树立正确的劳动价值观、培养较好的劳动素养),开发出"万物有灵"劳动实践课程。同时,虹教附中借助专家资源和家长、社区资源,配套实施了"创客空间""职业访谈"活动,进一步延伸了学生劳动实践的体验途径。

(二)课程目标

"万物有灵"综合实践活动课程的目标是让学生从生活中常见的中草药入手,通过"认一认""种一种""养一养""画一画"等形式,既认识和了解中医药知识中蕴含的中华传统文化,更学会基本的劳动知识和技能,逐步培养正确的劳动观念和良好的劳动习惯,以及热爱劳动和热爱劳动人民的情感。

1. 认知目标

通过识别常见的中草药等活动,在劳动实践过程中掌握基本的劳动知识,学会使用一些常用的劳动工具;认识到劳动能够造福于人,能够创造社会财富,从而形成正确的劳动观念和养成良好的劳动习惯。

2. 行为目标

通过动手栽培和收获农作物,培养学生参加劳动实践的兴趣和自觉性,使其养成热爱劳动、珍惜劳动成果的良好劳动习惯。

3. 情感目标

通过职业访谈等活动,帮助学生树立正确的劳动观点,认识劳动的重要性,懂得劳动的道理,激发劳动情感,端正劳动态度,从而形成正确的劳动观。

(三)课程内容

"万物有灵"综合实践活动课程分为四个板块,分别规定活动主题,确定主要内容(见表6-5)。

表6-5　　　　　　虹教附中"万物有灵"综合实践活动课程内容

课程板块	活动主题	主要内容
种植实践	蔬菜种植、中药种植	1. 制订呵护巡护计划书; 2. 种植盆清理:除草、松土; 3. 选择植物并播种; 4. 设计植物生长记录表并对种植植物进行记录; 5. 种植盆管理:浇水、施肥、除草等; 6. 收获、整理、展示

续表

课程板块	活动主题	主要内容
探究实验	种子发芽率、品种创新改良	1. 设计实验方案； 2. 进行实验； 3. 结果分析与讨论； 4. 撰写实验报告并展示
设计制作	创意设计、改进农具	1. 针对种植的某一过程提出农具设计或改进意见； 2. 绘制设计或改进后的农具示意图； 3. 选择材料制作农具； 4. 使用设计或改进的农具并评价
职业体验	职业人物访谈、成果展示	1. 邀请家长参与展示评价活动； 2. 将收获的农作物在社区内进行展示和义卖； 3. 开展与种植活动相关职业人物的访谈活动； 4. 在社区内开展科普小讲座

（四）课程实施与成效

由于"百草园"是学生体验劳动趣味的重要场所，因此学生就应该成为"百草园"建设的主角。有鉴于此，虹教附中为学生请来从事建筑设计和园林设计的家长，辅导学生如何在有限的面积内进行因地制宜的科学规划，如何将绿化带打造成土培示范种植区，如何以箱式种植和管道水培的方式打造流动的种植带等。学生在专业人士的辅导以及老师、家长的共同帮助下，富有想象力地和创造性地改建了"百草园"的每一个角落，最终将"百草园"与校园融为一体，让师生们在错落有致的校园中欣赏到生态之美。

在劳动实践过程中，学生们自由组队，制订定时定人的"百草园呵护巡护计划书"，并贯穿于"百草园"挖坑、放苗、培土、浇水、施肥等每一个环节，定时关护植物的生长情况，并在老师的指导下进行植物生长的观察和记录，写下劳动种植日记，记录劳动种植的心得。在植物生长过程中，学生们同时进行栽培技术的学习和创新，包括给苗儿除草、搭架绑蔓、整枝打杈、剪老叶、除病虫等。学生们在劳动实践中找到了自己的劳动价值，体验了劳动的艰辛与乐趣，激发了参加劳动实践的兴趣和自觉性，养成了热爱劳动、珍惜劳动成果的良好劳动习惯。

在分享交流劳动成果时，学生们讲道：劳动实践让他们真正认识到劳动是财富的源泉，懂得了"幸福是奋斗出来的"；而创造性的劳动实践学习，更是让他们相信劳动是推动人类社会进步的根本力量，社会发展中的各种难题，只有通过创造性劳动才能破解;在今后的学习生活中,他们会自觉将日常生活与理想追求紧密结合,在劳动创造中实现远大理想和个人目标,树立依靠辛勤劳动、诚实劳动和以劳动获取财富、实现人生价值的正确思想观念。

"万物有灵"综合实践活动课程的设计,打破了学科之间的壁垒,打通三类课程之间的联系,以"植物"为主题,将"知识学习"与"研究学习"融为一体,关注学生运用探究学习方式发现和提出问题,培养学生劳动意识、劳动精神和创新能力。同时,"万物有灵"综合实践活动课程是虹教附中尝试将劳动教育与学科学习、跨学科考察探究、综合实践活动课程开设等方面进行综合设计、以主题式学习方式开发的一门劳动实践特色课程。根据该课程在实施过程中学生的反馈,"万物有灵"综合实践活动课程呈现了较好的课程育人效果。

第三节　融入学生生涯教育

从 2015 年起,生涯教育就成为我国基础教育领域的热门话题之一。生涯教育是一种连续不断的教育过程,是有目的、有计划、有组织的教育活动。它通过生涯认知、生涯探索、生涯发展等环节,培养个人的生涯能力,引导个人正确认识自我,培养与提高个人生涯规划和生涯适应的意识与技能,以发挥个人的天赋才能,使个人具有自我引导的能力。

生涯教育体现了终身教育理念。它不是仅仅存在于个人生活的某一阶段,而是贯穿个人的整个人生过程。除课堂之外,家庭、社会、工作场所均是生涯教育的重要场所。生涯教育能较好地弥补教育体系中对学科知识学习、成绩的过多关注,引导学生认识自己、认识社会和寻找学习的意义及探寻人生的发展方向。

虹教附中自强校工程实施以来,尝试在原有德育工作基础上,融入生涯教育理论,在生涯视角下根据学生成长特点和发展需求开展生涯教育。

一、学生生涯教育的客观需要

2018 年 3 月,上海市教委出台了《关于加强中小学生涯教育的指导意见》(以下简称《意见》),《意见》进一步贯彻落实了国家和上海市《中长期教育改革和发展规划纲要(2010—2020年)》关于"建立学生发展指导制度"的意见精神,要求学校高度重视中小学生涯教育,指导学校根据自身实际与学生特点,制订生涯教育方案,设计开发生涯教育课程与活动,将生涯教育课纳入学校拓展型课程或专题教育课时,结合学校德育、心理健康教育和各学科教学,确保生涯教育有效开展。

同年,《上海市进一步推进高中阶段学校考试招生制度改革实施意见》的出台,揭示了教育需要充分尊重学生的个性化发展,要积极引导学生积累自己的优势、特长,增加对社会分工、社会角色的认识,使其在面对众多选择时能够做出适合自己的选择,并为未来打下基础。因此,随着新高考和新中考改革的不断深化,上海市高中学校的生涯教育已经全面开展,各区高中、初中、小学一体化的生涯教育模式正在探索之中,小学、初中生涯教育的全面开展已见端倪。中小学生涯教育的全覆盖是上海深化教育综合改革、实施新时期德育与心理健康教育的必然要求。

初中是青少年发展的重要阶段。在这一阶段,学生将面临小学到初中截然不同的成长环境和生涯发展任务,他们在初中阶段需要不断调整、适应和接纳完善自我,不断拓宽对外部世界的探索,同时也要逐渐学习做生涯发展决策。作为虹口老城区的一所公办初中,虹教附中的学生群体中外来务工人员的子女占比较高,学生普遍存在紧张敏感、环境适应能力差、发展目标不明确、缺乏自信等问题。同时,家长群体普遍文化水平相对较低,教育理念缺少,方法简单粗暴,对孩子未来没有很适切的规划和要求。因此,这样的学生群体更需要学校主动介入,保护和发展学生的个性与天赋,培养学生了解自己、探索世界、积极主动地选择人生道路的能力,为学生发展提供更为专业、深入、有针对性的支持和帮助。

为此,虹教附中结合校本德育工作基础,融入生涯教育理论,构建了以学校育人目标为核心,满足学生生涯适应、发展和规划需求的"EACH成长课堂"生涯教育校本化实施课程,运用生涯教育系统方法,指导学生增强对自我和人生发展的认识与理解,促进学生在成长过程中学会选择、主动适应变化和开展生涯规划,真正促进学生全面发展和终身发展。

二、学生生涯教育的学校实践

(一)剖析问题

未来的世界充满着变化、挑战和机会,如何让学生学会适应时代,迎接挑战、把握和创造机会?如何激发学生的自我认知、培养学生规划能力、激发其内动力、实现学生生涯发展?虹教附中德育团队围绕如何实施校本化生涯教育这一问题开展了研讨活动。

在研讨过程中,虹教附中德育团队首先围绕学生对生涯发展的认识和分层分类的指导需求开展了调研,通过问卷、访谈等形式,明确不同层次和类别学生的需求,为后面的分层分类指导做准备。同时,虹教附中德育团队面向全体教师对学生个性化指导工作的现状进行了了解,并把教师和学生两个群体的问卷调研结果进行了数据对比分析,发现了以下几个关键问题:

1. 学校生涯教育正当时

纵观学生的学习生涯发展,小初高一体化衔接的要求越来越迫切,势在必行的中考改革也对初中教育提出严峻的挑战,同时,学生面对初中对接高考改革是否能做好充分的准备也是问题。这一系列问题都提示着我们:生涯视角下的教育变革是十分必要的。同时,心理学告诉我们,6至12岁是培养良好学习习惯的年龄,而12至15岁正是慢慢自我觉醒的年纪,如果这时植入生涯教育,将有助于学生形成终身发展理念并培养相关能力。

2. 学生生涯意识较淡薄

通过调研,虹教附中德育团队发现,大多数学生存在"升学无意识、就业无意识、发展无意识、生涯无规划、学习无动力"现象,特别是在"教育认知"和"职业认知"方面明显低于同龄人的常模数据。问卷中还显示,家长对孩子未来发展并没有规划和指导,家长作为孩子生涯塑造的重要影响人,他们的身份意识也很淡漠,家长的生涯发展能力也有待发展。

3. 教师角色定位需延展

面对学生问题的多样性,教师需要尊重每个学生的独特性,进行个性化指导,才更有利于学生成长为更好的自己。导师制作为一种能够贯彻全员育人、全过程育人、全方位育人的教育制度,它适应素质教育的要求和人才培养目标的转变,各学科教师随时都需要主动成为学生生涯发展实践过程中的导师。但要成为合格的导师,教师自身的生涯辅导知识储备、辅导经验、个人特质等都是非常重要的因素。在教师调研数据中,只有极个别教师对生涯教育理论有一定了解,大多数教师觉得如果没有一定的培训是无法胜任导师岗位的。实际上,课堂就是学生生涯教育的主阵地,通过学科教学,教师不仅要帮助学生了解学科本位知识,更要引导学生了解知识技能与生涯选择及成长发展之间的关系。教师需要转变思想、把握内涵、明确内容、丰富功能,不能仅做一名单纯的教书匠,而是要成为学生发展的领路人。

教育的根本目的是推进每个生命个体的成长。为了推进生命个体的成长,学校需要为学生注入不竭的动力,包括内力和外力两种。因此,虹教附中德育团队提出了一个想法:建构激发学生内力成长和外力发展的生涯教育校本化实施课程。

(二) 建构模型

通过德育团队反复的集体讨论、校内校外资源的多方协商与专家咨询,虹教附中终于形成了生涯教育校本化实施课程的图谱——"EACH 成长课堂"(如图 6-3 所示)。

图 6-3 "EACH 成长课堂"生涯教育校本化实施课程图谱

"EACH成长课堂"生涯教育校本化实施课程,以虹教附中办学理念和育人目标为核心,通过实施两类课程和一个制度保障,运用生涯教育系统方法,将学生发展的个体性和社会性相结合,激发学生向内的自我认知和探索,助力学生向外了解、体验职业、理解社会和生涯规划,并在学生全方位、全程发展过程中给予及时有效的导师个性化指导,从而促进学生全面而有个性的发展,为学生的精彩人生奠定扎实基础。

1. 生涯通识课程激发学生内力成长

课程在学校教育中处于核心地位,是学校实现教育目的、培养合格人才的重要保证,它既是受教育者认识世界的"桥梁",也是教师、学生开展教学活动的基本依据。因此,生涯教育也需依赖相关课程去呈现,帮助学生学会了解自己的特质,了解时代、教育和职业世界的变化与发展,确立未来生涯发展的方向与目标。

生涯通识课程侧重于提高学生的自我认知,指导学生探索和了解自身的兴趣爱好、能力特长和个性特征,发展积极的自我概念和生涯规划意识,提升自我调控、人际交往和社会适应能力,并在不断成长中形成健全的人格,树立正确的人生理想和价值信念。

虹教附中的生涯通识课程内容以虹口区区本通识学材《虹大宝寻梦记》为基础,面向全体六年级学生开展每周每班一节生涯课,学习内容包括"认识不一样的我""适应与学习能力的提升"和"兴趣的探索与拓展"三个单元。同时,借助专业教育机构平台,给每位学生建立个性化的生涯成长电子档案,将学生的成长点滴都记录下来,让学生能清晰地看到自己的成长轨迹,认清自己的学习过程和发展经历,并辅之以阶段性的生涯发展评估,为学生、家长、老师的客观评价提供依据。

2. 社会理解课程助力学生外力发展

学生不仅需要通过书本学习获得职业的相关知识,更需要通过校内外的实践活动获得有关职业和社会的鲜活感受和经验,因为学生只有从真实生活中才能产生浓厚的兴趣、感受自己的能力特长,从而获得生涯意识的有效提升和培养自己的沟通能力、协作能力、信息处理加工能力等诸多生涯发展需要的能力。

社会理解课程侧重于通过实践体验活动的形式,深化学生的自我认知和让学生了解外部世界,指导学生增强社会意识、社会理解和社会责任感,认识个人与社会、学业与发展、当下与未来的关系,促进学生对高一级学校的了解,拓展学生对社会分工、职业角色的体验与认识,初步形成生涯规划的意识与能力。

虹教附中的社会理解课程坚持"面向全体、持续全程、覆盖全面、兼顾个性"的实施原则,其中的实践体验活动贯穿学生初中四年生活。不仅如此,虹教附中还为虹教附中的社会理解课程设置了分学段具体目标,配套设计适切的课程任务,联动"学校、家庭、社区"三位一体教育资源,通过必修课程与选修课程的有机结合来实现设置的目标。课程形式包括职业体验、社会实践和主题活动三类体验活动,并配套实施"2+1"体验活动模式,让学生在真情境体验学习中习得和积累独立面对社会、走向社会的能力。

3. 全员导师制护航学生全程发展

每个学生的兴趣爱好、学习能力、所处的环境以及境遇是不同的,但无论如何,只有被充分尊重,每个学生才会激发更大的潜能和创新力,并成长为更好的自己。有鉴于此,相对于1个班主任管理1个班级而言,导师可以更加充分地尊重每个学生的独特性并进行个性化指导。

全员导师制的推行,旨在引导学生在充分认识自我和理解社会的基础上关注教育和职业认知,并指导学生参加实践活动提升自我综合素养,辅助学生平衡个人发展和社会发展的需求,制订适合自己的学业发展目标和计划,初步设计合理的职业和人生发展路径。

虹教附中依托《学生发展指导理念下的初中导师制实践研究》区级课题,探索不同类型教师在学生的理想、心理、学业、生活、生涯等方面的专业指导策略,进而探索导师制在初中学校实施的途径和多方协作机制,制定出符合初中学校校情的导师制工作规章制度,建设一支结构合理、专业过硬的导师指导队伍,促进学生的全面和个性化成长,护航学生全程发展。

三、学生生涯教育的经验提炼

生涯教育在学校校本化实施推进的过程中,需要在学校整体课程架构下进行深化,不仅要充分挖掘生涯教育的独特元素,更要将生涯教育渗透进日常教育教学全过程中。虹教附中在实施生涯教育的过程中得到以下经验。

第一，要在学校整体课程架构中形成生涯教育校本化实施课程。虹教附中在学校 EACH 课程结构不变的情况下，坚持"面向全体、持续全程、覆盖全面、兼顾个性"的实施原则，通过"课程＋资源＋活动"的方式，从"知识储备"和"实践体验"两方面着手，构建了基于学校办学理念和育人目标下的生涯教育校本化实施课程。

第二，要通过学科融入提升学生综合素养。学科知识是现成的教学资源，也是生涯教育的基础；学科教学的课堂，也是生涯教育开展的重要阵地。在学科中融入生涯教育，更有助于培养学生的生涯意识和素养、促进学科教学的深度发展和提高学生的综合素质和能力。

第三，要通过家校共育打通生涯教育多途径。生涯教育需要融入家校共育，家长作为孩子的第一任老师，家长生涯发展意识的程度直接影响对孩子未来发展的导向。因此，虹教附中在生涯教育实施的过程中，在学校家庭教育指导工作中引入了生涯教育理论，并开设了基于学生生涯发展视角的家长成长课堂，旨在指导家长了解生涯教育的理念与方法，引导家长尊重学生的个性特长、成长规律和发展需求，联动家庭科学开展生涯指导，发挥生涯教育的家校合力。

目前，虹教附中在积极构建内涵丰富、科学适切的生涯教育内容体系，形成了以学生发展需求为导向，形式多样、注重体验、讲求实效的生涯教育服务体系，生涯教育初显成效。之后，虹教附中将进一步完善生涯教育校本化实施课程图谱，切实增强学生生涯规划的意识与能力，培养学生自尊自信、积极向上的个性品质，促进学生的健康成长与终身发展。

第四节　拓展学生德育创新活动

虹教附中从学校校情出发，拓展学生德育创新活动，主要开展了儿童戏剧、小辅导员制等活动。

一、儿童戏剧

（一）概念

儿童戏剧是戏剧的分支，主要以 3～12 岁儿童为接受对象，让儿童观看或参与表演的舞台艺术形式,主要特征是演员通过语言、肢体、表情等表现形式进行表演,剧情浅显易懂,气氛活跃,有较强互动性,有教育性质。学生在儿童戏剧中体会角色扮演、戏剧情景、对话、装扮等戏剧元素,从而培养学生在戏剧表演中"七力四感"(观察力、注意力、想象力、感受力、判断思考力、适应力、表现力,以及真实感、形象感、节奏感、幽默感)、合作能力、鉴赏能力等。

在儿童戏剧教学中,学生在教师(领导者)的指导下参与戏剧活动、体验戏剧过程、体会戏剧内涵及相关话题。儿童戏剧强调三个方面,即做中学、学中做、反思,目的是让学生了解戏剧表演的过程并通过"亲历"探究戏剧完成的过程,同时让学生学会发现问题、思考问题、解决问题,以及学会学习、形成创新精神和实践能力,进而培养儿童素质教育的多元智能核心能力等。

在儿童戏剧教学中,老师不能单纯是扮演者,而是需要深入角色讲故事、深入角色问问题。例如,在"小猪快跑"这出儿童戏剧的教学中,老师既跟学生们一起扮演小猪,还不断跟孩子交流,向孩子们提问题,如"假设你是小猪,你认为豺狼会怎么过来?""假设你是小猪,你如何挡住豺狼过来?"等。这样的教学充满趣味性,使学生愿意学,从而培养学生良好的道德品质。

(二)儿童戏剧实践

1. 制订课程顶层设计

虹教附中组成领导小组,通过会议方式讨论儿童戏剧课程的时间、场地、人员、课时安排及课程耗材等事宜。通过讨论,虹教附中确定儿童戏剧课程要以小班形式为主,学生不宜超过 15 名,场地为资源教室,每次课时为 1 个小时,由学校采购鞋套等耗材。

2. 挑选学生,促进融合

虹教附中借助各个班主任的力量,在各个班级上公开招募愿意参加儿童戏剧课程的学生,而学生们则可以按照各自的兴趣报名。虹教附中要求参加儿童戏剧的学生要来自不同班级和年级,且男生和女生比例要相当。通过遴选,虹教附中最后确定了 10 名学生。

3. 辅导实践过程

在虹口特教中心帮助下,虹教附中邀请了在儿童戏剧方面经验丰富的我国台湾地区的钟美珍老师送教上门。钟美珍老师按照循序渐进的方式设计虹教附中儿童戏剧的辅导过程并进行了具体的辅导。钟美珍老师通过对戏剧元素进行分解的方式进行辅导。钟美珍老师首先进行团队建设并激发学生的兴趣，然后从动作入手，引导学生打开身体，之后再从声音过渡到情绪，并逐步加入场景设定、故事情节表演等内容，最后让学生主动尝试创作。具体的辅导实践过程见表6—6。

表6—6　　　　　　　　　　虹教附中儿童戏剧辅导实践过程

辅导内容	辅导目标
破冰及入门	1. 学生初步认识彼此，打破陌生感； 2. 感受戏剧活动课的内容与形式，初步建立团队意识
戏剧中的感官及身体动作	1. 感官及身体动作的探索； 2. 能做简易模仿动作； 3. 能与同伴合作进行活动
戏剧中的声音、情绪	1. 声音变化的探索及合奏； 2. 能与同伴分享自己珍视的物品的故事； 3. 能察觉及模仿不同的情绪变化
戏剧中的角色体验	1. 能在人前展现自己所创造的角色； 2. 能提供意见并参与小组故事讨论； 3. 能主动参与小组小故事的排练
戏剧中的情境展示	1. 能做出指定职业的相关动作； 2. 能表演所抽出的三张图卡的情境动作； 3. 能参与小组即兴表演
戏剧中的故事创作	1. 尝试小组合作发展故事； 2. 尝试在原有剧本基础上润色台词和配合
总结	反思体会和感想

经过9次辅导后，参与儿童戏剧课程的10名学生在注意力、想象力、互助合作、非言语表达、言语表达、检讨与分析批评能力、态度等方面均有一定程度的进步。在反思体会和感想环节，学生们说，经过儿童戏剧课程，感觉自己更加自信了，与同伴相处感觉也更加放松了，还交到了一些朋友。

对班主任的访谈了解到学生与同伴的相处得到一定的改善。

（三）对儿童戏剧的反思

由于客观因素及环境的限制，儿童对社会性认知有局限性，因此很容易导致发展的不平衡。而儿童戏剧课程则提供给孩子一个更为开放和自由的体验和展示的平台。在儿童戏剧课程中,孩子们可以亲身扮演角色,从而体验到或贫穷、或富贵、或渺小、或伟大的不同角色的心理、情绪和社会行为。这是一种更加自由的情绪体验和释放,可以让学生感受到多元化、多维度的戏剧环境和思维,在另一种程度上极大地补充和丰富了儿童社会化进程中所需要的教育环境。同时,父母亲戚的宠爱和家庭小环境的关注容易让孩子形成以自我为中心的思维模式,儿童戏剧课程则能让孩子接触更多的同龄人,使其在交往的过程中对自身行为进行思考、反思与反省,从而锻炼人际交往的能力和纠正自身性格缺陷,从而更好地融入集体氛围。

二、小辅导员制

(一)缘起

虹教附中小辅导员制的设计与实施以陶行知教育理论为指导,是在普通公办初中基于学生发展核心素养框架而开展的学生培养模式。虹教附中小辅导员制的设计和实施基于以下缘由:

1. 指向学生未来发展的需要

随着中国学生发展核心素养的蓝图逐步清晰,学校教育的有关课程纲要、课程标准、学科教材、课堂教学、教学评价及相关管理等必将发生连锁性改革。作为学校,面向如何加强诸环节的一致性,确保先进理念与政策能顺利落地,使学生发展核心素养真正在日常教与学的行为中得到培育,将成为学校发展和育人的关键。"教育培养怎样的人"的育人目标聚焦到了"核心素养"所内含的必备品格和关键能力上。小辅导员制可以满足这种需要。

2. 实践研究的理论基础

小辅导员制有其理论基础,即陶行知先生的小先生制。小先生制是陶行知思想中的一个重要组成部分,也是陶行知先生在当时最理想的教育教学模式,"小先生制"在我国20世纪二三十年代普及教育师资缺乏的背景下,确实是最简便、最经济且快速易行的好办法。推行小先生制的目的是让学生成为小先生,即成为学习的主人和课堂的主人。小先生制在今天仍有重大意义,其可以让学生学会自主学习和互助学习。小辅导员制就是小先生制的继承和发展。

3. 基于学生成长的需求

现在的初中生思维活跃、价值多元、崇尚自我、追求个性，但是社会生活实际能力相对不足，对自我发展所需的品格与能力并不清晰，对社会适应能力有待提高。小辅导员制可以满足学生的这方面需求。一方面，对于六年级的新生，他们在入学时明显呈现出小升初学习衔接的不适应性，校园生活、学习生活等各种问题层出不穷，中队辅导员不一定能及时关注到每一个新生的成长需求，但设立小辅导员可以作为新生的成长伙伴，用他们自身的成长经验帮助到新生更快、更好地适应新学校的环境和生活。另一方面，初中高年级的学生在初中发展过程中需要有更多的实践体验平台，但学校现有教育过程、活动形式已经不能很好地满足队员未来发展的需要。因此，小辅导员制正好能够提供给更多学生发挥特长、锻炼和展示自我的舞台，更有效地提升他们核心素养的综合能力。

4. 基于学校发展的需求

虹教附中有65%的学生为外来务工人员的子女。这些学生普遍生活环境欠佳、生性紧张敏感、环境适应能力差。在面对生活学习问题时，这些学生比较依赖父母和教师，缺少独立面对问题的勇气与信心。自信心是使人向上奋进的内部动力，是一个人取得成功的重要心理因素，是成功的基石。自信应该成为从虹教附中走向社会的每个学生必备的素养之一。为此，虹教附中营造自信成长的校园文化，把自信教育作为学校教育教学的工作重心，把培养自信心作为关注学生未来发展的一个重要环节，力争让每个孩子快乐学习、日有所长，给予虹教附中孩子精神上的营养，从而有益于他们的一生。虹教附中确立了"让每一个学生自信的走向未来"的办学理念，提出了"敦品、励学、尚美、自信"的学生培养目标，在学校已有的教育实践经验基础上，真正落实学生核心素养发展的需要，探索出学校教育和学生培养的新模式——小辅导员制，以此提升学生应对未来发展的能力，提炼学校教育经验，形成品牌项目，促进学校和学生共同发展。

(二)概念与目标

1. 概念

小辅导员是指为中学起始年段各班级所配备的不同类型的优秀队员和团员。这些优秀队员和团员充分发挥学生自主教育、同伴教育和榜样引领作用，采用大手拉小手互助成长的方式，参与到辅导班级的集体建设活动、学习发展促进、小干部指导培训、小社团活动辅导等各种活动中,用同龄人的视角为起始年段学生发展所面临的问题答疑解惑。这种制度安排就是小辅导员制。虹教附中为小辅导员们配备了导师团。导师团在小辅导员上岗前进行指导,在辅导过程中进行观察和必要干预,在活动后进行小辅导员综合能力评价,让小辅导员在辅导过程中提升成长发展所必备的核心素养。

2. 目标

虹教附中积极探索普通公办初中基于核心素养发展框架下的小辅导员制学生培养模式的设计与实施,目的是通过研究学生发展核心素养,学生基础情况,小辅导员选拔、培训、激励和评价等机制,设计出提升学校教育水平的整体行动方案。

(三)过程

1. 确定小辅导员的类型并开展小辅导员选拔工作

(1)形成小辅导员类型设定方案。根据初中生涯适应阶段的成长需求和初中阶段学生遇到的主要问题涉及的五个领域(学业、同伴交往、班级和学校活动、心理、其他),虹教附中初步设定了五类小辅导员:学法指导师、行规导航员、生涯小导师、武术小教练和团青辅导员(见表6—7)。

表6—7　　　　　　　　虹教附中小辅导员类型设定方案

序号	六年级新生成长需求	小辅导员类型	导师	选拔对象
1	小升初适应问题	生涯小导师	心理教师	高年级学生
2	学习行规礼仪	行规导航员	大队辅导员	入团积极分子或团员
3	了解和学习学校特色	武术小教练	武术社团教练	武术队队员
4	开展班级建设活动	团青辅导员	大队辅导员	高年级队干部
5	掌握初中学习方法	学法指导师	年级组长	班级内或高年级学生

每种类型的小辅导员分别承担着不同的辅导职责。

生涯小导师:带领六年级新生开展认识新校园活动,帮助其尽快熟悉校园环境;通过小导师的成长经验,给六年级新生提供一些校园生活的小提示或小建议,为其校园生活答疑解忧。

行规导航员:通过礼仪课,帮助六年级新生熟悉学校各项教育教学制度,使其通过学习了解学校行为规范要求,并对其辅导少先队礼仪知识,同时在日常校园生活中检查和督促六年级新生自觉遵守校园规范。

武术小教练:带领六年级新生了解学校武术教育特色,辅导其学习学校特色武术操,并及时给予武术学习指导,协助六年级新生更好地选修和参与学校综合社会实践特色活动"武德修身课"。

团青辅导员:辅导六年级中队重温少先队的基础知识,带领他们认识初中共青团组织,引领他们向往共青团,辅导中队委员会开展好中队建设的各项活动。

学法指导师:面向全体六年级新生开展初中学习方法的交流分享活动,同时关注学习上有困难的学生,给予一帮一的小组互助式学习指导。

(2)制定差异化的选拔标准。根据设定的小辅导员类型,虹教附中制定了有针对性的小辅导员选拔标准(部分类型小辅导员选拔标准见表6—8),并根据标准选拔符合条件的小辅导员。选拔标准的制定方法是:先由虹教附中大队部牵头年级组、心理室、学生社团等,落实导师团负责教师,再由导师团秉着公正、公平、公开的原则制定各类辅导员的选拔标准。

表6—8　　　　　　　　　　虹教附中小辅导员选拔标准

序号	小辅导员类型	选拔标准
1	团青辅导员	1. 热爱祖国、热爱中国共产党、热爱共青团和少先队组织,具有较好的道德素养和文明礼仪; 2. 中队的入团积极分子,并已经经过团组织"少年团校"的学习并通过考核; 3. 口齿清晰,有较好的语言表达能力,能与他人进行较好的沟通; 4. 愿意在课余时间进入六年级各中队并带领队员开展重温少先队知识的队活动和团前教育活动,能认真仔细和有耐心地将所学团队知识传授给小队员
2	武术小教练	1. 遵守校纪校规,以身作则,能较好地起到行规示范员的榜样作用; 2. 参加过学校武术社团的学习至少一年; 3. 口齿清晰,有较好的语言表达能力,能与他人进行较好的沟通; 4. 有耐心,能较好地完成社团活动中的各项任务

(3)开展小辅导员的选拔工作。虹教附中根据小辅导员选拔标准,首先由学生向大队部提出申请,填写报名表;再由大队部进行参选人员的初步讨论和审核,并通知通过的学生参加小辅导员正式选拔面试活动;最后由导师团进行选拔面试,并确定最终入选名单,报大队部备案(具体见图6—4)。

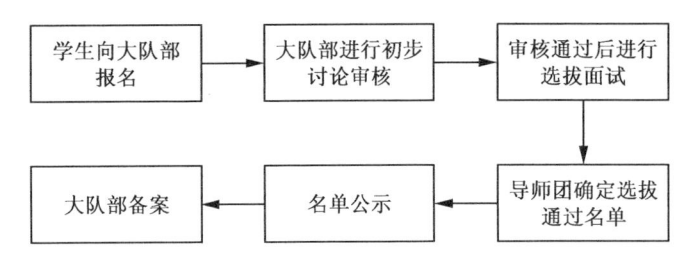

```
学生向大队部  →  大队部进行初步  →  审核通过后进行
   报名            讨论审核           选拔面试
                                        ↓
大队部备案  ←  名单公示  ←  导师团确定选拔
                              通过名单
```

图 6—4　虹教附中小辅导员选拔流程图

2. 建构可持续发展的小辅导员培训机制

虹教附中根据小辅导员不同的辅导要求和任务,由大队部牵头,组织导师团制定适切的小辅导员上岗培训内容,并有针对性地对小辅导员进行混合型培训,引导小辅导员在活动中能充分发挥队干部、小骨干的作用,从而可以生动活泼和有创造性地开展辅导工作,进而提升小辅导员的综合能力。虹教附中小辅导员培训内容安排见表 6—9。

表 6—9　虹教附中小辅导员培训内容安排

培训时间		培训内容	培训对象	培训导师
辅导前	通识类	开展基本礼仪规范、语言表达技巧、辅导沟通技巧、新媒体应用等学习	全部小辅导员	大队辅导员
	实操类	通过认识生涯、认识自己、制定学习目标和计划、安排课余生活四个模块的学习,唤醒小辅导员自身的生涯意识,让其学习和掌握生涯小工具的使用,使其通过分享自己在初中生涯中的成长体验和经验,传递给新生更多的生涯资讯	生涯小导师	心理教师
		了解学校教育教学规章制度和作息制度,熟知虹教附中学生手册和行为规范要求	行规导航员	大队辅导员
		了解学校武术特色教育的开展情况,熟知武术队开展的各项社团活动,熟练掌握武术操	武术小教练	武术社团教练
		开展团队知识专题培训,包括少先队队史和章程、共青团团史和章程、红领巾的佩戴、大中小队队旗规范、三级报告等少先队规范动作,加强小辅导员的团队基本功	团青辅导员	大队辅导员
		了解所辅导班级中学习有困难的学生情况,并在学科老师指导下制订适切的辅导方案	学法指导师	年级组长

续表

培训时间	培训内容	培训对象	培训导师
辅导中	小辅导员在辅导中期就辅导过程中遇到的困难、问题、经验等进行分组交流,由同伴或导师进行解答或协助	全部小辅导员	各组导师
辅导后	组织所有小辅导员开展户外团体活动实践类培训,提升小辅导员们问题解决、团队合作、语言表达等能力,并提供小辅导员们回顾、复盘整个辅导过程的交流学习平台,为下一次活动的迭代升级打下基础	全部小辅导员	第三方培训机构

3. 探索符合小辅导员成长规律的评价机制

评价是活动正常实施和目标实现所必需的监督、调控、激励措施,根据评价结论可以对所开展的工作进行及时的调节、改进,使活动过程得到优化和完善,逐步趋近既定目标。为了更有效地推动小辅导员的辅导工作,虹教附中通过自我评价、互动式评价、团队式评价、跟踪式评价、感悟式评价等方式,让评价成为一种激励,鼓励小辅导员在活动中充分发挥自主教育能力和榜样示范作用,最终达到真正提升小辅导员的综合能力、提高小辅导员的自我效能感和自信心的培养目的。

(1)自我评价。每个小辅导员上岗前都会被发到一张服务卡,在服务卡上有小辅导员自创的个人信息简介、上岗服务的打卡记录表,小辅导员在每次辅导后都要及时进行打卡记录,记录辅导的时间、内容,并用五星方式来评价自己辅导的表现(五颗星表示"好",四颗星表示"较好",三颗星表示"一般",两颗星表示"不满意",一颗星表示"缺席")。

(2)团队式评价。在每周的辅导活动结束后,小辅导员们会在导师带领下进行分组交流。在交流中,每位小辅导员都要发言,反馈自己一周辅导的情况和自我评价的成绩,然后由团队成员共同讨论给予每位小辅导员五个方面的评价:持久力、合作力、互动力、辅导力、创造力。

(3)互动式评价。大队部会在每个被辅导中队设置一本"互动联系本",一是便于小队员们及时把校园生活中遇到的问题、困难留言给小辅导员们,通过留言互动的方式得到小辅导员们的帮助;二是便于小辅导员们及时了解到新生们关注的问题,可以在后续辅导中进行针对性的辅导活动。同时,这本"互动联系本"

也是每个被辅导中队给予小辅导员互动式评价的载体：一是通过小辅导员解答后的队员反馈意见来评价小辅导员的辅导工作是否到位、及时、有效；二是在整个辅导阶段结束时，会请小队员们在"互动联系本"上写下对小辅导员的"欣赏和发现"，为小辅导员们的表现给出建设性的建议。

（4）导师跟踪式评价。导师团作为每组小辅导员的指导教师，将在小辅导员活动的过程中给予全程指导、过程观察、跟踪记录和考核评价，帮助小辅导员们及时完善辅导的内容、形式和调整辅导的方式方法，使小辅导员们更全面地发展自我和提升综合能力。

（5）感悟式评价。学生在活动中的多元发展性评价绝不局限于优劣高低，更多还要关注学生的体验和感悟。当小辅导员完成所有辅导任务后，虹教附中让小辅导员们写下自己的真情感悟和成长收获，使其通过文字的方式回顾自己努力的成果、反思自己还需要完善的方面、给自己制定下一个努力的目标，从而帮助学生们学会自我管理、自我完善、自我发展。

4. 建立保障小辅导员日常运行的管理流程

在虹教附中党支部的领导下，虹教附中大队部负责落实小辅导员活动日常运行的各项管理工作。虹教附中大队部充分发挥学生自主管理委员会的主体作用，实现学生自主管理；聚集导师团的智慧，定期召开导师团研讨会，完善小辅导员的培训和考核评价机制；利用年级组的优势，进一步加强小辅导员活动的过程性管理。小辅导员日常运行的管理流程见图6—5。

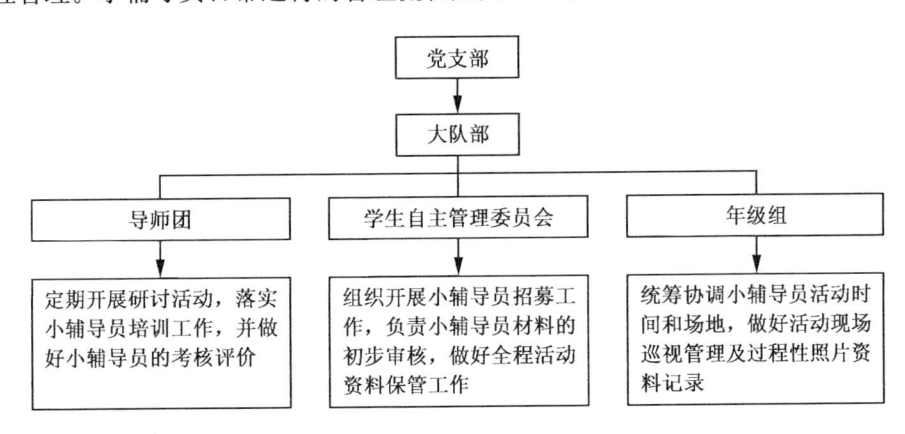

图6—5 虹教附中小辅导员日常运行管理流程

（四）成效

虹教附中在小辅导员的实施与管理、小辅导员活动的组织和开展、小辅导员激励和评价三个方面进行了实践和探索，建立和完善了小辅导员的实施管理流程，促进了学生综合能力的提升。

1. 扁平化管理带来工作能效的大幅提升

为了让学校的小辅导员工作有序开展，虹教附中研讨并健全了小辅导员活动的各项管理制度，并让所制定的制度能在实际工作中得到落实并发挥其作用。例如，在制定小辅导员培训制度和内容安排时做到了"培训前有计划、培训中有落实、培训后有反馈"；又如，形成了日常管理机制，使得小辅导员工作组织结构明确、活动有序开展；再如，制定的小辅导员多元评价制度起到了激励学生综合能力成长的积极作用。

2. 由点到面提升学生综合能力

小辅导员制不仅充分发挥了学生自主教育、同伴教育和榜样引领作用，更是通过大手拉小手互助成长的方式，促进了小队员的学习生涯发展、小干部的综合能力发展以及班集体建设活动的有序开展。

虹教附中在小辅导员辅导活动的开始和结束时，都会对小辅导员进行中学生自信问卷的测量（罗鸿，2008）。问卷由整体自信、能力自信、人际自信、外表自信、品德自信和学业自信六个维度构成。虹教附中通过前测和后测的数据来对比学生通过"小辅导员制"活动有无成长变化（见表6—10）。

表6—10　　　　　　　小辅导员的前测和后测自信水平数据对比

维　度	前测 M	前测 SD	后测 M	后测 SD	t 值
自信总分	124.69	14.15	132.34	15.85	2.078**
整体自信	19.09	3.01	20.86	3.34	2.430*
能力自信	21.80	5.58	25.51	5.57	3.463**
人际自信	20.77	3.97	23.06	3.19	2.803**
外表自信	17.40	4.94	17.89	4.53	0.456
品德自信	28.69	3.71	31.34	4.02	2.764**
学业自信	12.34	3.60	13.26	3.82	1.260

注：* 说明两组数据之间存在着显著差异，** 说明两组数据之间存在着非常显著差异。

通过表6—10可知,小辅导员的后测数据明显高于前测数据,说明通过小辅导员制,学生自信水平得到了明显增加。同时,参加小辅导员活动的高年级队员中,申请加入中国共青团的数量也在明显增加,这说明了小辅导员制也是推进初中团队一体化建设的有效措施,推优入团工作已见成效。

3. 导师团成为学生发展工作的有力推手

随着学校办学规模的不断扩大,仅依靠少先队培养优秀队员的力量是不够的,需要组建一支导师团,让更多领域的优秀教师共同参与小辅导员上岗前的指导、辅导过程中的观察和必要干预、活动后的综合能力评价,让小辅导员在辅导过程中提升成长发展所必备的核心素养,从而保证小辅导员制活动的有效落实。自小辅导员制实施以来,虹教附中已聘任了10位优秀教师为队员导师,为队员发展工作取得实效提供了有力保障。

第七章　基础课程：夯实能力和提升学习素养

　　了解一所学校的办学理念和教育教学目标的落实情况，重点是观察学校贯彻落实课程的情况。在全部课程中，国家课程大纲规定的基础型课程具有特有的地位和作用。基础型课程注重学生基础学力的培养，即培养学生作为一个公民所必需的以"三基"（读、写、算）为中心的基础教养，是中小学课程的主要组成部分。它的内容是基础的，以基础知识和基本技能为主，不仅注重知识、技能的传授，也注重思维力、判断力等能力的发展和学习动机、学习态度的培养。考察与评价一所学校的办学水平和教学质量必定会从基础型课程入手。

第一节　基于基础型课程的学习与认识

　　要加强基础型课程建设，就要对国家规定的中小学各门基础学科的属性有一个基本的了解，强化对各门学科的地位和作用的认识，以此来指导课堂教学，聚焦核心价值观，夯实基本知识、基本技能的教学，实现课程育人的目标。

一、对基础学科教学属性的理解

（一）语文课程

　　语文课程是与语言和文字密切相关的一门课程，而语言和文字则是人类最重要的交际工具。就个体而言，人们使用语言和文字表达思想感情、进行思维活动；就人际关系而言，人们经由语言和文字可以交流思想与情感；就人类发展而言，语言和文字是文化得以积淀和传承的载体。这证明语言和文字本身是一种工具。

　　语文与人紧紧相连、与人的社会历史文化紧紧相连、与人的具体生命活动紧紧相连。从历史与逻辑、理想与现实、个体与种属相互关系的角度来讲,语文实践活动就是一种生命活动。语文教育是一种特殊的语文实践活动,其特殊性表现在对象的特定性和时空的特定性方面。由于语文实践活动的主体是人,因此语文教育的双向主体也是人,即教师与学生。从语文教育的外在目的来看,语文教育具有工具属性;而从语文教育的内在目的角度来看,由于语文实践活动是在特定社会历史文化下的人的一种具体而又丰富的生命活动,因此语文教育具有人文性。由此可知,语文教育就是工具性与人文性的统一。与此同时,作为语文教育的具体表现形式,语文课程也是工具性与人文性的统一。

基于语文课程的特点,语文课程要做到以下几点:必须面向全体学生,使学生获得基本的语文素养;必须遵循语文的特点和学生学习语文的特点;自主、合作、探究性的学习方式应得到积极提倡和实行;必须容纳学生的生活经验,并有助于学生与课程文体的互动。这也是语文课程必须遵循的基本理念。

(二)数学课程

数学的产生和发展过程是人们对客观世界定性把握和定量刻画、逐渐抽象概括、形成方法和理论,并进行广泛应用的过程。自20世纪中叶以来,数学自身发生了巨大的变化,特别是与计算机的结合,使得数学在研究领域、研究方式和应用范围等方面得到了空前的拓展。

数学可以帮助人们更好地探求客观世界的规律,并对现代社会中大量纷繁复杂的信息做出恰当的选择与判断,同时为人们交流信息提供了一种有效、简捷的手段。数学作为一种普遍适用的技术,有助于人们收集、整理、描述信息,并通过数学模型解决问题,从而直接为社会创造价值。

数学课程要突出体现基础性、普及性和发展性,使得数学教育可以面向全体学生,实现人人学有价值的数学、人人都能获得必需的数学、不同的人在数学上得到不同的发展等目标。

(三)英语课程

英语学科既是一门记忆与实践紧密结合的语言学科,又是一门包罗万象、涉猎广泛的知识学科。学习英语可以帮助我们在学习语言知识的同时扩大知识面,拓展认识世界的视野,把握时代脉搏,提升自身文化素养。

英语学习是记忆与实践的紧密结合体,学生自主学习在整个英语学习过程中占主要地位,教师的方法点拨与语言知识传授则起到引导作用。初中阶段英语学习的特点是:第一,以培养学生的阅读能力为主,即让学生扩大阅读量、注重阅读方法。第二,以培养学生的语言表达能力为辅,注重语言输出。第三,厚积薄发。英语学习是一个先慢后快的进步过程,只要量的积累达到一定程度,必然会有质的飞跃;而这种飞跃往往是在不经意间实现的。

(四)物理课程

物理学是以物质基本结构、相互作用和基本运动规律为研究对象的自然科学,有助于人们认识物质世界的本质、揭示物质世界的规律,具有基础性和应用性的特点。物理学的知识和方法促进了许多相关学科和生产技术的发展,有力地推动了人类社会文明的进步。

初中物理课程是以观察和实验为基础,以物理现象、物理概念和规律、物理过程和方法为载体,以科学探究为主线,以提高全体学生科学素养为基本目标的基础性自然科学课程,是中学自然科学学习领域的重要组成部分。

(五)化学课程

化学是一门在原子分子层次上研究物质组成、结构、性质和变化规律的科学,是研制新物质的科学,是信息科学、材料科学、能源科学、环境科学、海洋科学、生命科学和空间技术等研究的重要基础。化学对农业、工业、国防和医药等的发展有重大贡献,跟现代人的衣食住行用有密切的关系,广泛地影响着现代人类的社会生活。

九年级化学教学是化学的启蒙教学。虽然在六年级和七年级的科学课程中学生们已经接触了一些化学基本知识,但那些化学知识比较分散。通过九年级化学的学习,学生们可以对化学学科的基本知识、基本理论有初步的认识和了解,同时掌握有关的实验基本技能,为以后高中化学学习打下良好的基础。

(六)地理课程

地球是人类的家,人类一直都十分关心自己赖以生存和发展的地球表面的状况,从而萌生出各种地理概念。随着人类社会的发展和地理知识的积累,逐步形成一门研究地球表面自然现象和人文现象,以及它们之间的相互关系和区域分异的学科——地理学。简单地说,地理学就是研究人与地理环境关系的学科,研究的目的是为了更好地开发和保护地球表面的自然资源和协调自然与人类的关系。

(七)心理课程

心理课程要有正确的价值观作为引领,但是在向学生传播正确的价值观时,既不是用说教的方式,也不是直接告诉学生这样是对的、那样是错的,而是通过丰富有趣的活动,让学生在体验中感受、感悟。同样,心理课程的老师不会批评学生这样的行为是好的、那样的行为是坏的,而是找到学生每一个行为背后的原因。这些原因既可能来自学生的原生家庭,也可能来源于学生人际交往的受挫,还可能出于学生对学业成绩的不满。心理课程的教师要首先肯定和接受学生们的每一个情绪,然后倾听和了解他们内心的想法,从而给予他们疏导和排解,这样才能走进学生的内心和做好心理工作。

(八)思想品德课程

思想品德课程是一门以初中学生生活为基础、以引导和促进初中学生思想品德发展为根本目的的综合性课程。

思想品德课程以社会主义核心价值体系为导向,深入贯彻落实科学发展观,根据学生身心发展特点,分阶段、分层次对初中学生进行爱祖国、爱人民、爱劳动、爱科学、爱社会主义的教育,为青少年健康成长奠定基础。在思想品德课程教学中,教师要充分尊重学生学习与发展规律,关注青少年的特点,关怀学生精神成长需要,用初中学生喜闻乐见的方式组织课程内容和实施教学,同时用优秀的人类文化和民族精神陶冶学生心灵、提升学生的人文素养和社会责任感。

思想品德课程的课程设计应从学生实际出发并将初中学生逐步扩展的生活作为课程建设与实施的基础;应注重与社会实践的联系,引导学生自主参与丰富多样的活动,在认识、体验与践行中促进正确思想观念和良好道德品质的形成和发展。

总的来说,思想品德课程是有机整合道德、心理健康、法律和国情等多方面的学习内容,与初中学生的家庭生活、学校生活和社会生活紧密联系,将情感、态度、价值观的培养及知识的学习、能力的提高、思想方法和思维方式的掌握融为一体的学科。

(九)体育课程

体育学科具有高度综合性特征,与其他学科互相依存和转化。现在的科学分类割裂了体育科学与自然科学之间的联系。研究认为,现代体育科学体系应包括体育自然科学、体育社会科学、体育人文科学、体育综合科学四大分支学科。从某种程序上讲,解决好体育科学的属性与类别划分,有利于体育科学基础的研究和体育实践问题的解决,有助于树立系统的"大科学意识",促进学科的发展。

(十)艺术课程

艺术课程即美育课程。美育是国家教育方针的有机组成部分,艺术课程是学校实施美育的基本途径。艺术课程可以细分为美术和音乐两类。艺术教育对于提高学生审美修养、丰富学生精神世界、发展学生形象思维、激发学生创新意识、促进青少年健康成长具有重要的作用。加强中小学校艺术教育是全面贯彻我国教育方针和全面实施素质教育的必然要求。

二、开展"基于课程标准的教学"

(一)基于课程标准,就能保证学校教学质量

我国的课程实施主要有三种类型:一是基于教师经验的课程实施,二是基于教科书的课程实施,三是基于课程标准的课程实施(即教学)。随着教师专业化程度的不断提高,人们已经不满足于教师即教书匠的形象,希望教师分享到部分课程权力,除了关注"教什么""怎么教"以外,还需要关注"为什么教""教到什么程度"的问题。

课程标准反映了国家对学生学习结果的统一基本要求,是对学生在校期间应达到的知识与技能、过程与方法及情感、态度、价值观的阐述。因此,课程标准限定的是学生的学习结果,而非教学内容。基于课程标准的教学,就是教师根据课程标准对学生规定的学习结果来确定教学目标、设计评价、组织教学内容、实施教学、评价学生学习、改进教学等一系列设计和实施教学的过程。

课程标准是在充分研究学生群体身心发展特点的基础上,依据学生从个体自然人成长为社会主体人所需要经历的阶段、所需要掌握的基础性知识和技能,有针对性制定的相关学科教学的指导纲要。课程标准虽然明确了学生完成这一课程应该达到的底线要求,却没有对学生如何学习做出具体限定。任何人在接受教育的过程中所使用的思维方式和所走过的路线都是不同的,并且有显著差异,因此或许可以将课程标准化,却不能因此而统一每个学生的学习过程。应该提倡基于课程标准的差异化教学,核心是为了守住底线,既不轻易降低教学要求,也不超出学生身心发展的能力和水平而随意拔高教学要求。

教学质量是学校发展的生命线,基于课程标准进行教学就是要保证学校教学质量。在虹教院教研室的指导下,虹教附中以基于《课程标准》与《教学基本要求》的教学与评价为根本,进一步规范教学常规,直面中考改革,聚焦课堂教学,加强集体研讨,改善教学行为,提高教学效益。基于课程标准的教学给了教师一种方向感,它既为教学确立了一定的质量底线,又为教学预留了灵活实施的空间,因此它不仅要求教师根据教学目标适当处理教学内容,根据课程标准倡导的理念选择适合的教学方法,而且还要求教师开展基于课程标准的评价。基于课程标准的教学要求教师像专家一样整体地思考标准、教材、教学与评价的一致性,在自己的专业权力范围内做出正确的课程决定。

(二)多举措推进,全面提升学科教学质量

虹教附中得到虹教院教研室的积极支持和指导,采取多举措推进的方式,全面提升学科教学质量。

一是强研究。虹教附中依托虹口区区级重点课题"基于解决问题能力培养的初中深度学习与学法指导的实践研究",进一步聚焦学生核心素养的培养,带领各教研组对学生的深度学习和学法开展实践研究,指导学生更好地提升学习能力以适应新中考的要求。

二是借外力。虹教附中整合虹教院集团的优质专家资源,请各学科教研员蹲点把关或两周一次到校听课指导,从而显著提升了学科教学质量。蹲点数学课程的教研员林海直接参与2019届毕业班的教学工作;蹲点地理课程的教研员李东昕带头在六年级和七年级开展拓展课的教学;其他学科的教研员与一线教师开展教学研讨。在虹教院教研员的指导下,虹教附中自上而下深入开展对中考政策的研究，并采取应对和转型措施，不仅开设综合实践活动课程，加强对学生综合素质评价，更是探索出新中考改革背景下的"2+3+X"初中生公益劳动体验活动模式，以"智慧百草园"的设计与建设对接虹教附中"万物有灵"综合实践活动课程，使劳动实践教育目标有效落实，并促进了学生的全面发展。

三是挖潜力。虹教附中语文教研组借助超星网上阅读平台，开展语文整本书阅读活动。教师指导学生用思维导图梳理情节，分析人物的性格特点并重写或续写故事。在这个过程中，六年级、七年级、八年级全员参与图书馆与语文组的合作，从而营造出一片静心阅读的天地。数学教研组参与虹教院胡军副院长的高峰计划项目——高阶思维在课堂上的运用。虹教附中所有数学教师参与该项目，与胡院长和数学教研员林老师一起研讨，又通过录播课去实践，课后再进行反思和再设计。英语教研组借助"蓝思阅读"平台的资源，在六年级和七年级尝试进行英语原书阅读，又与精锐教育合作上"双师课"，即通过网络视频方式与外教一起上课。虹教附中从起始年级开始培养学生的听说能力。综合教研组在教研员李冬昕老师的带领下进行跨学科教学的尝试，即结合新中考改革的要求探索地理和生命科学的案例分析。

四是激活力。虹教附中利用2019年寒假，组织全体学科教师参加由上海市九所学校联合开展的教研活动——教学设计评价，对教学设计的标准再学习。在教研员的指导下，全体学科教师聚焦课堂教学五个环节，每位教师录课一节和写一段教学实录，学科教研组则开展切片式教研，即在教研组研讨的基础上进行切片反思和教学再设计。通过录播课这一载体，教师们改进教学方式和提高教学质量。此外，虹教附中还利用2019年"强校工程"教学评比搭建教学展示的平台。代表虹教附中参赛的数学学科陈怡怡老师和历史学科王云霞老师均在评比中荣获一等奖。

五是重实践。这是指虹教附中十分注重教学实践过程。例如，虹教附中开展校本作业设计的实践研究。这项研究是基于虹教院胡军副院长领衔的高峰计划研究课题。胡军副院长带领数学教研员林海一起，强势打造数学学科团队，重点开展学科作业校本化设计以及学生高阶思维的培养研究，以此带动全校其他教研组建设。又如，蹲点数学课程的教研员林海和虹口区语文学科带头人李蔚老师共同重点对初三教师的命题、练习题、作业等的校本化进行指导，并开展对初三学生的培优补缺工作,还和虹教附中教导主任、全体初三教师一起把好初三教育质量关。在历次虹口区质量调研中,虹教附中都排名前列。

第二节　校本化的基础课教学改革创新

虹教附中坚持在基础课上进行有校本特色的改革与创新,既秉承基础课的地位和作用,按照大纲要求保质保量上好规定的基础课,又从提高教学质量的要求出发进行校本化的教学创新。

一、教师的教学改进

(一)学科教研组的教学探索

虹教附中各个教研组从学科特点出发,在基础型课程领域推进校本教学改革。

语文教研组结合国家统编教材的教学使用,强化整本教材的阅读训练,加强名著名篇的选读,在数字阅读的背景下,开展初中语文阅读教学深入化的策略研究,结合课题"混合式学习下,初中语文综合性学习的情境任务设计与实施"改进教学实践,从情感、态度、价值观的高度提升语文学科的教学质量。

数学教研组全员参与虹教院胡军副院长领衔的"高阶思维视域下的初中数学课堂实践研究"这一课题的研究,不断完善数学校本作业设计,加强校本练习册的优化改进,提高作业或练习布置的质量,从课堂教学和学生作业等课改源头深化课程与教学改革。

英语教研组充分利用外校的优质资源,在上外附中专家教师王琳艺的指导下,结合新中考的英语听说测试,借助"朗鹰"教学平台,使听说练习融入日常作业中,并以2020年区校合作项目"基于培养初中生英语阅读品格的指导型阅读活动的设计与实施——以六年级为例"开展项目研究。

理科综合教研组把问题探索与学生作业相结合,积极开展了"基于真问题情境下的作业设计的实践"这一课题的研究。其中,卢钟玲老师兼任生命科学和地理学科两门学科的教师,并结合新中考改革要求,开展"生命科学类综合主题课程的设计与开发"这一课题的研究,从而探索跨学科案例教学,进而拓宽学生知识面和提高学生的探索能力。

文科综合组各科教师基于本学科、融合多学科,探索生涯发展的课外实践活动。

各学科教研组围绕学科育人开展了这些项目研究,从而优化课程实施方式,并在深化学校课程建设的实践中彰显出改革创新的担当和活力。

(二)同课异构的教学探讨

虹教附中在推进教学改革中,注重提升课堂教学能力,采取互助听课、切磋评课、同课异构等方式活跃基于教学的教师研训活动,主要形式就是同课异构教学和青年教师教学比赛。例如,英语教研组就参与了新优质集群校际联盟的同课异构教学比赛活动。英语教研组的教师借此契机共同备课、磨课、上课,其中,张倬姣老师还请来带教导师、民办复兴初级中学的英语教研组长徐明霞老师听试讲,并反复修改教案。在该比赛为期十天的准备过程中,英语教研组的所有老师都积极参与、共同成长。

近年来,虹教附中举行多场青年教师同课异构课堂教学比赛活动。许多青年教师都积极参与,在导师或教研员的指导和帮助下提升教学专业能力,并借助教研组团队的力量,在教研组长指导下,和组内老教师一起磨课、反复修改教案,然后反复试讲,最终调整到最好状态参与比赛。

虹教附中的同课异构教学展示活动旨在为全校青年教师搭建施展才华的舞台,引导青年教师加大课堂教学研讨力度,密切关注课堂教学的有效性,促使青年教师的独立备课能力、课堂教学组织能力、教学创新能力得到锻炼和提高,从而使其夯实基本功、提升教学水平。

(三)重视作业批改和学习辅导

1. 重视作业批改

虹教附中教导处对于教学五环节运作始终抓紧不放,力求精细。在教学五环节中,教师的课堂教学和课后的学生作业这两个环节互相联系且至关重要。虹教附中对教师的作业布置、作业批改和订正后的再批改都有明确的规定,经常检查与反馈。所以,虹教附中的教师们都会十分重视学生的作业批改和订正,而教导处每学期则会进行不定时的抽查,并通过教研组长会议和青年教师会议反馈检查结果,对于有缺点和问题的教师进行个别谈心交流和提出改进措施。

2. 重视学习辅导

虹教附中学生的学习习惯养成存在一些问题,导致他们自学能力相对较弱,而学校的学困生也比较多。为了使学困生不掉队,也为了减轻家长的后顾之忧,教师们非常重视学生的个别辅导和补缺补差。以初三年级为例,初三年级教师团队就加强了对学困生的个别辅导,五门学科教师协调配合、见缝插针地对学困生进行"一对一"辅导。同时,虹教附中还为初三优秀学生外请专家教师进行培优指导,从而体现差异教学,让每一位学生都能在原有基础上有长足的进步。

(四)改革教学评价方法

在新的课程标准中,每一门学科都强调特定学科的培养目标和评价内容的多元化,不仅包括基础知识和基本技能,还包括情感、态度和价值观及学习过程与学习方法。学生在学习活动和未来的生活与工作中,其知识、技能、情感、态度、价值观等,与学习的过程和方法是紧密联系的整体。它们之间没有主次之分,对任何一个方面的忽视都可能造成学生发展偏离正确轨道。因此,依据教育教学目标,对学生进行多方面的评价是促进学生全面发展和提升学生综合素养的必然要求。虹教附中的具体做法如下:

第一,给学生建立个人学习与成长档案,记录下其初中四年的成长经历,以便能为客观综合评价学生四年的发展提供基本素材。

第二,为了能让不同层面的学生看到自己的进步,考试学科教师采用分层作业、分层诊断练习的形式激励每个学生不断进步。此外,虹教附中还在思考进行分层考试。

第三,语文教研组尝试在六年级和七年级进行语文学业评价的改革,把提升语文学习水平和提高人文素养结合起来进行评价。

第四,教导处定期召开学生座谈会,了解学生的学习情况,听取学生对于教学的意见和建议。学生对教师的教学和师德评价都很高,对学习收获很满意,对学习也更有信心了。

二、学生的学习方法改革

(一)学生的自主学习

1. 培养学生的阅读习惯

为了培养学生的阅读习惯,虹教附中将语文阅读和英语阅读都排入课表。同时,虹教附中重修和充实图书馆及阅览室,并在每天中午向学生开放。图书馆老师向学生介绍新书,并引导学生博览群书。

语文教研组借助超星阅读平台开展网上阅读活动。从2020年的寒假到2020年3月中旬,虹教附中的学生登录平台累计14 964人次,游客1 909人次,上传读后感72篇。图书馆与语文组的合作营造出一片静心阅读的天地。2020年暑假时,语文教研组又推出了新的阅读篇目,并将其分为必读篇和选读篇,分年级提出不同的阅读要求,并且设计了不同的阅读检测方式,在开学后对学生的暑期阅读做出评价。英语教研组为学生购置一批原版英语绘本,借助"蓝思阅读"平台和"原书阅读"课指导学生英语阅读。

2. 提倡"合作式"学习模式

为了培养学生的团队意识、合作意识,也为了能使一些学困生不掉队和增进学习信心,虹教附中部分班级尝试"合作式"学习模式,组成合作小组,鼓励互帮互助和共同成长。学生都感觉到,有了同伴的帮助和鼓励,学习上的困难似乎更容易逾越,自己也慢慢变得自信起来。在小组合作中的尖子学生因为成为"小老师"而优势更加明显、进步更快、学习成绩提升更加显著。

3. 培养学生自主学习的意识

虹教附中开设的"武德修身""万物有灵""创客空间""初中生生涯规划""鲁班小机床""原书阅读""劳动实践"等拓展课和探究课的校本课程,开启了学生的智慧,培养了学生的科学素养和自主探究学习的意识,促进了学生在基础课学习上的长进和发展,进而为学生的终身学习奠定了良好的习惯基础。

4. 各年级增设作业课

在虹教附中的学生中,相当一部分学生的自我约束能力并不强,因此,要使其养成良好的学习习惯就要靠学校制度和纪律的约束。为此,虹教附中在各年级增设作业课,让学生在学校完成当天作业,从而进一步提高学生在校学习期间的自主学习效率,促进学生养成良好的学习习惯,并将这种积极作用延伸到家庭教育中。

(二)学生的学习效果

虹教附中根据新中考改革的要求,围绕中国学生的核心素养,贯彻"让每一个学生自信地走向未来"的办学理念,倡导教师改变教学模式,注重培养学生的核心素养和动手能力。虹教附中设计开发的校本课程让学生的学习积极性有了一定的提高,也收到了良好的教学效果。例如,分层作业形式的尝试和初三"一对一"辅导模式的成功,使虹教附中学生的学业成绩名列公办初中的前列。又如,近年来虹教附中学生的高中入学达线率在90%以上,其中重点高中达线率在70%以上。

第八章　综实活动:构建三项校本化拓展课程

教育部的相关文件规定,从小学至高中的各级学校都要设置综合实践活动课程并作为学校必修课程。综合实践活动课程的内容主要包括:信息技术教育、研究性学习、社区服务与社会实践、劳动与技术教育。教育部的相关文件还强调,要让学生通过综合实践活动的锻炼,增强探究和创新意识,学习科学研究的方法,发展综合运用知识的能力,增进学校与社会的密切联系,培养学生的社会责任感。虹教附中大力贯彻教育部的相关文件精神,积极开展综合实践活动。

第一节　综合实践活动的特点

综合实践活动课程是国家课程大纲规定的、与基础学科课程并列设置的、义务教育阶段学生必修的跨学科实践课程。在现代教育中,综合实践活动是强调个性化、注重体验式学习、提倡反思性学习的课程样式,具有鲜明的特点。与片面追求教育个体知识获得的多寡、应试能力的长进和共性同步发展的传统教育相比,综合实践活动更有利于提升学生的综合素养和促进学生的全面发展。

一、强调个性化

综合实践活动强调学生要综合运用各学科知识来认识、分析和解决现实问题,从而提升自身的综合素质和发展自身的核心素养,特别是社会责任感、创新精神和实践能力,以适应快速变化的社会生活、职业世界和个人自主发展的需要,进而迎接信息时代和知识社会的挑战。

(一)促进学生的个性化发展

综合实践活动最有价值的意义是促进学生的个性化选择和个性化发展。综合实践活动提供了一个相对独立的学习生态化空间。在这个学习空间里，学生是主导者，具有对整个活动绝对的支配权和主导权，能够以自我和团队为中心，推动活动的进行。在这个过程中，学生更谋求独立和自主完成整个活动，而不是仅仅聆听教诲和指导。在综合实践活动这个生态化空间里，教师只是一个引导者、指导者和旁观者。综合实践活动注重引导学生在探究、服务、制作、体验中进行个性化学习及分析和解决现实问题，从而培养和提升学生的综合素质。

综合实践活动面向学生的整个生活世界，其内容与学生个人的生活或现实社会紧密联系，强调超越教材、课堂和学校的局限。在活动时空上，综合实践活动向自然环境、学生的生活领域和社会活动领域延伸，以促进学生与自然、社会、生活的密切联系。同时，在综合实践活动中，学生们往往可以就一个没有固定答案的开放性问题各抒己见，从而表现出各自个性化的爱好与选择。同时，学生们不可能在书本上找到这类开放性问题的答案，而只能通过自己的努力去探索、去发现，才能找到可能的答案。

(二)注重活动主题的个性选择

由于综合实践活动很少从单纯的和预设的课程目标入手来展开，而是常常围绕某个开放性的主题或问题来展开，因此综合实践活动十分注重科学立题，而立题的过程又与学生个性化的需要及爱好分不开。而后，随着综合实践活动的不断展开，新的目标、新的问题、新的主题不断生成，学生的认识和体验不断加深，创造性的火花不断迸发，探究活动得以持续进行，从而形成特有的和可以自主展示、交流的成果。这便是综合实践活动具有个性化生成性的集中体现。

学校每一次组织学生开展综合实践活动，首先就涉及活动主题的确定和设计，而这关系到综合实践活动的成效。对任何主题的探究都必须体现个人、自然和社会的内在整合，体现科学、艺术、道德的内在整合。前者体现人与外部的关系及处理；后者体现跨学科学习的组织和整合。两者融合就体现出课程实施的差异性要求，也就是个性化的要求。

(三)强化学生"做中学"活动

综合实践活动的展开通常是以各种活动为载体的，强调学生通过活动参与和亲身体验来进行学习，也就是"做中学"，而不是为"活动"而"活动"，即要让学生在"活动"中学习和通过"行动"来学习。但综合实践活动中的"活动"或"实践",不能被仅仅理解为字面意义上的那种"随波逐流"式的"动",而是应该被理解为让学生在学习活动中真正"动"起来,或者是让学生自己去"操作"和沉浸进去,亲口"尝一尝李子的滋味"。由此可知,综合实践活动中的学习过程应被理解为学生个人的"知与行"和"动手与动脑"的结合与统一。

综合实践活动中的活动只是一种教学的手段与方法,而不是教学的最终目的,获得真知、能力和价值认识才是活动的目的。那些不需要学生动脑思考、对学生的情感态度没有触动的"活动",不是综合实践活动中所讲的教学活动。真正具有育人价值的综合实践活动,应当让学生在活动结束时有所知、有所得、有所悟。这体现了综合实践活动具有强烈的个性化发展特征。

二、注重体验式学习

综合实践活动提倡"做中学""玩中学""看中学",从而达到以下教育目标:面向学生的个体生活和社会生活;培养学生的综合素质;注重学生主动实践和开放性的生成等。

(一)综合实践活动重在体验学习

从性质上讲,综合实践活动课程属于国家规定的中小学必须开设的必修课程,本质上属于活动课程的范畴,强调学生从活动中学习、从经验中学习、从行动中学习,有时也被称作经验课程。综合实践活动课程不是其他课程的辅助,而是一种独立于学科课程之外的课程形态,与其他课程具有等价关系和互补关系。同时,综合实践活动课程也是一门有着独特教育功能的课程形态,它的出现和发展代表着我国基础教育领域课程体系结构性的突破。

综合实践活动课程的学习虽然有知识与技能的成分,但是更注重对整个活动过程的实践与体验,而实践就是为了让学生获得必要的体验。对中小学生来说,体验既是指亲身经历、实地领会,又是指通过亲身实践获得的经验。"书到用时方恨少,事非经过不知难。"这句古训据传来自陆游所做的劝勉联,其道出了体验教育的重要性,尤其是对人生阅历不足的青少年学生来说,亲历体验格外重要。所以,开展综合实践活动课程的学习教育要强化体验,让学生的心灵留下教育的印痕。

(二)综合实践活动的体验特点

综合实践活动之所以不同于传统的课堂教学,是因为有其自己的鲜明课程特征。综合实践活动强调让学生联系社会实际,通过亲身体验进行学习,积累和丰富直接经验,培养创新精神、实践能力和终身学习的能力。学校要从实际出发,具体安排、确定综合实践活动各部分内容和组织形式,以能充分显示其特有的优势。

综合实践活动要超越具有严密的知识体系和技能体系的学科界限,强调以学生的经验、社会实际及社会需要和问题为核心,以主题的形式对课程资源进行整合,以有效地培养和发展学生解决问题的能力、探究精神和综合实践能力为目的。学习书本知识的目的是什么?是为了解决生活中的实际问题,而要想解决生活实际问题,必然要跳出书本狭隘的圈子,从生活、自然及社会交往中去学习。

综合实践活动的实施十分注重从学生现有的兴趣与经验出发,让学生从生活中去发现可以自主探究的问题,强调学生的自主选择与开展探究活动,然后由学生自己去积累新的经验与体会,形成可以积淀的知识、能力和价值观。学生不仅可以选择综合实践活动的学习内容、进度与方式,还可以自己对自己的学习过程或结果进行评价与反思。这种自由度和自主性是其他课程学习所不能代替的。

三、提倡反思性学习

"反思"在认知心理学中属于元认知的范畴。元认知就是人们关于自身认知过程、结果或与它们有关的一切事物,如与信息或材料有关的学习特征的认知。元认知包括元认知知识、元认知体验、元认知调控三个因素。若是用元认知的理论来描述的话,反思性学习就是学习者对自身学习的活动过程,以及活动过程中所涉及的有关事物、材料、信息、思维、结果等学习特征的反向思考。

(一)综合实践活动强化反思学习

开设综合实践活动与加强对学生的学习体验要求紧密联系。体验就是学习者的亲身实践或经历及获得的经验。有学习成效的体验,其中一定蕴含着反思学习,因为注重反思能强化学习及体验。现在的课堂教学就其存在的本质问题而言,就是仅仅要求学生认同什么、获得什么,而不是求异与质疑。学生几乎不会质疑,因为质疑需要批判性的思考,是带有反思特质的思考,也就是高阶思维的类型。学生不会反思常常是课堂教学的效率和效能不高的原因。

从课改的视角来看,综合实践活动的开展就是期盼改变这种有学习过程而没有学习思考实质的状态,在通过综合实践活动强化学生的独立反思能力的同时,也通过反思性学习来强化综合实践活动的效果。

当代建构主义学说认为:学习及其过程要在活动中进行建构,要求学生对自己的活动过程不断地进行反省、概括和抽象。反思性学习就是通过对学习活动过程的反思来进行再学习。反思是对自己的思维过程、思维结果进行再认识的检验过程,是学习中不可缺少的重要环节。

(二)综合实践活动反思特点

综合实践活动中的反思性学习不仅仅是对学习的一般性回顾或重复,而是深究学习活动中所涉及的知识、方法、思路、策略等,具有较强的科学研究性质。通过反思性学习可以帮助学生学会学习,可以使学生的学习成为探究性、研究性的活动,可以增强学生的能力、提高学生的创造力,并促进他们的全面发展。

1. 探究性

反思性学习是一种探究,即反思性学习不是仅仅"回忆"或"回顾"已有的活动,而是要找到其中的"问题"及"答案",也就是注意在考察自己活动的过程中探究其中的问题和答案、重构自己的理解、激活个人的智慧,并在活动所涉及的各个方面相互作用下,产生超越已有信息以外的新的信息。反思性学习的灵魂是"提出问题—探究问题—解决问题"。因此,探究性是反思性学习的基本特征。

2. 自主性

反思性学习的整个过程是学生自主活动的过程。它以追求自身学习的合理性为动力,从而进行主动的、自觉的、积极的探究。在反思性学习中,学生既是演员,又是导演,自始至终都是真正的主人,并通过自我认识、自我分析、自我评价获得自我体验。反思性学习是建立在学生具有内在学习动机基础上的"想学"与建立在学生意志努力基础上的"坚持学"的融合,即动机与意志的融合。因此,反思性学习具有很强的自主性。

3. 发展性

常规学习是学生经常性的学习活动,是要求学生凭借自己有限的经验进行简单、重复、直觉的操作活动。常规学习以"学会知识"为目的,关注的是学习的直接结果,即眼前的学习成绩。反思性学习是一种复杂的、探究的、理性的学习活动,以"学会学习"为目的,既关注学习的直接结果(学生眼前的学习成绩),又关注间接结果(学生未来的发展)。在常规学习中,只要完成了学习任务,就达到了学习的要求,而反思性学习却不仅要求要完成学习任务,而且要求要使学生的理性思维得到发展。

4. 创新性

具有创造性学习能力的学生都能够通过反思性学习,形成对问题及解决问题的思维过程的全面考察、分析和思考,从而深化对问题的理解、优化思维过程、揭示问题本质、探索一般规律、沟通知识间的相互联系、促进知识的同化和迁移,进而产生新的发现。反思是一种积极的思维活动和探究行为。通过反思可以拓宽思路、优化解法、完善思维过程。反思是同化、是探索、是发现、是再创造。

第二节　校本化综合实践活动的设计与实施

虹教附中长期开设和推进校本化的综合实践活动系列课程,主要以 EACH 课程开发与实施为平台,建设了"万物有灵""武德修身""创客空间"三大块校本化综合实践活动系列课程(即校本化拓展课程),从而形成了比较完整的校本化课程系列。对于这三项校本化拓展课程的教学实施,虹教附中有比较精到的课程设计、课程具体安排、实施规范要求,积累了比较丰富的课改经验,也促进了可持续发展。

一、"万物有灵"综合实践活动课程的设计方案

(一)课程简介

"万物有灵"综合实践活动课程以"动物与植物"为主题,以语文、生物、地理、美术为主要实施学科,通过开展科普讲座、探究实验、主题活动、社会考察等方

式,介绍内容丰富的动植物知识,使学生掌握动植物识别的基本方法,并使学生能制作形式多样的植物标本和绘画动物素描及动植物思维图谱,以此培养和发展学生的兴趣爱好,开发学生学习潜能,促进学生个性发展,进而打通基础、拓展、探究三类课程之间的联系。此外,"万物有灵"综合实践活动课程还以小组合作的形式开展相关课题的研究,注重学生如何运用探究学习方式发现和提出问题,并以此培养学生的创新精神和创新能力,最终将"知识学习"与"研究学习"融为一体。

"万物有灵"综合实践活动课程的核心价值是培养学生动手实践能力,提高学生创新思维能力,使学生树立起团队合作意识,并提升对生命的认识。

(二)学习目标

1. 总目标

"万物有灵"综合实践活动课程学习的总目标是:通过学习此课程,学生能够理解动植物的基本特征及与人类的关系,感受事物的多样性,并且能够从艺术(尝试运用色彩的表现和设计制作与动植物有关的美术作品分享美术成果)与科学(通过不同的途径与方法搜集感兴趣的动植物信息,并运用实验操作的方法进行研究)两个维度进行相关主题的学习,并能在此基础上,从社会与生活热点中发现与本课程有关的问题并解决问题,以此培养课题研究意识与审美情趣,进而培养从科学理性的视角认识生命、感受生命继而尊重生命的意识,树立珍视生命的价值观。

2. 知识与技能目标

"万物有灵"综合实践活动课程学习的知识与技能目标是:第一,通过学习此课程,学生能够对自然史的发展有整体上的认识,并在此基础上认识植物的基本特征;第二,通过学习此课程,学生能够认识动植物与人类的关系,知道动植物在人类生活中起着重要作用;第三,通过学习此课程,学生能够知道动植物标本的基本制作方法;第四,通过学习此课程,学生能够了解图案的变化手法和纹样的构成,体验花卉与植物图案的艺术美。

3. 过程与方法目标

"万物有灵"综合实践活动课程学习的过程与方法目标是:第一,学生能够通过观察、比较基本特征识别动植物种类;第二,学生能够通过学习不同类型动植物标本的采集和制作,学会动植物标本采集、制作的具体操作过程,锻炼和培养学生的动手能力;第三,学生能够依据自己的语言能力和思想认识水平选择生活材料,并写出自己的感受和见解;第四,学生能够根据自己的观察和资料查阅,完成动植物思维图谱的设计和制作;第五,学生能够运用一定的图案变化方法和设计式样对花卉与植物进行装饰变化,并了解纹样设计的基本规律。

4. 情感、态度、价值观目标

"万物有灵"综合实践活动课程学习的情感、态度、价值观目标是:第一,学生通过采集和制作动植物标本,增强对自然界生物益害的认识和了解,增强自觉保护生物多样性的观念;第二,学生通过对常见生物的认识亲近自然,并增强热爱自然、热爱生物、珍惜生命的理念;第三,学生能够发现生活的美,并以艺术的眼光观察生活和学会用图案的方式美化生活、创造生活。

(三)内容框架

"万物有灵"综合实践活动课程的主题内容主要是植物学和动物学,并涉及美学、信息技术、手工制作等方面,对学生跨学科学习、思维训练、动手能力培养很有价值。"万物有灵"综合实践活动课程的课程分类及成果见表8-1,课程内容框架见表8-2。

表8-1　　　　　"万物有灵"综合实践活动课程的课程分类及成果

教师	课程	成果1	成果2
卢钟玲	认识身边的植物	植物标本	形成相关课题研究报告
王君	万物皆美	写生作品、创作作品	
唐田田	寻美之路	动植物思维图谱	
李冬昕	各国植物	展板、电子小报	

表8-2　　　　　　　　"万物有灵"综合实践活动课程内容框架

	学习主题	内容要点
基础篇	自然的发展历史;动植物识别的基本方法;世界各国的主要植物;文学和影视中动植物的表现方法;写生植物和花卉	主要是让学生在头脑中建立起对动植物的一般认识,形成与学习主题相应的知识结构,从而为辨认动植物和解决生活中的有关问题提供基本的知识准备

续表

	学习主题	内容要点
技能篇	动植物腊叶标本制作方法;设计、制作、撰写表现动植物的文学、影视作品;动植物思维图谱的绘制方法;变形植物和花卉;创意设计植物和花卉	主要是让学生通过制作不同类型动植物的标本和文学、影视作品,进一步掌握植物种类识别的方式,实现知识经验在动手实践中的升华,同时在创意设计植物的过程中,增强学生的审美能力与审美情趣
实践篇	校园植物的识别;公园昆虫的识别	让学生建立知识与生活联系,并获得认识自然、了解自然及提升自我表达与人际交往等方面的重要机会

(四)课程实施

1. 实施对象

"万物有灵"综合实践活动课程的实施对象是初中七年级学生。

2. 组织策略

"万物有灵"综合实践活动课程的组织策略是:采取"自主报名"和"择优选拔"相结合的方式组成四个班级,并开展"万物有灵"综合实践活动课程的实践,在此基础上,对愿意进一步开展动植物研究的学生进行课题的研究指导,营造学习环境,搭建展示平台。

虹教附中在每周五下午安排了90分钟的"万物有灵"综合实践活动课程,总课时为10课时。"万物有灵"综合实践活动课程的课程安排见表8—3。

表8—3　　　　　"万物有灵"综合实践活动课程的课程安排

课时	1班	2班	3班	4班
1	认识身边的植物(卢钟玲)	万物皆美(王君)	寻美之路(唐田田)	各国植物(李冬昕)
2	认识身边的植物(卢钟玲)	万物皆美(王君)	寻美之路(唐田田)	各国植物(李冬昕)
3	各国植物(李冬昕)	认识身边的植物(卢钟玲)	万物皆美(王君)	寻美之路(唐田田)
4	各国植物(李冬昕)	认识身边的植物(卢钟玲)	万物皆美(王君)	寻美之路(唐田田)
5	寻美之路(唐田田)	各国植物(李冬昕)	认识身边的植物(卢钟玲)	万物皆美(王君)

续表

课时	1班	2班	3班	4班
6	寻美之路(唐田田)	各国植物(李冬昕)	认识身边的植物(卢钟玲)	万物皆美(王君)
7	万物皆美(王君)	寻美之路(唐田田)	各国植物(李冬昕)	认识身边的植物(卢钟玲)
8	万物皆美(王君)	寻美之路(唐田田)	各国植物(李冬昕)	认识身边的植物(卢钟玲)
9 10	课题研究与展示:学生选择相关课题进行研究,选择老师			

3. 学习方式

"万物有灵"综合实践活动课程是以"主题学习"活动的形式进行学习的,主要包括以下几个主要环节:

(1)问题引入。每个主题学习的内容都是应该从学生的生活中来的,且每个主题学习都应该从学生感兴趣的现象入手,先让学生产生质疑,再让学生带着问题进行知识的学习,从而提高学生学习的有效性和针对性,同时激发学生强烈的求知欲,并使其产生学习的动机。

(2)知识学习。这一部分是"万物有灵"综合实践活动课程的重点。任何实践活动与研究学习都需要基础知识的支撑。在这个环节,教师在讲解知识时要努力做到以下几点:第一,要用通俗易懂、生动有趣的语言阐述知识和原理;第二,要在学生已有知识的基础上加以拓展和进一步深化、提炼;第三,要采用陈述和问答的方式进行讲解,并始终让学生通过对一个又一个小问题的思考逐步掌握相关知识;第四,切勿全部以传统基础型课程上师生问答的形式进行讲解。

(3)拓展成果。在这个环节,教师要针对本主题的教学内容给学生提出一些练习,包括知识性的、总结性的和能力方面的练习,旨在让学生以知识为载体,提高分析、归纳、总结、概括、想象等思维能力。

(4)探究实践。这一环节是为学生提供动手实践机会的环节。教师可以根据学习进程的推进情况考虑探究实践的难度和要求。探究实践可以从动手制作标本开始,然后到实验室中的观察实验,最后到校园社区的植物识别等,由浅入深、由易到难、从简入繁,最终实现学生综合素养的全面提升。

(5)课题研究。通过前面8课时的学习,学生会基本确定感兴趣的主要领域。这时,就要让学生从真实生活和发展需要出发,从生活情境中发现问题并转化为相关课题的研究,然后在老师的帮助下,以4~5人的小组形式,通过调查、走访、服务、制作、体验等方式完成相关课题报告,并在期末进行成果交流。

(五)课程评价

1. 对学生评价

(1)评价内容:是否在知识或技能的某些方面获得进一步的拓宽或提高;兴趣、爱好和潜能是否得到了开发和发展;是否会选择自己喜欢的拓展型课程项目;在综合能力方面是否得到了提高;在学习过程中学习态度、合作精神、解决问题能力等是否得到增强。

(2)评价主体:以教师和学生为主,以家长为辅。

(3)评价的过程和方法:学期期末开展展示活动与相关的比赛。同时,以任课老师为主,鼓励多元评价与过程性评价,着重对是否在知识或技能方面有所拓展与提高,兴趣爱好是否得到开发,学习过程中的学习态度、合作精神、解决问题能力是否增强,以及获奖情况等方面进行评价,每学期评选2~4名优秀学员。

2. 对教师评价

(1)评价内容:课程方案的撰写、教学计划和教学设计情况等;设计、开发和实施课程的意识和能力;在开设拓展型课程过程中的投入情况;课程目标的达成度情况;拓展型课程的教学反思和课题研究情况。

(2)评价主体:以校长、教师、学生为主,以家长为辅。

(3)评价的过程和方法:第一,学校评价,即学校通过听课、听取学生的反馈意见等多种方法来了解教师的教学情况并形成学校优秀、合格两类拓展课程评价等级,两个评价等级的占比分别为30%和70%;第二,教师自我评价,即让教师对自己教学情况进行诊断性评价,以不断提高其自身的教学能力;第三,学生评价,即学校通过学期末的调查问卷、座谈会和个别调查等方式,让学生对教师进行评价。

二、"武德修身"综合实践活动课程的设计方案

(一)课程简介

武术是中国的国粹之一。作为中华民族、炎黄子孙的生存技能,中国传统武术伴随着中国历史与文明发展走过了几千年的风雨历程,成为维系这个民族生存和发展的魂,且承载中华儿女基因构成的魄。今天,我们修习武术,不仅可健体防身,更可以锻炼意志、培养品德、提高个人成长的整体素质。武术可以让我们从身到心、由魂而魄得到提升且充满安全感。

虹教附中自2008年起就开始引入武术教育,历任校长都十分重视武术教育在学校的开展。其间,虹教附中开展了"中华武术对初中学生健康人格培养的研究"的课题研究,还推广了学校自创的"武术体操",倡导学生人人都会武术操。同时,虹教附中又挑选了有武术兴趣爱好和特长的学生组建了学生武术队,聘请了专业的武术教练担任武术队指导。虹教附中的武术队近几年在全国、上海市、虹口区的各类武术比赛中频获佳绩。虹教附中还为虹口区体校输送了优秀武术队员去参加更高层次的学生武术比赛,并获得了优异成绩。此外,虹教附中还成为虹口区武术特色学校,从而为学校开展武术教育搭建了更广阔的平台。

虹教附中认为,在武术教育推进的过程中,仅仅是武术技巧的学习、学生武术操的创编、武术队学生的培养是不够的,还不足以达成学校教育学生的培养目标,因此需要不断地在学校教育中丰富武术文化的内涵,寻找武德文化与学生道德培养工作的契合点,最终达成"弘扬国粹、锻炼体魄、培养品德"的目标。为实现此目的,虹教附中开设了"武德修身"综合实践活动课程。

(二)学习目标

1. 总目标

"武德修身"综合实践活动课程的总目标是:弘扬国粹、锻炼体魄、培养品德。

2. 具体目标

(1)围绕学校育人目标,通过"武德修身"单元课程包项目的开发,挖掘具有校本特征的德育内涵,引导学生学会做人、学会做学问。

(2)梳理整合系列化、个性化的武术校本德育课,推动校园文化环境的创建,探索学校育人的新内涵,打造武术德育品牌。

(三)内容框架

"武德修身"综合实践活动课程的内容包括推进"'武德修身课'单元课程包的开发"项目的研究,围绕"武德修身"主题,充分挖掘武德文化内涵与学生道德教育的契合点,设计、开发三个单元的课程教学包和学习包,在引导学生深入了解武术这一中华民族传统文化及其深邃的民族文化思想的同时,培养学生尊师重道、讲礼守信、自强不息等优良的道德品质,全面提升学生个人的道德素养,并借助项目开发推动教师课程资源建设专业能力的发展,及推动校园文化的建设。"武德修身"综合实践活动课程的内容框架包括以下三个方面:

第一,文献梳理和探索中华武术精神与学生道德规范养成的契合点,规划单元目标;

第二,围绕项目研究进行单元学习课程包的研究、教学设计、教学评价、优化整理等,积极探索武德文化内涵与学生德育活动的融合点。

第三,以六年级学段为教学实践基地,开展课堂教学实践活动,并通过座谈和问卷方式,征询学生、教师对课堂教学的意见和调整改进建议。

(四)课程实施

1. 课程实施思路

在推进武术教育的进程中,虹教附中在不断地思考如何更好地将武术教育与学校教育进行优化整合。由于虹教附中只是普通初中学校,而不是武术学校,因此虹教附中开展武术教育不是单纯地仅停留在技巧的学习掌握和强身健体上,而是借助武术这一博大精深的中华传统文化,特别是武德文化来促进学生的道德成长、个人素质的提升。在我国的武德文化中有许多可挖掘的育人内涵和价值意义。例如,作为中华武术精神之魂的"尚武崇德"就蕴含着丰富的道德教育意义。"尚武"是指培养"自强不息"的精神,包含自强、自责和自信三重内涵;"崇德"是指培养"厚德载物"的气度,包含对人对己的一种积极的人生态度。

2. 开发与设计课程包

虹教附中基于"整体开发设计,切片实践研究"的思考,以单元课程包的形式开展"武德修身课"项目研究。在整个项目的推进过程中,每个单元课程包的开发都遵循5个环节和3种循环方式来逐步推进。

5个环节是指:文献综述、理论学习(单元课程包开发的理论依据);集体磨课、确定单元和课时目标、分散备课;课堂教学实践、课堂观察;课后研讨、教学设计的调整(其中包含课程评价);下一单元教学内容开发。

在上述1~4环节运作的过程中,有出现两种循环的可能:第一种,如果经过课程教学实践和研讨后确定教学设计合理,就进入第二个班级进行课堂实践,然后在经过两次课堂教学实践后完善这一课时的教学设计。第二种,如果经过课程教学实践和研讨后确定教学设计不合理,例如,教学目标的设计没有贴近学生实际的道德发展水平,或者选择的教学素材不适合学校的学生等,就要回到第一个环节,重新厘定教学目标,调整备课方向。如果顺利通过1~4环节,就进入环节5。

(五)课程评价

"武德修身"综合实践活动课程的评价贯穿在整个开发与设计课程包的过程中。这个过程与"武德修身"综合实践活动课程的教学实践相结合,与学生道德规范养成相结合。

三、"创客空间"综合实践活动课程的设计方案

(一)课程简介

"创客"中的"创"指创造,"客"指从事某种活动的人。由此可知,创客是指勇于创新、努力将自己的创意变为现实的人。创客空间一般指众创空间,而众创空间即创新型孵化器。众创(Mass Innovation)的提出源于"大众创业,万众创新",本质上是知识社会条件下创新民主化的展现。随着新一代信息技术所带来的知识获取和知识交互的便易性,众创空间的主体也由原来的企业、科学家变为普通大众,包括在校的中小学生。作为开放的众创空间参与主体的普通大众,他们既是需求者也是创新者,而作为创新者,他们既可以是追求卓越的技术创新者,也可以是能够用自身具有的创新潜力去解决社会问题的草根创新者,还可以是拥

有社会情怀的社会创新者。

虹教附中为了开展创客教育而设立了"创客空间"综合实践活动课程。创客教育是一种融合科学、技术、工程、艺术、数学等知识与技能，遵循自由开放、创新创意、探究体验的教育理念，以实践创造学习为主，以培养创新型人才为目的的新型教育模式。创客教育的核心教育理念是通过动手实践培养学生的创新能力、探究力和创造力。

目前，虹教附中的陈婷、胡荧老师开发了主题为"清水·扬帆·跨桥的探索之旅"的"创客空间"综合实践活动课程。该主题的"创客空间"综合实践活动课程把虹教附中开展的课程和上海科技馆展区内容有机结合起来，做到教学效果的最优化。该主题的"创客空间"综合实践活动课程的开展过程如下：首先，虹教附中在学校内通过教师的教和学生的学，让学生对水的净化、水的浮力和简单的桥梁结构力学等有一定的初步认识。然后，虹教附中通过让学生参观上海科技馆的"地球家园"展区，以及让学生参与"迷你污水处理系统""水主沉浮""桥梁工程师"等 STEM 课程，给学生们提供一种更详尽、更直观的体验，从而使学生们对本主题的"创客空间"综合实践活动课程所涉及的一些基本科学原理有更深刻的了解。最后，虹教附中让学生把该主题的"创客空间"综合实践活动课程学习过程中积累的学习单、小报、参观方案和制作的模型进行梳理和布置，并完成成果展示。

（二）学习目标

1. 知识与技能目标

(1) 加深了解水的一些基本知识、浮力的影响因素以及力学的相关知识；

(2) 简单学习桥梁力学的基础知识。

2. 过程与方法目标

(1) 通过场馆活动知道污水处理的流程；

(2) 动手制作船只，运用控制变量的科学方法探究浮力与重力平衡状态下力的最大化；

(3) 模拟桥梁工程师，通过小组设计、角色扮演，体验解决实践中工程问题的思路。

3. 情感、态度与价值观目标

(1)参观"苏州河演变"展示,产生知水、爱水、惜水的情感;

(2)拓展学习,养成积极参与和合作的学习习惯,体验勇于探究、创作的乐趣;

(3)通过上海科技馆馆内STEM课程,培养学生将科学、技术、工程、数学等多学科融合运用的思维,提升学习兴趣,促进学以致用。

(三)内容框架

"清水·扬帆·跨桥的探索之旅"主题"创客空间"综合实践活动课程的内容属于上海市九年制义务教育六年级(第一学期、第二学期)、七年级(第二学期)的《科学》教材(牛津上海版)的内容。该主题课程旨在让学生通过了解水的净化过程和了解实验方法,发展动手能力,培养科学精神,以及通过物体的沉浮、力与空间的主题学习,了解简单的物理原理,为后期的物理学科系统学习打下基础。

"清水·扬帆·跨桥的探索之旅"主题"创客空间"综合实践活动课程基于以下三个原则将"清水""扬帆""跨桥"三个内容统整在一起:

一是围绕教学目标原则。根据科学科目教学目标的要求,虹教附中在该主题课程中选择适合七年级学生的内容,个别简单内容也可以适合六年级学生。由于上海科技馆相关展区的内容很多是一些学科交叉涉及的内容,因此虹教附中在筛选时注意以"是否适合学生的认知和是否促进学生的发展"作为取舍标准,寻找可以放开学生头脑及能够激发学生灵感和创意的素材,让学生产生学习的动力和参与的兴趣。

二是注重资源整合原则。在选取该主题课程的资源内容时,虹教附中严格按照教材和课标的要求进行选取,做到有章可循。虹教附中把上海科技馆的展馆资源作为一个校外科学课程资源,进而渗透在教师的教学中,并根据具体教学内容对课程资源进行合理选择和整合。

三是跨学科教学原则。由于"清水""扬帆""跨桥"三个内容的学习在内容维度上有较好的关联,因此可以放在一起进行跨学科拓展学习。在学习中,虹教附中除了延伸课内所学内容外,还注重对学生进行科学方法的训练、思维能力的培养和创新精神的树立,引导学生从发现问题入手,通过实验探寻事物现象的本质(主要在"清水"板块),进而了解事物运作的一般原理(主要在"扬帆"板块),最后在运用原理的基础上设计解决问题的方案并动手实践(主要在"跨桥"板块)。由于"清水·扬帆·跨桥的探索之旅"主题"创客空间"综合实践活动课程的整个开展过程基本呈现了人类探究事物的一般过程,因此该主题课程有利于培养学生的探究精神、创新能力、科学素养等综合能力。

"清水·扬帆·跨桥的探索之旅"主题"创客空间"综合实践活动课程的内容架构见表8—4。

表8—4 "清水·扬帆·跨桥的探索之旅"主题"创客空间"综合实践活动课程内容架构

活动板块	活动名称	活动目标	课时
清水	观察水杂质	观察池塘水里的杂质,完成观察任务单	1
	尝试水净化	上网收集相关信息并尝试设计水净化的方案,然后在老师的指导下开展水净化的实验	2
	参观污水治理厂	参观曲阳污水治理厂,了解生活水的进化过程	2
	迷你水处理	参观上海科技馆地球家园展区,了解苏州河的变迁;借助科技馆"创客教育"项目"迷你污水处理系统",动手制作迷你水处理系统	4
扬帆	眼观沉浮	通过观察和老师的指导,探究和了解影响物体沉浮有关的因素	1
	扬帆大事记	通过观看纪录片《泰坦尼克号》,大致了解造船的过程和沉船的客观原因	1
	水主沉浮	借助上海科技馆"创客教育"项目"水主沉浮",动手实践怎样在给定材料的情况下实现承载重量的最大化	2
	扬帆远航	在老师指导下,尝试给"帆"装上动力系统,实现远航	2
跨桥	"力"所能及	在老师指导下,借助实物,初步了解力的相互作用	1
	桥梁工程师	借助上海科技馆"创客教育"项目"桥梁工程师",通过扮演设计师、工程师、预算员和市场专员,学习解决生活实践中工程问题的思路	3
	叹为观"纸"	用给定的纸牌材料尝试设计和制作纸桥,实现最长跨度和最大承载力	1
	名桥赏析	利用3D纸模材料制作世界名桥模型并进行赏析	1

(四)课程实施

"清水·扬帆·跨桥的探索之旅"主题"创客空间"综合实践活动课程共设计了"清水""扬帆""跨桥"3个板块。该主题课程把学生作为第一主体,让学生进行参观考察和观摩污水变清水的过程,并让学生自己设计方案和学习科学知识,还让学生动手制作船和桥的模型并评价制作过程和制作质量。该主题课程让每个学生都充分参与课程学习。这样的安排既使学生系统地了解相关科学知识,又感受了拓展类课程完整呈现的全过程,更充分发挥了学生的学习主动性,还有利于将来相关主题课程的后续学习。

"清水·扬帆·跨桥的探索之旅"主题"创客空间"综合实践活动课程的实施方案如下:

(1)课时安排:20课时。

(2)活动地点:校内为创新实验室和资源教室,校外为曲阳污水治理厂和上海科技馆地球家园展区。

(3)活动资源:校内的活动资源有自编手册、相关纪录片、简易模型材料,校外的活动资源有"创客教育"项目"迷你污水处理系统""水主沉浮"和"桥梁工程师"。

(五)课程评价

1. 即时评价

在每次教学过程中,虹教附中根据学生参与度、合作情况等方面采取自评、小组互评和教师评价等方式对学生的学习效果进行评价。即时评价的课程评价表见表8-5。

表8-5　　　　　　　　　即时评价的课程评价表

评价内容	评价结果 ★★★	评价结果 ★★	评价结果 ★	自评	互评	教师评
参与度	主动积极参加每堂课的实践活动,有独立思考问题的能力	基本能参加课堂实践活动,能在教师的帮助下解决问题	不能完成课堂教学任务,不够积极主动			
合作态度	能积极配合、交流和互动,并能帮助他人	相互支持、配合	能在老师的要求下进行合作			
完成效果	能很好地完成制作或试验,在小组中起到示范作用	基本上能完成制作,但稳定性不够	在老师帮助下完成制作,但动作质量有待提高			

2. 阶段评价

阶段评价是每个单元教学内容结束后进行，以学生小组评价为主，具体过程是：学生先进行设计理念介绍及作品展示，然后由教师和学生提出改进意见。阶段评价的课程评价表见表8-6。

表8-6　　　　　　　　　　　阶段评价的课程评价表

评价内容	评价结果			评价人	
	★★★	★★	★	互评	教师评
设计理念	很好地与学科原理相结合；设计为解决实际问题服务；有创新	能在设计中提及相关的原理；有设计元素	能模仿相关的设计，并能大致说清理由		
作品呈现	作品完整；能实现预期功能；外形美观	作品完整；基本实现预期功能	作品大致完整		
演示说明	演示操作完整；语言表达清晰、有条理	演示操作较完整；语言表达清晰	有演示操作，语言表达较清晰		

3. 综合评价

综合评价是在学期结束时进行，具体过程是学生先进行自我小结，然后教师给予综合评价。综合评价时用到的学生小结表见表8-7。

表8-7　　　　　　　　　　　综合评价时的学生小结表

班　级		姓　名	
你已经学会了哪些内容？			
你最感兴趣的是哪个？			
在学习中，你碰到的最大困惑是什么？			
课程随感			

第三节　校本化综合实践活动的思考与经验

综合实践活动课程是虹教附中学科课程的重要组成部分，也是一门跨学科的实践性课程,主要是通过探究、服务、制作、体验等方式培养学生的综合素质。经过多年的校本实践和经常性的教学反思,虹教附中积累了比较丰富的设计和实施的经验。

一、课程的价值

（一）形成学校特色办学品牌

虹教附中校本化综合实践活动课程的总目标就是引导学生能从个体生活、社会生活及与大自然的接触中获得丰富的实践经验,形成并逐步提升对自然、社会和自我之间内在联系的整体认识。

从课程所代表的趋势来看,虹教附中校本化综合实践活动课程的创生既体现了国际基础课程改革的新趋势,也体现了我国基础教育课程改革的新突破、新建构,反映了当代课程与教学改革以创新精神和实践能力培养为核心的素质教育的新要求。

从课程教与学的特性来看,虹教附中校本化综合实践活动课程具有区别于其他课程的独特价值,强化实践、探究、体验的过程,具有"做中学"的教学特征,强化生涯教育,对学生、教师和学校的发展都有深远的意义和影响。

从课程对学校发展的作用来看,虹教附中校本化综合实践活动课程是学校文化的组成部分,融入了学校办学的文化理念,灌注了学校师生的情感。虹教附中强化服务意识,通过课程与教学的特色服务实现了管理理念的转变,通过调动教师的工作积极性和服务意识提高了学校的工作效率。富有特色的综合实践活动课程是虹教附中的核心品牌,为学校赢得了社会声誉,提高了学校的竞争力、办学效益和社会影响力。

（二）提升学生综合素养

虹教附中综合实践活动课程的实施以学生为主体,主要是实现学生与自我、学生与他人、学生与社会等各种关系的整合与均衡,旨在发展学生的创新精神和综合能力,最终促进学生个性的健康发展和综合素养的提升。

中小学生思维活跃,具有一定的抽象思维能力,而且有强烈的探究欲望。随着他们的生活空间不断扩大，知识与能力有了一定的基础，经验和阅历的不断丰富，初步发展了对人生、对社会、对自己的认识，以及对个体和社会生活方式的思考能力和判断能力。他们不满足于单纯的书本知识和接受性学习，而是具有参加社会生活的强烈愿望。

综合实践活动课程的设计与实施，正是考虑到传统书本教学的一些不足和弊端。综合实践活动课程着眼于科学与生活的紧密联系，结合直接经验，强调学生的亲历和体验，引导学生开展各类综合实践活动，注重问题探究，强调学生的问题解决和创新精神，培养学生的探究能力和综合实践能力，以适应学习化的时代、信息社会和新时期社会发展的客观要求，以满足每一个学生的成长需要，促使学生个性的全面、健康发展。

(三)促进教师专业发展

综合实践活动课程的实施及其课程资源的开发和利用，同样促进了教师的专业发展和成长。一方面，综合实践活动课程要求教师不断地学习和实践，以适应此类课程开发的要求；另一方面，综合实践活动课程也拓宽了教师的课改视野和学术见识，以及广阔的活动场景。

1. 有助于教师转变角色

综合实践活动课程的实施让教师在观念上由单纯"科学世界"向兼顾"生活世界"转变，在课堂教学中不但注意科学问题的解读，而且注意结合生活发掘问题和强化科学探究，拓宽了教学场景。教师的角色从知识的教育者、传授者向问题解决的合作者、教学活动的指导者与组织者转变。

2. 有助于教师形成课程意识

综合实践活动课程的实施使得教师并非仅具有教学者的地位，而是要从课程设计开始，与学生一起成为问题的探索者、研究者、实践者、体验者。因此，在整个综合实践活动课程中，教师会有"一损俱损，一荣俱荣"的感受，与学生"同呼吸、共命运"。

3. 有助于教师形成多方面的能力

综合实践活动课程的实施要求教师能够自主、自由、灵活地引导学生选择活动主题或课题，以及安排活动的过程，这会提高教师活动的规划和实施能力以及信息收集和处理的能力，也有助于提升教师的人际交往能力、培养教师的探究精神和研究能力。

二、课程的实践意义

(一)提升学生价值体认

《中小学综合实践活动课程指导纲要》的具体目标中提出了"价值体认",要求学生通过亲历各种主题教育活动等,获得有积极意义的价值体验。"价值体认"与职业生涯教育的体验活动之间有着密不可分的联系,能够让学生参与到不同的实践活动中去,通过强化职业生涯体验,体认出某种具体活动的价值。学生以身体之、以心悟之,形成有积极意义的价值体验,从而促进价值体认的形成和提升。

在虹教附中的"我是场馆讲解员"这个综合实践活动中,学生就深入到虹口区域内的某个文化场馆、革命纪念场馆(比如"李白纪念馆""鲁迅纪念馆""中共四大纪念馆"等)担任讲解员、参观引导员。在此过程中,学生们一方面借助观察、体验、调查、采访等方式,了解讲解员的工作职责与意义;另一方面通过收集资料了解讲解员职业的礼仪、礼节与素养。在对讲解员有了一定认知的基础上,学生进行"模拟讲解员"的职业体验活动。学生们准备讲解稿,记忆讲解稿,再进行实际讲解,在一系列的体验活动中,切身体会该职业,形成对讲解员职业的认知,理解讲解员的辛苦,提高多方面的能力。更为重要的是,"我是场馆讲解员"综合实践活动有效地激发了学生崇敬先辈、崇敬英雄的崇高情感,促进了"爱党、爱人民、爱社会主义"核心价值观的形成和巩固。

(二)转换学生的学习模式

学生参与学习的过程是接受知识的过程,主要方式是接受性学习和发现性学习。在接受性学习中,学习内容已被加以定论了,并以灌输的方式教授给学生,学生被动地接受。可是在发现性学习中,所学的知识通常以问题的形式间接地抛出来,学生主动发现这些问题,具有探究的积极意义,他们是学习的主人。以上是两种完全不同的学习方式。

虹教附中的综合实践活动课程为学生使用自主、合作、探究等学习方式提供了一个更加放松、开放、自主的学习环境,开辟了一片自由的学习天地。在这个新的天地中,学生拥有了一种新的自主学习的方式方法,学会了如何对问题提出自己的疑问,如何去主动探究、分工合作和解决问题。这种学习方式对学生的终身学习有着深远的影响。

例如,在"清水·扬帆·跨桥的探索之旅"主题"创客空间"综合实践活动课程的"清水"板块探究中,学生走进曲阳污水处理厂,通过观察脏黑的生活用水经过一道道的物理和化学处理后重新变成清澈生活用水的过程增加了科学知识。又如,在"认识身边的植物"主题综合实践活动课程的探究中,学生通过采集校园里的植物和注意观察、分类,制成植物标本,增加植物学的科学知识和学习标本制作技能。

(三)帮助解决实际问题

虹教附中的综合实践活动课程强调学生综合运用所学各学科知识来解决现实问题。学生要通过生活中的现象,发现自己感兴趣的问题,或者学会思考,提出自己的想法,或者将问题转化为小课题进行研究,形成对问题的初步解释。

虹教附中的综合实践活动课程具有规划未来职业生涯教育的积极作用,相当于实施职业体验活动,给学生提供发现问题和进行自主探索的机会。学生在不同的职业场景中实践和体验,在观察、探索、验证、合作、交流等活动中解决问题,概括和提炼经验,并在行动中应用,从而有效提高学生解决实际问题的能力。

例如,在"清水·扬帆·跨桥的探索之旅"主题"创客空间"综合实践活动课程的"跨桥"板块探究中,学生学习和尝试做一个桥梁工程师,通过扮演设计师、工程师、预算员和市场专员,学习解决生活实践中工程问题的思路,进而用给定的纸牌材料,尝试设计、制作纸桥模型,实现最长跨度和最大承载力。这样的职业体验活动让学生将学习到的理论知识与生活实践相结合,比起教师单一的讲解效果自然要好很多。

(四)促进学生的个性发展

虹教附中的综合实践活动课程之所以可以得到学生的喜爱,是因为它使得学生不再是被动学习,使他们在这门课程中占了主导地位,很大程度上调动了他们的学习主动性,使他们成了自己学习的主人。正因为综合实践活动课程的开放性、自主性,所以在课程活动过程中,学生可以选择自己喜欢的方面或活动。

虹教附中的综合实践活动课程的基本出发点就是将学生与生活、社会联系起来，使全体学生的发展得到肯定与帮助。每个学生的爱好与特长都是不同的，这也决定了单一的课堂教学模式无法满足学生个性化发展的需要，而综合实践活动课程能够让每一个学生的个性发展得到充分的帮助。

虹教附中设计有特色的课程体系，尽力开设"万物有灵""武德修身""创客空间"三大板块课程，并衍生出 10 多门微课程，为学生创造了自选感兴趣课程的空间，促进学生的个性发展、健康成长。

综合实践活动课程为虹教附中的教育改革和课程改革带来了新的动力，使得老师从单一教授课本知识，转变为学生学习活动的引导者和协助者，而学生也不再是被动式地接受知识，而是能够自主地选择想探究、能动手的方面，并进行研究性学习，同时在实践活动中成为学习的主动参与者。

附件:教育研究论文

"智慧百草园"课程群设计与实施探索

(李东昕)

一、背景分析

(一)社会现实的呼唤

随着社会的发展,我们面临的发展性问题往往更综合、更复杂,仅仅依靠单一学科知识难以妥善解决,常常需要多学科知识和跨学科运用才能应对。例如"生态环境问题",如果仅用地理的眼光分析生态环境破坏、环境污染问题的自然和人为原因是不够的,应结合生物、化学、物理等学科的理念和知识去深入分析其发生发展的起因、过程、结果,还要融入人文因素的深度思考,并提出相应的解决措施。

在目前的初中课堂教学中,教师跨学科教学意识比较薄弱,导致学生在分析环境问题时,只是浅层次地了解生态破坏、环境污染等宏观背景,而在深度分析过程中就显得茫然无措,这也就造成学生在日常生活中对问题研究不够重视,多停留在理论层面。在面临复杂多元的生活问题时,虽然不要求学生能做到面面俱到,但是要能够结合相关领域、相关学科的知识去分析问题、解决问题,向全面发展的方向迈进,这也是我们开设"智慧百草园"课程群的初衷。

(二)课程改革的需求

《教育部关于深化基础教育课程改革 进一步推进素质教育的意见》中强调要落实培养高素质、复合型人才,这也是我国各阶段教育的共同奋斗目标。然而文理分科的教学模式仍然是我国各地区教育的主流模式,学校教育缺乏对学科融合、跨学科教学的探索,可能成为人才培养的一个"瓶颈"。

自新课程改革以来,一直强调和倡导学科整合教学。2017年教育部颁布了《中小学综合实践活动课程指导纲要》,提出要从学生的真实生活和发展需要出发,从生活情境中发现问题,转化为活动主题,通过探究、服务、制作、体验等方式,培养学生综合素质的跨学科实践性课程。

"智慧百草园"课程群建设的目的就是通过设置综合课程,改变课程结构过于强调学科本位、科目过多和缺乏整合的现状,从而体现课程结构的均衡性、综合性、选择性,同时通过开展跨学科主题教育实践活动,将相关学科内容有机整合,加强学科间相互配合,发挥各学科综合育人的功能,为培养创新型、综合型人才奠定基础。

(三)学生发展的要求

《中共中央 国务院关于深化教育教学改革全面提高义务教育质量的意见》提出,坚持"五育"并举,培养德智体美劳全面发展的学生,其实就是回答了"培养怎样的人"这一教育的关键问题。我们认为:德智体美劳,每一个方面都有其自身的特点和教育中的功能作用,并且要将其作为一个整体,通过课程实施的方式,指向学生全面发展。

"智慧百草园"课程群旨在通过开展丰富多彩的教学活动,不仅指向学生跨学科知识的习得与综合能力的培育,更关键的是提供学生开展劳动实践活动的发生场所,创新劳动教育的内容,探索劳动教育的新方式。而且,学生在与自然接触的过程中,通过多样化的参与方式,可以提升审美感知能力和鉴赏能力,增强审美体验,提高审美情趣。

二、课程说明

基于上述背景分析与认识,虹教附中设计开发了"智慧百草园"课程群。

"智慧百草园"课程群是以中国传统的二十四节气中时令、气候、物候等方面变化规律所形成的知识体系和社会实践为载体,打通基础、拓展、探究三类课程之间的联系,设置相关活动内容。"智慧百草园"课程群有利于中华优秀传统文化的培养,使学生感受、认同、接受中华优秀文化和传统美德,增强国家认同与文化自信。"智慧百草园"课程群通过劳动实践、探究实验、主题活动、社会考察、专题讲座等方式,运用现代信息技术手段,融合了地理、生物、劳技、美工、3D设计与打印、开源硬件与编程等学科知识,让学生们在认识自然、了解自然的过程中,发现自然之美,探索自然规律,更深刻地了解物候和动植物的生长过程,锻炼学生的审美能力,提高学生的科学素养和生命意识,增强学生的环保意识。

在学生进行了最基础的观察、发现、耕作、收获等自然劳作和科学记录之后,虹教附中将开源硬件与编程作为一种调节、控制环境因素的手段融入动植物生长过程中,并引入物联网及人工智能的思想,让学生在认识规律的同时学会运用规律来改造自然。

此外,"智慧百草园"课程群也关注学生信息素养的培养,旨在运用现代信息技术手段,有意识地引导学生针对具体问题选用合适的技术工具与方法去解决问题,将信息技术与解决问题的过程相结合,在培养学生学科能力的同时关注信息素养的提升。

"智慧百草园"课程群(见图1)主要覆盖六年级、七年级、八年级,课程的设计以学生的认知规律为依据,从"感知觉的基本认识—体验式的实践活动—探究性的认知活动—创造性的生态环境设计活动"的课程结构入手进行整体课程的设计编制。

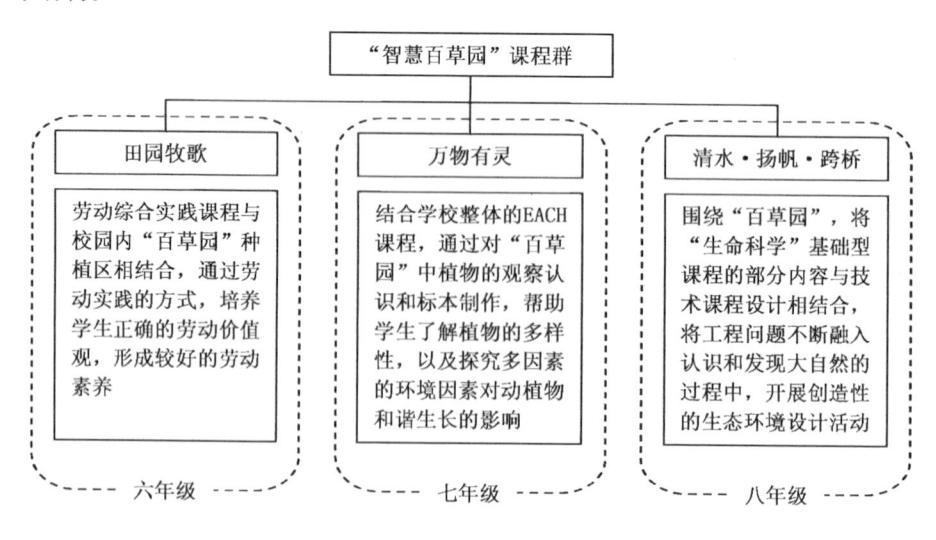

图1 "智慧百草园"课程群

三、学习目标

（一）总目标

通过"智慧百草园"课程群的学习，使学生能从个体劳动、社会生活及与大自然的接触中获得丰富的实践经验，并让学生使用现代信息技术手段，以观察、发现、体验、实践等形式和运用探究学习方式发现和提出问题，从而培养学生创新精神和创新能力，进而以此逐步提升学生对自然、社会和自我之内在联系的整体认识，形成价值体认、责任担当、问题解决、创意物化等方面的意识和能力。

（二）分目标

1. 六年级的"田园牧歌"的目标

学生从"百草园"中常见的中草药入手，通过"认一认""种一种""养一养""画一画"等形式，不仅认识和了解中医药知识中蕴含的中华传统文化，更关注学会基本的劳动知识和技能，逐步培养正确的劳动观念、良好的劳动习惯，以及热爱劳动和热爱劳动人民的情感。

2. 七年级的"万物有灵"的目标

学生在"百草园"中选择自己感兴趣的植物，从社会与生活热点中发现、探究与解决问题，以此培养课题研究意识与审美情趣，进而让学生从科学理性的视角认识生命、感受生命继而尊重生命，树立珍视生命的价值观。

3. 八年级的"清水·扬帆·跨桥"的目标

在六年级、七年级课程实施的基础上，关注学生的成果表达。通过将植物生长与3D打印和控制等因素融合，着重探究多因素的环境因素对动植物和谐生长的影响，并通过有效呈现和展示创造性产品的设计与制作，了解和掌握相关创造发明的方法与手段，以此培养与提升学生的科学素养、技术素养与工程素养。

四、内容框架

"智慧百草园"课程群的内容框架见表1。

表 1　　　　　　　　　　　"智慧百草园"课程群的内容框架

序号	名称	内容、活动、功能描述	年级
1	农耕文化	知识:了解传统农耕生产的特点和二十四节气、72物候的指导作用,以及与植物、动物生长的关系。 任务:探究季节的色彩,用线描的方式画出小麦发芽的过程,能运用暖色和黑白色的强烈对比关系表现生动画面,体验3D打印出来的植物造型。	六年级
2	植物生长观察与记录	知识:了解水稻生长规律及虫子和水稻相生相克的依存关系。 任务:(1)观察记录水稻发芽生长过程;(2)我与水稻比高矮:身体测量水稻生长情况;(3)手工:缝制谷粒沙包。	六年级
3	植物自动补光装置	知识:(1)植物生长的原理;(2)光的不同波长;(3)LED灯的原理;(4)3D设计与打印。 任务:(1)设计植物自动补光装置的整体结构;(2)设计制作LED灯;(3)3D打印零件和外壳。	六年级
4	蚕宝宝饲养箱	知识:(1)蚕宝宝生长的过程;(2)蚕喜欢的食物;(3)蚕适宜生长的温度;(4)3D设计与打印。 任务:(1)设计蚕宝宝饲养箱的结构;(2)设计制作温度控制系统;(3)3D打印零件和外壳。	六年级
5	植物自动滴管装置	知识:(1)植物生长的原理;(2)土壤水分传感器基本原理;(3)定时器的基本原理;(4)3D设计与打印。 任务:(1)设计植物自动滴管装置的整体结构;(2)设计制作植物自动滴管控制系统;(3)3D打印零件和外壳。	六年级
6	鱼菜共生水循环装置	知识:(1)水处理工艺;(2)过滤网的结构;(3)3D打印知识;(4)简单化学反应知识。 任务:(1)根据水处理工艺设计净水装置整体结构;(2)利用电纺仪设计过滤网。	七年级
7	水培植物营养控制装置	知识:(1)鱼菜共生基本原理;(2)控制器模型结构;(3)机械执行部件结构。 任务:(1)设计鱼菜共生装置的结构;(2)设计植物与动物的和谐体系;(3)3D打印装置零件和外壳;(4)设计制作控制模块。	七年级
8	香氛手作课程	知识:(1)植物精油提取方法;(2)植物精油的成分及作用。 任务:活用种植成品做成生活中小玩物,包括唇膏DIY、防蚊香砖DIY、快乐泡泡DIY、香草包DIY、创意肥皂DIY、防蚊液DIY、神奇万用膏DIY、精油DIY、神奇皂中皂DIY、灭虫魔法水DIY等。	八年级

五、课程实施

"智慧百草园"课程群以"主题学习"的形式进行授课,按照问题引入、知识学习、拓展成果、探究实践、成果展示等教学环节进行活动设计,将工程问题融入认识和发现大自然的过程中。

(一)问题引入

每个主题学习的内容都是应该从学生的生活中来的,且每个主题学习都应该从学生感兴趣的现象入手,先让学生产生质疑,再让学生带着问题进行知识的学习,从而提高学生学习的有效性和针对性,同时激发学生强烈的求知欲,并使其产生学习的动机。

(二)知识学习

这一部分是"智慧百草园"课程群的重点。任何实践活动与研究学习都需要基础知识的支撑。在这个环节,教师在讲解知识时要努力做到以下几点:第一,要用通俗易懂、生动有趣的语言阐述知识和原理;第二,要在学生已有知识的基础上加以拓展和进一步深化、提炼;第三,要采用陈述和问答的方式进行讲解,并始终让学生通过对一个又一个小问题的思考逐步掌握相关知识;第四,切勿全部以传统基础型课程上师生问答的形式进行讲解。

(三)拓展成果

在这个环节,教师要针对本主题的教学内容给学生提出一些练习,包括知识性的、总结性的和能力方面的练习,旨在让学生以知识为载体,提高分析、归纳、总结、概括、想象等思维能力。

(四)探究实践

这一环节是为学生提供动手实践机会的环节。教师可以根据学习进程的推进情况考虑探究实践的难度和要求。探究实践可以从动手制作标本开始,然后到实验室中的观察实验,最后到校园社区的植物识别等,由浅入深、由易到难、从简入繁,最终实现学生综合素养的全面提升。

(五)成果展示

通过前面的学习,学生会基本确定感兴趣的主要领域。这时,就要让学生从真实生活和发展需要出发,从生活情境中发现问题并转化为相关课题的研究,然后在老师的帮助下,以 4~5 人的小组形式,通过调查、走访、服务、制作、体验等方式完成相关课题报告,并在期末进行成果交流。

六、课程评价

(一)对学生评价

1. 评价内容

评价内容包括:是否在知识或技能的某些方面获得进一步的拓宽或提高;兴趣、爱好和潜能是否得到了开发和发展;是否会选择自己喜欢的拓展型课程项目;在综合能力方面是否得到了提高;在学习过程中学习态度、合作精神、解决问题能力等是否得到增强。

2. 评价主体

评价主体以教师和学生为主、以家长为辅。

3. 评价的过程和方法

评价的过程和方法为:学期期末开展展示活动与相关的比赛。同时,以任课老师为主,鼓励多元评价与过程性评价,着重对是否在知识或技能方面有所拓展与提高,兴趣爱好是否得到开发,学习过程中的学习态度、合作精神、解决问题能力是否增强,以及获奖情况等方面进行评价,每学期评选 2~4 名优秀学员。

(二)教师评价

1. 评价内容

评价内容包括:课程方案的撰写、教学计划和教学设计情况等;设计、开发和实施课程的意识和能力;在开设拓展型课程过程中的投入情况;课程目标的达成度情况;拓展型课程的教学反思和课题研究情况。

2. 评价主体

评价主体以校长、教师、学生为主,以家长为辅。

3. 评价的过程和方法

评价的过程和方法为：第一，学校评价，即学校通过听课、听取学生的反馈意见等多种方法来了解教师的教学情况并形成学校优秀、合格两类拓展课程评价等级，两个评价等级的占比分别为30%和70%；第二，教师自我评价，即让教师对自己教学情况进行诊断性的评价，以不断提高其自身的教学能力；第三，学生评价，即学校通过学期末的调查问卷、座谈会和个别调查等方式，让学生对教师进行评价。

《随迁子女家庭教育自助手册》编撰研究
（吴秋平）

一、问题提出

（一）随迁子女家庭教育的重要性与缺失之间的矛盾

随着上海外来流动人口规模的逐年增大，跟随外出务工家长一起从上海以外地区来到上海这座大城市的孩子越来越多，随迁子女家庭教育问题也日益成为学校关注的重点问题，而"以流入地政府为主，以全日制公办中小学为主"的政策仅仅满足了随迁子女义务教育的基本需求。

苏霍姆林斯基曾说过："教育的完善，它的社会性的深化，并不意味着家庭作用的削减，而是意味着家庭作用的加强。"

王婧馨和杨艳茹（2017）撰文提出进城务工随迁子女家庭教育的差异是影响同学间教育质量的最大原因，是最有可能隐藏和导致同学间教育质量差异或问题的所在。家庭教育对学校教育和社会教育具有放大、缩小或抵消、诋毁的作用，即家庭教育是同样的学校教育对不同学生影响不同的根本原因。这说明随迁子女家庭教育十分重要。但王佳颖和崔树银（2013）在分析上海进城务工人员随迁子女教育问题时提出，进城务工人员随迁子女家庭教育严重缺失。郭文丽等人（2016）在调查了上海中职学校随迁子女家庭教育现状后提出，随迁子女的家长工作时间长，其中，每天工作时间超过8小时的占92.2%，超过12小时的占

8.29%,从而导致随迁子女的家长对其孩子的陪伴时间严重不足。此外,随迁子女的家长学历普遍比较低,八成左右的家长学历主要集中在小学和初中阶段,且随迁子女的家长所从事的职业主要集中在基层(主要包括技术人员、小企业主、个体工商户、农业劳动人员、操作工人、建筑工人、家政服务人员等)。从以上的研究结论可知:一方面,随迁子女家庭教育十分重要;另一方面,目前随迁子女家庭教育严重缺失。

(二)随迁子女家庭教育存在的主要问题

1. 家长对子女学业期待较高,但满意度较低

随迁子女的家长不少为个体经营者、工人、郊区租地农民,大多从事一些脏乱苦的底层工作。出于对自身文化水平、职业状况、经济收入和社会地位的不满意,多数随迁子女的家长都非常重视对子女的教育,把改变命运的期望寄托在子女身上,这种较高的期望易导致亲子矛盾冲突。吕杏对此进行了调查。调查发现,在回答"您认为孩子的考试成绩重要吗?"一题时,随迁子女的家长表现出非常重视的态度,认为孩子的考试成绩"非常重要"的占37.3%,认为"比较重要"的占51.0%,认为"一般"的占11%,认为"不太重要"的仅占0.7%。这说明随迁子女的家长对孩子学业成绩的要求都比较高。但与此同时,随迁子女的家长对孩子的课业成绩却不太满意。仅有1.4%的家长对子女的学业成绩表示"非常满意",而持"比较满意"态度的占24.7%,持"一般满意"态度的占28.2%,持"不太满意"态度的占36.4%,且有9.3%的家长持"很不满意"态度。

很多父母在分析孩子成绩不好的原因时,会简单地认为是孩子不够努力,却忽视孩子自身学习能力养成问题。在高期待下,家长往往会拿自己的孩子与其他成绩优异的孩子做比较,从而进一步加重焦虑和失望情绪,并使孩子倍感压力和产生自卑、自责等情绪。

2. 陪伴和关爱缺失

由于大多数随迁子女的家长维持生计的劳动时间往往过长,因此用于家庭教育的时间相应减少,在家庭教育上付出的精力也比较有限,从而对亲子互动造成严重影响,进而导致难以形成良好的亲子关系,并影响到家庭教育的成效。与此同时,虽然部分进城务工人员在事业上非常成功,成为雇主、包工头甚至中高层管理人员,并因此家庭收入比较高,但这类家庭在孩子教育问题上却普遍存在

物质投入有余而精神关怀不足的现象。

随迁子女的家长容易忽视对孩子的关注和教育,从而导致随迁子女缺乏有质量的父爱和母爱。由于亲子之间相处质量不高,随迁子女的家长缺乏与孩子之间的情感交流,因此当孩子遇到生活难题时,他们很少能为孩子进行有针对性的教育或心理疏导。

3. 随迁子女的家长对自身权威地位降低不适应

来到大城市后,随迁子女比家长更容易接受新事物和新观念。相比之下,随迁子女的家长由于文化水平比较低,又忙于生计,因此难以满足孩子在学习和精神上的需求,进而导致家长在家庭教育中权威地位逐渐削弱。

有研究显示,网络的出现使孩子获取知识的途径变得越来越宽广,孩子想了解的东西很容易在网上查到,这与以前主要依靠家长、老师获取知识的方式相比发生了质的改变,孩子对家长的依赖性渐渐变小,家长在孩子心目中的权威性慢慢降低。

此外,当孩子进入青春期后,随着自我意识的高速发展,独立意识增强,孩子往往觉得自己能够独立做决定,对父母的依赖性降低,父母在孩子心目中的权威地位进一步受到挑战。由于随迁子女的家长往往习惯和看重孩子对自己的服从性,因此当他们的权威性受到挑战后就容易触发负面情绪,从而引发亲子矛盾。

4. 家长教养方式存在不当之处

早在1978年,美国心理学家戴安娜·鲍姆林德就提出了家庭教养方式的两个维度,即要求性和反应性。要求性是指家长是否对孩子的行为建立适当的标准,并坚持要求孩子去达到这些标准。反应性是指对孩子和蔼接受的程度及对孩子需求的敏感程度。根据这两个维度,可以把教养方式分为权威型、专制型、放纵型和忽视型四种。

当今在家庭中对孩子忽视、放任、粗暴的现象比较多,尤其是在随迁子女家庭中。随迁子女的家长对孩子的教养中的情绪问题其实也能理解,现代生活压力大,尤其是外来务工人员,来到一个新的城市需要为生活而奔波,在疲惫的身心之下,如果再面对孩子的不听话、任性、调皮捣蛋,往往就很难控制自己的情绪,会对孩子发脾气和经常打骂。

在不良教养方式中最突出的是专制型管教方式。很多随迁子女的家长在孩子小时候使用打骂的方式取得了较好的效果，但是随着孩子的成长，孩子的身体力量和心理独立性、自尊心不断增强，这种打骂的方式已经不可取，可这些随迁子女的家长却往往没有意识到需要调整和改变对孩子的教养方式。

5. 家长对子女的人生规划缺乏科学性

这主要表现在家长过分强调学业，不重视子女的个性特点，忽视对子女兴趣和能力的培养。例如，很多进城务工人员只是希望自己的子女从事企业白领、商人、教师、医生、科学家等工作，因为这些行业的职业声望高，工作性质体面，能够受人尊重，却根本不考虑自己子女的兴趣爱好和个性特点，从而无法科学地帮助自己的孩子进行人生规划和给他们增加职业体验的机会。

6. 一些家长自身存在不良行为习惯

在日常生活方面，有些随迁子女的家长在孩子面前说脏话、抽烟、喝酒、打牌、赌博、吵架；在个人卫生方面，有些随迁子女的家长缺乏对孩子的卫生教育和卫生管理；在作业习惯方面，有些随迁子女的家长要么不重视孩子的家庭作业，要么因自身文化水平不高而无法辅导孩子作业。

7. 家长向孩子反复灌输家庭经济不佳和父母辛劳等信息导致造成了一定的消极影响

随迁子女的家长大多数从事体力劳动工作，家庭的经济地位并不高，生活居住环境也不够理想。随迁子女的家长对于子女改变家庭命运的期望很高。在"穷人的孩子早当家"的观点影响下，随迁子女的家长希望通过让孩子意识到家庭经济不佳、父母辛劳来激发孩子的学习动机和改变命运的动机，也希望孩子由此能够更加感恩父母。但在被反复灌输家庭经济不佳和父母辛劳后，孩子内心容易产生自卑、自责、无助、不耐烦、怨恨等消极感受，可随迁子女的家长却往往忽视这一点。

(三) 虹教附中随迁子女家庭教育现状

虹教附中所有学生的家庭中属于随迁子女家庭的比例在65%左右。与此同时，虹教附中所有学生的家庭中过半家长的文化水平在高中及以下，如图1所示。

虹教附中的各班班主任均表示，自己班学生的家庭教育存在不当或缺失之处。在虹教附中学生的心理咨询中及教师与虹教附中学生的课堂互动中，学生

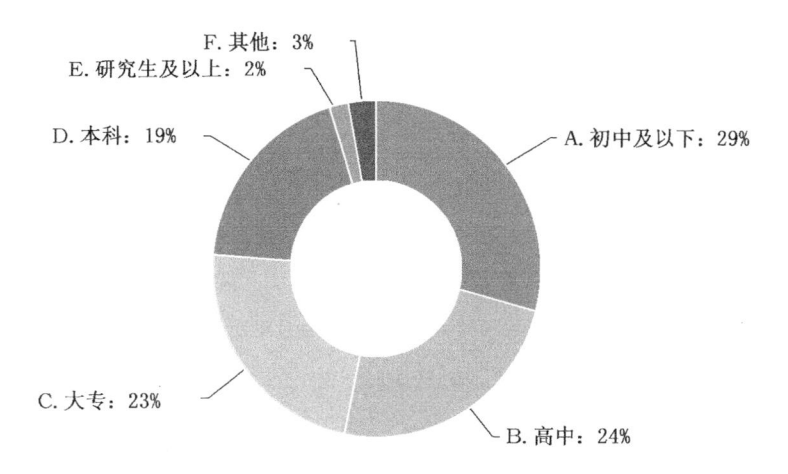

图1 虹教附中所有学生的家庭中家长的文化水平情况

们均提出在家庭中自己的父母不理解自己。

基于随迁子女家庭教育的重要性与缺失之间的矛盾,学者呼吁要提高家长家庭教育的素养和能力,并认为中小学校有必要举办家长学校、开展家长培训来进行家庭教育指导,并且要根据家长的需求提供有针对性的服务,强调共性和个性需求的结合。

此外,对于家庭教育的指导内容上,王雅宁(2012)认为确定指导内容应当以问题为导向,何秀华(2017)认为可以从互联网寻求指导形式的突破,并认为微信公众号、家庭教育指导论坛等各种网络平台是丰富指导形式的有效方式。因此,本研究结合随迁子女家长实际需求及《全国家庭教育指导大纲》要求,探讨如何开发《随迁子女家庭教育自助手册》(以下简称《手册》)及如何结合互联网、讲座等形式对家长进行指导。

二、研究概况

(一)研究目标

本研究的目标是:了解随迁子女家长在家庭教育指导上的真实需求,在此基础上有针对性地汇编出《手册》,旨在通过《手册》的汇编和指导增强随迁子女家长家庭教育指导知识和教育技巧。

(二)研究方法

1. 文献查阅法

查阅有关随迁子女教育情况、随迁子女家庭教育指导情况、中学生家庭教育指导情况、亲子沟通等方面的文献。

2. 问卷调查法

设计随迁子女家长家庭教育指导需求问卷并在校内进行普查。在《手册》使用期间编制家长调查问卷了解家长在使用《手册》期间的收获与困惑,以及评估依托微信公众号和讲座指导家长使用《手册》这种方式的有效性。

(三)研究步骤

1. 查阅相关文献资料

查阅与家庭教育指导、中学生家庭教育指导、随迁子女家庭教育等有关的书籍和文献及《全国家庭教育指导大纲》。

2. 调查随迁子女家长家庭教育需求

设计问卷,在校内进行普查,了解家长在家庭教育指导上存在的困难和具体需要哪些方面的指导,并邀请家长委员会成员进行访谈。

3. 确定《手册》基本框架

结合家长需求、家庭教育指导纲要文件、专家意见等,确定《手册》基本框架,并邀请专家批评指正。

4. 汇编及修正《手册》具体内容

按照《手册》基本框架,有针对性地查找相关资料、案例完成《手册》内容的选取和汇编,然后定期收集家长的使用反馈,同时邀请专家进行指导。

5. 确定《手册》的有效性

根据《手册》的内容分期在微信公众号上推送指导内容,依托家长讲座进一步讲解重点章节及解答家长使用疑惑,然后利用问卷邀请家长对《手册》的有效性进行评估。

(四)研究进度

1. 第一阶段:准备阶段

2019年8月至2019年10月,查阅相关文献、设计调查家长需求问卷。

2. 第二阶段:实施阶段

2019年10月至2020年10月,编制《手册》。

3. 第三阶段:总结阶段

2020年11月至2020年12月,结题并撰写研究报告。

三、研究内容

(一)调研随迁子女家长家庭教育指导的真实需求

本研究项目组通过设计和分析问卷来调研随迁子女家长在家庭教育中遇到的困惑,梳理出家长希望得到的具体指导需求。项目组以《全国家庭教育指导大纲》为编制参考,自编家庭教育家长调研问卷。问卷共计14道题目,其中13道选择题,1道填空题。问卷以问卷星的形式在家长群里发放,全体家长均参与作答。经过统计,得到如下信息(见表1和表2)。

表1　　　　　　　　　　　家长在家庭教育中的主要困惑

家长困惑	具体表现
学业问题	写作业非常慢、比较拖拉,学习时不认真、注意力不集中,厌学
沟通问题	不愿意沟通,容易发火
青春期叛逆	不听话,关门大声,顶嘴
沉迷手机	过长时间使用手机,沉迷于网络游戏

表2　　　　　　　　　　　家长希望得到的指导

家庭教育指导维度	需要	一般
科学地为孩子提供学业指导	73.79%	10.68%
培养孩子健康使用网络	69.90%	10.68%
了解青春期孩子生理、心理特征	67.96%	18.45%
家庭如何做好孩子的生涯教育	67.96%	13.59%
培养孩子独立自主能力	65.05%	13.59%

续表

家庭教育指导维度	需要	一般
培养孩子应对挫折的能力	63.11%	14.56%
有效的亲子沟通	59.22%	15.53%
营造温馨家庭氛围	54.37%	19.42%

(二)确定《手册》基本框架

该框架的确定依据有两点：第一，文献资料显示的随迁子女家庭教育的共性问题；第二，调研后明晰的随迁子女家长的真实需求。项目组以这两点依据为基础，结合《全国家庭教育指导大纲》要求，设计出适合随迁子女家长的《手册》。《手册》编写的基本要求是内容要通俗易懂，在保证科学性的同时具有可操作性，并编制贴近生活的具体案例。

1.《手册》基本框架的思考路径

基本框架的思考路径为：第一步，对文献资料整理的共性问题进行编码，找出对应的主题，并按照同样的方法对实际调研的家长需求进行编码，找出对应的主题。第二步，将从两个方面找出的主题进行进一步归纳，并归纳出学业、教养方式、网络使用、生涯规划、亲子沟通、青春期、家庭关系七大主题。第三步，将这七大主题进一步细化为更具体的小主题，包括具体案例的辨析与专题指导。

基本框架的思考路径具体如图 2 所示。

2.《手册》基本章节及相关内容

项目组在确定好七大主题后，进一步确定《手册》基本框架，然后确定具体章节。《手册》具体章节包括：(1)前言：介绍《手册》；(2)家长自查：家长了解自己的家庭教育情况，激发学习《手册》的动机；(3)第一章：青春期；(4)第二章：亲子沟通；(5)第三章：教养方式；(6)第四章：网络使用；(7)第五章：家庭关系；(8)生涯规划；(9)学业。

(三)开展《手册》的编写实践

1. 将七大主题细化成小主题

确定七大主题有利于构建《手册》的内容大框架以及确保《手册》内容涵盖随迁子女家长的确切需求和必要的指导范围。但每一个主题还需要进一步细化，

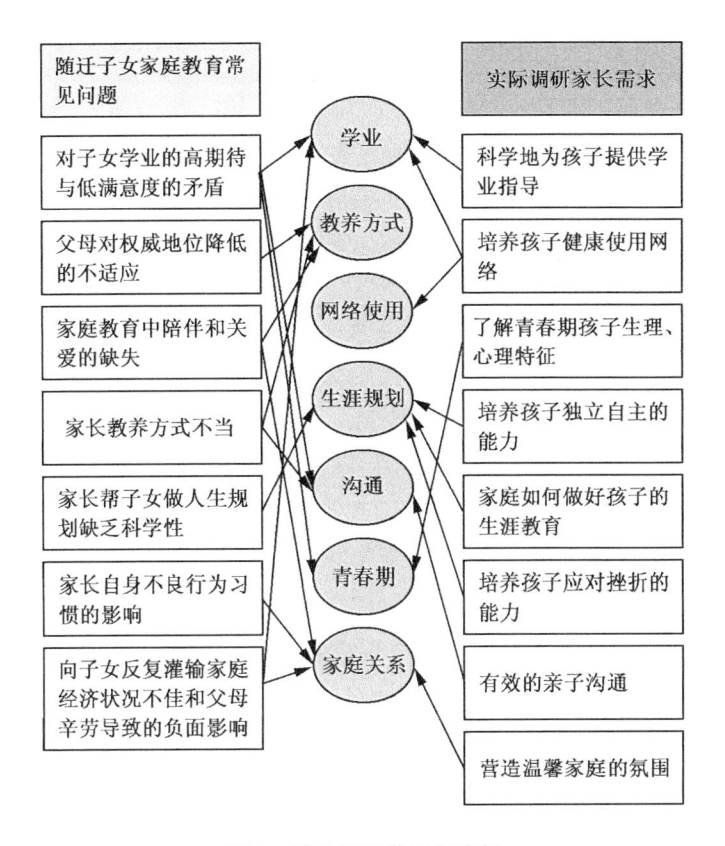

图 2　基本框架的思考路径

细化的依据包括：第一，相关文献查阅后了解的随迁子女家庭教育的突出问题；第二，家庭调研中突出困惑；第三，课程学生反馈；第四，心理咨询学生反馈；第五，班主任反馈。青春期主题还要考虑到初中四个年级学生之间的差异，因此该主题还需要细化为不同年级的小主题。七大主题的细分情况见表3。

表3　七大主题的细分情况

章节	主题	细化小主题
第一章	青春期	(1)青春期的生理心理变化；(2)青春期父母容易踩的雷区；(3)青春期的性教育；(4)青春期孩子遇到困难的信号
第二章	亲子沟通	(1)了解沟通；(2)掌握沟通技巧；(3)批评的智慧
第三章	教养方式	(1)那些错误的教养方式；(2)从裁判到顾问

续表

章节	主题	细化小主题
第四章	网络使用	(1)不把网络当敌人；(2)帮助孩子走出沉迷
第五章	家庭关系	(1)做不愤怒的家长；(2)不让吵架笼罩家庭；(3)如何忙里抽空来陪伴；(4)特殊家庭结构怎么做
第六章	生涯规划	(1)发现孩子的多元智能；(2)不是挫不是折；(3)随迁子女的升学知多少；(4)做军师,不做独裁者
第七章	学业	(1)小升初的顺利度过；(2)成绩归因；(3)激发孩子的学业动机

2. 确定资料汇编的依据

在细化小主题后,项目组就开始确定要汇编的资料。在确定汇编资料时,最主要是要注意汇编的内容需要。

第一,保障内容的科学有效性。主要的解决办法是了解书籍作者的权威性与专业性,以及出版社的权威性与专业性。在内容上发挥项目组相关教师的心理学专业知识,用通过了解做法背后是否有心理理论依据作为重要的筛选依据。最后查阅读者的反馈了解用户的真实体验。

第二,保障内容的易操作性。要明确随迁子女家长的特殊性(如文化程度不高),并选取通俗易懂的内容。如果内容质量较好,但不好理解,项目组就会进行适当转换。由于随迁子女家长的工作性质导致其指导和教育学生的时间受到限制,因此指导内容不宜过于烦琐。

第三,保证内容呈现方式的可读性。考虑到随迁子女家长的特点,《手册》中会尽量运用图表和对话等形式。

第四,保证内容能引起家长的重视。项目组在《手册》中加入了"家长知多少"的内容。在这一部分,首先是家长回顾的内容,之后是孩子视角解读的内容,再之后是原理解释内容,必要时还可加入数据和研究发现来引起家长的重视。

3. 内容把关

在完成内容汇编的初稿后,项目组邀请经验丰富的教师对《手册》的内容进行质量审核,并根据建议对《手册》内容进行修改与完善。

四、研究成果

虹教附中以本研究为依据,编撰并发布了一本共计 7 章、22 个专题的《手册》。该《手册》也是本研究的研究成果。

新中考改革背景下初中生公益劳动体验模式的实践探索
(宇海燕)

2020 年,中共中央、国务院印发《关于全面加强新时代大中小学劳动教育的意见》(以下简称《意见》),就全面贯彻党的教育方针,对新时代劳动教育做了顶层设计和全面部署。同年 7 月,教育部为了落实《意见》,加快构建德智体美劳全面培养的教育体系,制定了《大中小学劳动教育指导纲要(试行)》(以下简称《指导纲要》)。《意见》与《指导纲要》两份重要文件的出台,明确指出劳动教育是新时期党对教育的新要求,切实抓好劳动教育是当前和今后一个时期教育工作的重要任务。

在上海新中考改革不断推进的背景之下,如何进一步贯彻落实《意见》和《指导纲要》,更好地发挥学校在劳动教育的主导作用,推动建立家庭、学校、社会各方面齐抓共管、协同实施的机制,成为新时代学校教育的一个重要命题。

一、探索初中生公益劳动体验活动模式的意义

虹教附中探索初中生公益劳动体验活动模式既是落实新中考改革发展的需要,也是解决劳动教育现实困境的需要,更是达成劳动教育与立德树人目标的需要。

(一)基于新中考改革发展的需要

2019 年上海市教委公布了《上海市进一步推进高中阶段学校考试招生制度改革实施意见》(简称《实施意见》),《实施意见》明确了"完善初中学业水平考试制度""完善初中学生综合素质评价制度"和"深化高中阶段学校招生录取改革"

三方面的改革措施。建立初中学生综合素质评价制度作为上海新中考改革的任务之一,将劳动素养也纳入评价体系之中,把评价结果作为衡量学生全面发展情况的重要内容、评优评先的重要参考和毕业依据,以及高一级学校录取的重要参考或依据。

着眼于新中考改革发展,出于加强学生综合素质评价的需要,虹教附中致力于探索既能加强劳动教育体系建设,又能促进学生素质评价的教育模式。

(二)基于劳动教育发展的需要

《意见》强调"劳动教育是中国特色社会主义教育制度的重要内容",这是对新时代的劳动教育提出的新论断,从根本上确立了劳动教育在我国国民教育体系中的重要地位,确立了劳动教育在全面发展教育中的特殊地位。《意见》同时指出了在劳动教育实践中存在的主要问题:一些青少年中出现了不珍惜劳动成果、不想劳动、不会劳动的现象,劳动的独特育人价值在一定程度上被忽视,劳动教育正被淡化、弱化。

基于存在的问题,《意见》要求加强政府统筹,拓宽劳动教育途径,整合家庭、学校、社会各方面力量,家庭劳动教育要日常化,学校劳动教育要规范化,社会劳动教育要多样化,形成协同育人格局。

因此,学校要充分发挥在劳动教育中的主导作用,科学设计课内外劳动项目,采取灵活多样形式,激发学生劳动的内在需求和动力。同时,充分发挥家庭在劳动教育中的基础作用和社会在劳动教育中的支持作用,为学生开展劳动教育提供必要保障。

由此,虹教附中在新中考改革的背景之下,依据《意见》《指导纲要》对劳动教育的目标内容细化和具体化的要求,重构了学校劳动教育体系,形成了"2+3+X"初中生公益劳动体验活动模式。

二、初中生公益劳动体验活动模式的具体实践

(一)排摸学校开展劳动教育的现状

为了更科学合理地设计和全面实施初中生公益劳动体验活动,虹教附中围

绕已开展的劳动实践活动种类、内容和形式进行了广泛的调研,发现存在以下问题:

1. 学校对学生参与劳动实践的统筹力度不够

因为学校对学生参与劳动实践的必要性和重要性认识不足,所以至今未将"劳动实践"纳入学校常规工作予以统筹安排。在此种情况下,学生所面临的劳动实践类活动大部分是各部门、班主任或任课老师"各自为政"的布置。这样的随意性安排无法保持学生在校开展劳动教育的持续性和有效性,无形中为学生有目的地参与劳动实践制造了"瓶颈"。

2. 学校未能为学生参与劳动实践提供足够的岗位和资源

其一,学校提供给学生劳动实践机会非常有限,无法确保每一个学生都能有劳动实践岗位可锻炼;其二,没有与社区建立互助协作型劳动实践基地,学生缺少机会走出校园、走向社会和体验多种形式的生产劳动;其三,因校园规模不大,学校未充分利用校内资源,对教室、食堂、学校空地和操场等场所进行规划调整,没有为学生创造丰富的校内劳动实践场地。

3. 学校和家庭没有形成劳动教育的合力

家庭是劳动教育的重要场所,没有家庭的配合,劳动教育的链条是不完整的。很多学生劳动意识的淡薄,与家长的教育以及家务劳动安排有着很大关系。

(二)优化公益劳动活动的顶层设计

《意见》提出,学校要以学生的全面发展为中心,从劳动教育的目标定位、基本内涵、内容要求、实施途径、机制保障等方面进行系统化和一体化设计,补齐劳动教育短板,构建德智体美劳全面发展的教育体系。因此,虹教附中尝试在已有校内劳动实践活动的基础上,依据学生发展状况、办学理念、特色、可利用的资源等,对不同年级学生劳动实践项目内容进行系统设计、统筹安排,形成了"2+3+X"初中学生公益劳动体验活动模式(见图1)。

虹教附中"2+3+X"初中生公益劳动体验活动模式中的"2"是指学校开展劳动教育的两个目标,"3"是指实施劳动教育的三个有效途径,"X"则是指围绕两个目标、通过三个有效途径配套实施的系列初中生公益劳动体验活动。"2+3+X"初中学生公益劳动体验活动模式保持了学生劳动教育的连续性,建立了一个从家庭到学校、社区,各层次实施途径目标明确又有机衔接的劳动教育体系,通过

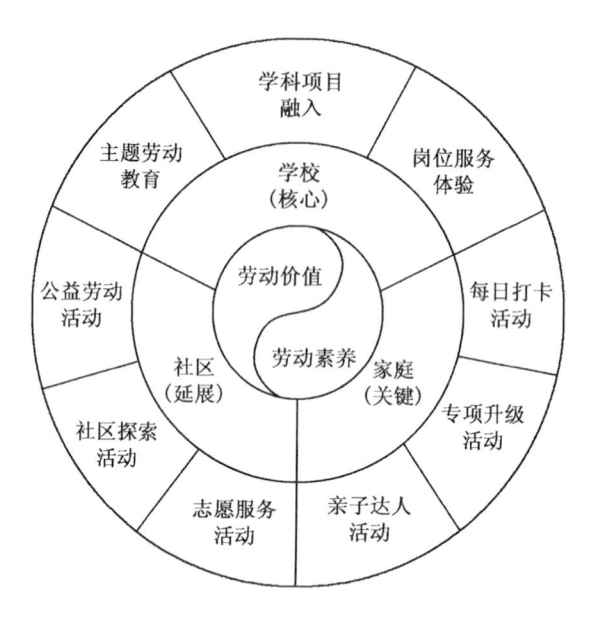

图 1 "2＋3＋X"初中生公益劳动体验活动模式

"三位一体"共同实施,充分保障了学生劳动体验在真实情境中有效开展。

(三)构建家庭、学校、社会协同育人机制

1. 以家庭为基础,树立劳动观念

家庭在开展劳动教育方面具有得天独厚的优势。父母要让孩子从小参与力所能及的家务劳动,这对于培养孩子的劳动意识和劳动情感、形成良好的劳动习惯具有潜移默化、润物无声的作用,对于儿童劳动素养的形成起着"打底"和"奠基"的重要作用。

虹教附中不定期通过家庭教育指导会让家长明确家庭对于学生劳动习惯培养的重要性,转变家长对孩子参与劳动的观念,使家长懂得劳动在孩子学习、生活及未来发展中的积极意义,让家长主动成为孩子做家务劳动的指导者、协助者和监督者,使家长与学校共同引导孩子参加力所能及的家务劳动。

虹教附中通过"每日打卡活动""专项升级活动"和"亲子达人活动"三个模块的劳动体验活动设计,引导学生在家里参与适量的家务劳动,让学生在简单的家务劳动中树立劳动观念、学习劳动技能、养成劳动习惯。在每个学期结束前,学校各中队将举行家务劳动学习成果展示活动,帮助学生在学习掌握劳动技能的同时,体会到劳动的价值与乐趣。

2. 以学校为主导,提升劳动能力

学校是学生开展劳动实践的主课堂。学校要在校内为学生积极创造劳动机会,在学校日常运行中渗透劳动教育,利用学校的土地资源,融合综合实践活动课程和生涯教育,鼓励学生在校内进行自己力所能及的劳动。为了更好地推进学校劳动教育的开展,虹教附中梳理了已有的劳动教育活动经验,并有机融合学校特色课程,把虹教附中的劳动教育分为三个模块。

第一模块为劳动主题教育。虹教附中通过制定班级劳动公约、每日劳动常规、学期劳动任务单和班级定时、定岗、定人的值日劳动,并结合植树节、学雷锋纪念日、"五一"劳动节、志愿者服务日等,开展丰富的劳动主题教育活动,营造劳动光荣、创造伟大的校园文化,让学生围绕日常校园生活开展劳动体验、探索劳动精神、养成劳动习惯、形成积极的劳动观念和态度。

第二模块为岗位服务体验。虹教附中结合自身实际和学生年龄特点,系统梳理社会实践资源,遴选校外服务岗位,合理规划校内服务岗位,积极创新班级服务岗位,扩大学生岗位服务体验的覆盖面,为学生提供更多的岗位服务机会。我们在校内设立了一批适合学生们在课余时间从事的服务岗位,如图书馆管理员、午间活动管理员、早高峰使者、学校大型活动引导员等,让学生可以充分体验劳动服务、践行劳动精神。

第三模块为学科项目融入。《指导纲要》明确指出,要在大中小学独立设立劳动教育必修课程,平均每周不少于 1 课时,用于活动策划、技能指导、练习实践、总结交流等,并要与通用基础课程、地方课程、校本课程等有关课程进行必要统筹。

虹教附中在重构"2+3+X"初中生公益劳动体验活动模式过程中,以原有的综合实践课程为学科项目切入口,在基础型课程"生命科学"和"科学"中的植物板块进行了校本化实施,融合项目化的学习方式,开发设计了"万物有灵"综合实践活动课程,通过种植实践、探究实验、设计制作和职业体验四个劳动实践课程板块,进一步延伸学生劳动实践的体验途径,培养学生形成正确的劳动价值观和较好的劳动素养,并指导学生学习一定的劳动技能用于解决生活中的问题,还帮助学生将其自己的创意、方案付诸实践,从而提升学生创造性劳动的能力。

3. 以社区为支持，弘扬劳动精神

校外劳动实践是对校内劳动课程和日常劳动实践的补充和扩展，是学校教育的延伸。虹教附中将社区作为校外劳动的延展平台，充分利用社区资源，以雏鹰假日小队活动为主要形式，组织学生开展"公益劳动活动""社区探索活动"和"志愿服务活动"。

学生们寒暑假都会主动进入社区开展各类活动，如进入社区开展"垃圾分一分，地球美十分"宣传垃圾分类知识的文明新风尚活动；到社区老年人活动室为老爷爷、老奶奶提供力所能及的公益服务；到校外爱国主义社会实践教育基地——李白烈士故居体验志愿讲解员岗位，为游客介绍李白烈士的生平故事；与学区内的小学携手，让队员体验小辅导员的岗位，为小学二年级的小队员上队课、讲雷锋的故事；与社区街道携手，让有绘画才能的队员用画笔美化社区社工服务站等。

丰富的校外实践活动让学生能够学以致用，使学生能以自己的劳动满足社会组织或他人的需要，并在满足被服务者需要的过程中获得自身发展，促进学生相关知识技能的学习，提升其实践能力，并为社区发展做贡献。

三、对初中生公益劳动体验活动模式的思考

基于新中考改革发展的需求，虹教附中以"2＋3＋X"公益劳动体验活动模式，加强校本课程体系中劳动教育的科学合理安排和全面实施，不仅有效落实了初中阶段学生需完成的80课时公益劳动，更为学生劳动素质的提高拓宽时空，设计适合学生动手实践的活动，培养学生正确的劳动价值观和良好的劳动品质。

"2＋3＋X"初中学生公益劳动体验活动模式，将劳动教育与学生的个人生活、校园生活和社会生活有机结合起来，建立了一个从家庭到学校、社区，各层次实施途径目标明确又有机衔接的劳动教育体系，丰富了学生劳动体验的实施途径，提高了学生劳动能力，深化了学生对劳动价值的理解。

虹教附中将继续进行家庭、学校、社区一体化劳动教育的布局，开启劳动教育实施的多维空间，为学生构筑好劳动教育的引桥，并充分聚焦能够培养学生积极的劳动观念和态度、以主题式活动方式开展、能满足学生不同兴趣需求的劳动

实践项目,开展形式丰富的活动以充分展示学生劳动的成果,以此促进学生夯实劳动之根基、养成劳动之习惯、培育劳动之素养。

数学课堂"问题串"式的提问设计
——数学课堂关键问题的解决策略
（徐 奕）

由于问题解决是数学课堂教学的核心,因此数学课堂教学的有效性往往取决于问题本身的优劣。一个"好问题"应该有以下三个规定性:一是容易接受(不需要大量技巧);二是有多重解题方法(或者至少有多重思路);三是蕴含了重要的数学思想或数学方法。为此,我们虹教附中数学教研组把围绕一节课核心教学内容的"问题串"式的提问设计作为解决数学课堂关键问题的策略。

一、提出问题的背景

(一)教育环境的变化

随着新中考的政策下达,数学学科的考查不仅包括要求学生具备扎实的数学基础知识和基本技能,更包括要求学生具有良好的综合分析问题和解决问题的能力,以及利用数学知识解决实际问题的能力。基于此,数学教师必须改变传统的"填鸭式"教学模式,从数学抽象、逻辑推理、数学建模、数学运算、直观想象和数据分析六个维度,全方位、立体地培养学生的数学素养,树立学生的主体地位,提高学生分析问题、解决问题的能力,以面对越来越高的目标要求。

(二)学生生源的变化

"强校工程"实施后,幸福四平小学的对口入学和民办摇号政策的实施,使虹教附中由原来祥德路小学这样一所实验外来务工子女占大部分生源的学校变成了一所教育教学风格截然不同的学校。随着学生人数增加,学困生人数也相对增加。同时,摇号政策的实施又使小部分未能摇进民办的资优生统筹进了我校。上述种种原因导致我校学生数学学习方面的基础、能力差异极大,几乎是 0 分到

100分的差距。面对学生人数多、差异大这样的现实,我们不得不调整数学课堂教学等各方面的教学工作,使数学教学能更具针对性和有效性。

(三)课堂教学的问题

我们在教学过程中经常会遇到这样的情况:一个问题提出后,要么半天没有反应,出现一段长时间的沉默,而当教师点名让同学作答时,很多同学也只是支吾以对、答不对题,要么有的同学马上就高声地把答案报出来了。面对这种情况,我们反思和寻找了问题所在。

第一,教师提出的问题过难,超出了学生的能力范围。问题过难使得学生不会回答,违背了学习规律,导致学生思维断层,"跳来跳去够不着"。

第二,教师的问题表述不清楚,学生不知如何回答。一个提出的问题必须是准确、具体、不产生歧义的,否则就会使学生左右为难、无所适从。

第三,在学生还没有足够的时间思考提出的问题时,便急于让学生回答。在学习过程中,由于学生是需要时间来思考问题的,因此保持课堂适度沉默对于学生而言至关重要。而我们在课堂上,通常很少给学生思考的时间。所以在有些时候课堂沉默是教师的最佳选择,这对提高学习效果具有巨大的作用。

二、提出问题的改进

(一)理论学习,达成一致

数学教研组内教师通过理论学习和研讨以及专家的指导,明确"问题串"设计的基本原则。

第一,目标性原则,即核心提问要达到主要的教学目标。应针对教学重点和难点,设计"问题串",围绕一条教学主线,有计划、有步骤、有层次步步深入设问。

第二,层次性原则,即"问题串"的设计要有适当的知识阶梯,能使学生在教师诱导下通过思索、讨论、释疑达到理解。

第三,挑战性原则,即根据不同的教学内容,"问题串"的设置应有一定的难度,能引发学生的认知冲突,激起学生的好奇心和探究欲。

第四,可变性原则,即"以其所知,喻其不知,使其知之",要根据课堂的即时生成调整问题的设问,从而使学生的创造性思维火花得到迸发。

下面以七年级第一学期的"数学11.5:翻折与轴对称图形"一课为例进行说明。

本节课的教学目标就是通过学生的操作、观察、比较、分析、概括理解轴对称和轴对称图形的相关概念。在这节课中,我们根据上面的四个原则在"学生活动:任取以下几何图形中的两个组成一个新的图形,使它成为一个轴对称图形,并画出它的对称轴"这一环节设计了"问题串"(见表1)。

表1　　　　"学生活动:任取以下几何图形中的两个组成一个新的图形,
　　　　　　使它成为一个轴对称图形,并画出它的对称轴"环节的"问题串"

初　稿	终　稿
问题1:每个小组都没有选择平行四边形,为什么? (追问:有一个小组选择平行四边形,你觉得选择平行四边形能否拼出一个新的轴对称图形?)	问题1:你选择了哪两个图形?
问题2:观察新图形的对称轴以及原先几何图形的对称轴,你发现了什么?	问题2:怎么拼的?(有没有也选择这两个图形的组?拼成的图形一样吗?)
问题3:请你用几何图形拼出一个美丽的新轴对称图案。	问题3:这两个图形可以拼成多少个不同的轴对称图形? (追问:它们的对称轴有什么特征?)
	问题4:为什么大家都不选择平行四边形呢? (追问:如果有两个一模一样的平行四边形,可以组合成一个轴对称图形吗?)

(二)集体备课,统一意见

关键问题的改进最重要的是备课这一环节。我们数学教研组加强集体备课,通过"互备"过程进一步完善"问题串"的设计。首先,个人初备,形成初案。其次,集体备课,形成教案。这两个过程是一个统一的过程,是对一节课的教学目标、教学重难点的统一,对一节课要解决的核心问题的统一,对一节课必讲例题筛选的统一。最后,由教师根据所教学生的具体情况进行一些个性化的设计和调整。

(三)实践反思,优化问题

在精心备课的前提下,我们积极进行课堂教学落实。在课堂教学中,当"问题串"一步一步被提出后,教师应关注"师生互动"和"生生互动"。一是要面向全体学生,鼓励或者要求有不同学习能力层次的学生都参与进来。二是要给予充分的应答时间,即给予学生足够的思考时间,照顾大多数学生的思维水平。三是教师应注意自己的助答意识和助答技巧,比如提示、追问、再提问等。在授课结束后,教师应及时进行反思,将课堂中产生的问题等内容记录下来,对"问题串"进行修改或优化。

三、提出问题的反思

"问题串"的设计对教师提出了更高的要求。问题的提出是实施数学教学的重要手段,更是数学课堂教学艺术的体现。在教学中,教师要善于发问,这样既可以让课堂气氛活跃,也能使学生的学习更加积极主动。合理的问题是激发学生学习兴趣、开启学生智慧之门的钥匙,是信息输出与反馈的桥梁,可以使学生和教师都受益匪浅。

当然,我们也有些困惑。一是新授课的教学目标明确,核心问题容易确定,但是其他一些数学课型(如复习课、习题课)如何进行"问题串"的设计?二是"问题串"好比"脚手架",我们的目的是为了有效达成教学目标设计有梯度的问题,循序渐进地进行教学,让不同层次的学生都能学有所得,但是"脚手架"到底有几层比较合适?少了学生可能够不上,多了会不会反而阻碍了学生的思维,并造成定势思维?这个度的把握还是很重要的。还是要通过教学研究,根据学生的具体情况来具体分析、设计和操作的。

例谈如何提升初中语文口语交际教学效能

(唐田田)

语文教学中的口语交际,实际是在专门创设的与日常生活相似的交际场景下,在特定的交际目的驱动下,通过参与交际双方的听说互动,培养学生参与交际的目的意识、角色意识、对象意识、环境意识和驾驭规范、准确、生动的口语的能力,并在此过程中不断开展丰富学生人文精神和素养的练习。如今,口语交际已经作为第五大领域,与识字及写字、阅读、写作、综合性学习并驾齐驱。《义务教育语文课程标准(2011年版)》明确指出:"口语交际能力是现代公民的必备能力。应培养学生倾听、表达和应对的能力,使学生具有文明和谐地进行人际交流的素养。"联合国教科文组织曾提出,21世纪培养人才的标准主要包括生存能力、学习能力以及交际能力。交际能力的一个重要表现是口语交际能力。培养学生的口语交际能力无论是对于《义务教育语文课程标准(2011年版)》的实施还是对于帮助学生适应未来社会的基本要求,都至关重要。

然而,目前口语交际在语文课堂教学中并没有得到足够重视,出现了以下三种现象:教学目标不清晰、教学内容匮乏、缺少丰富的教学方法。造成上述现象的原因:一是因为纸笔测试难以考察真实的"口语交际",带来教学的功利;二是语文课程的理论研究没有为口语交际教学提供足够而有效的课程知识;三是课程标准与教材对口语交际只有笼统"要求",缺少丰富恰当的教学资源和具体的方法策略。

为此,笔者结合自己的课堂实践,提出提升初中语文起始阶段口语交际教学效能的方法。

一、明晰口语交际教学目标

(一)口语交际教学目标要明确

课堂教学的出发点即为教学目标。制定明确的教学目标,不仅影响着教学环节的开展,而且很大程度上会改变最终的学习效果。《追求理解的教学设计》一书中曾经提道:只有明确了教学目标,我们才能够对要教什么、不教什么、重点是什么和需要弱化的是什么做出合理的判断。教学目标是教学设计的根本。

作为口语交际课的根本,口语交际教学目标尤为关键,决定了我们的课堂将会走向何方。因为口语交际教学是培养学生在生活交际中的口头表达能力,具有其独特的交际性。相对于阅读教学中常见的侧重于整体感悟和遣词造句,口语更侧重于思维结果的具体化和交际效果的现实性。所以,口语交际教学因为其较之阅读教学与生活结合更加紧密,教学目标更要明确,通过教学目标的明确来确立教什么、不教什么和哪些地方重点教、深入教。

比如，在六年级新生入学阶段，设计口语交际主题课程：我的好朋友。一开始，笔者把教学目标之一设定为：理解"朋友"内涵，能学会自我赏识与赏识他人，能愉快和谐地和他人沟通。但是在课堂上，学生呈现出来的学习效果并不理想。学生对"朋友"内涵的理解不够深入，只停留在浅层次的交往礼仪上，并且教师也无法检测学生的"理解"程度。

布鲁姆在教学目标分类学（认知领域）里，对"理解"的定义是：当对通过各种途径获得的信息构建意义时，理解便发生了。就是说，当学生对"理解"的内涵进行理解时，应该做出以下行为中的一种或几种：解释、举例、概括、推论、分类、比较和说明。只有这样，理解才是成立的。

后来，笔者把教学目标修改为：能通过多个举例解释朋友的内涵，并通过推论得出交朋友的一些基本方法。如此一来，学生在课堂上不仅能结合自己已有的认知经验进行学习，还能通过已有的认知经验推论出一些交际方面的方法，从而真正在课堂上有所得。

（二）口语交际教学目标要可操作

布鲁姆说："阐述教育目标，就是以一种较特定的方式描述在单元或学程完成之后，学生能够做什么，或学生应具备哪些特征。"由此见得，目标在教学中占有十分突出的地位，它是把"教与学"联结起来，把教师的"教"转化为学生的"学"的重要关节。只有教学目标可操作，教师在"教"时才有可能操作得当，找对方向与方法，也就能够通过教学目标来检测学生的"学"是否到位。

比如，在六年级课文《七律·长征》中，一开始笔者把口语方面的教学目标设定为：在理解诗歌大意的基础上熟读成诵，引导学生有节奏、有感情地诵读诗歌。在课堂上，一位学生把"有感情"理解为抒情，在她的诵读中充满柔美的感情。然而在这首诗中，作者描绘了红军长征时的艰苦环境，表现了红军的革命乐观主义精神，因此不应该用抒情的方式诵读。而想要让学生理解这一点，教师就必须引导学生深入理解、体会，才能把握诗的丰富而深刻的思想感情。在反复琢磨中，笔者发现，这样的教学目标并不能对教师的"教"起到定向作用，所以，教学目标应该设定为：用激昂、向上、对困难的藐视、对革命必胜的信心去表达革命者大无畏的乐观主义精神。这样，就把"有感情"具体化了，教师和学生都更易于操作了。

二、充实口语交际教学内容

口语交际来源于生活、应用于生活。在课堂上,教师应该创设真实情境,努力为学生提供丰富的教学内容。生活是丰富多彩的,口语交际的内容也应该是绚丽缤纷的,这样不仅能让学生产生学习的积极性,也能够帮助学生把课堂所学运用到生活实际中去。相反,单一的教学内容会使得学生走向死板,处理交际问题单一化、模式化、套路化,不能应对复杂多变的生活场景。

(一)基于教材定内容

叶圣陶先生曾经说:"语文教材无非是个例子,凭这个例子,要使学生能够举一反三,练成阅读和作文的熟练技巧。"同样,在口语交际的课堂上,教师同样可以拿语文教材中的例子,结合真实情境,充实教学内容,拓宽学生视野,开发学生的思维能力,培养学生的语文素养。

比如,六年级下册第一单元有课文《北京的春节》《腊八粥》。学生在六年级第二学期入学时正值寒假结束,刚刚体验过春节,已经存在真实情境。此时开设口语交际课"丰富多彩的节日",并把两篇课文作为例子,引导学生从不同的角度介绍节日,学生的体验就会更丰富,从而使阅读、写作与口语交际三者之间相辅相成、互相促进。

下面截取课堂实录片段:

师:下周,我们班要接待国际小朋友来参观学习。现在春节刚过,到处是浓浓的节日氛围。如果你要向外国小朋友介绍我们国家的春节,你可以从哪几个方面介绍呢?

生1:过节吃什么、玩什么。

生2:有什么特别的习俗。

师:老舍在《北京的春节》中是怎么介绍的?我们能借鉴些什么?

生3:老舍在《北京的春节》中写到什么时间有什么特定的习俗。我觉得我们还可以说说在不同的地方有什么不同的习俗。比如北京和上海过年时的习俗就不同。年三十晚上北京吃饺子、上海吃汤团。

师:所以我们的表述要有顺序,可以按照时间的不同来介绍习俗,也可以按照地点的不同来介绍,还有吗?

生4:还可以按照年龄大小的不同介绍他们分别是怎么过节的。

师:那么接下来,我们就从这些你们想到的方面准备一段小小介绍,为我们的外国小朋友介绍你最喜欢的节日吧。

在上述片段中,通过课文例子,引导学生注意讲述的条理性。等到学生模拟介绍后,再由师生一起归纳总结介绍应该注意的事项。比如,语气要连贯,没有不必要的停顿;讲述要有条理,并适当加入抒情或评价;要突出重点,能让听众很快接受主要信息;要用听众熟悉的内容进行比较,使听众能较快接受新的信息等。把课文作为例子,通过阅读和理解使学生获取相应的知识和观点,教会学生举一反三、触类旁通,可以最终达到"教是为了不教"的目的。

(二)立足生活找内容

口语交际教学区别于"听说教学"之处在于它具有"交际性"。口语交际教学不仅仅培养学生的语文素养,更是回应社会的需要。当今时代,既张扬个性,又逢多元文化激烈撞击,社会的和谐发展呼唤每个成员都要具备良好的社会交往理性。因此,口语交际教学不能脱离生活,它的教学内容应该来源于生活、应用于生活。

比如,在家长会前夕,我们开设了以"今天我来做家长"为主题的口语交际教学活动,让学生体验家长的一天,感受家长面对孩子时的种种心理,从根本上达到体谅家长、学会与家长沟通的目的。在课后,一个一直与妈妈闹矛盾的学生给她的妈妈写了长信,信中提道:"我是第一次做孩子,你也是第一次做妈妈。也许我们都还不太会与对方相处,但我愿意和你一起努力做好这个角色。"在此次口语交际课中,学生通过换位思考学会共情,从家长的角度去看到自身存在的问题,既提出了适合自己的沟通方法给家长做参考,又体谅了家长的良苦用心。经过这样的课堂,学生不仅提升了沟通的能力,也加深了与父母之间的情感。

(三)融合学科拓内容

口语交际与学生的生活息息相关,可以帮助学生解决真实情境下的真实问题。然而在我们的生活中,很少有哪些问题是只运用单一学科知识就可以解决的,此时,语文学科与其他学科的充分融合就能够帮助学生通过运用多学科知识解决真实问题。在今天这样一个时代,仅仅在一个孤立的学科领域中教育学生是不够的。学生需要在情境中学习,需要超越学科界限在各学科之间建立联系,将从各个学科学到的内容整合起来,学以致用,知行合一。

比如,笔者在七年级上第一单元开设"走进九月的校园"口语交际课就是一次对语文学科与生命科学、美术相融合的探索。学生刚刚进入初中校园,对学校的喜爱与归属感与日俱增。在此背景下设立"走进九月的校园"课外活动,鼓励学生走入校园,去评选"校花"。本课设以下教学流程:

第一,找一株最能代表学校的植物,运用生命科学学科知识,以小组形式探讨它的与众不同之处。

第二,把该植物与学校的建筑特色或精神人文、学生风貌相结合,为这株植物参评"校花"设计一段推荐词。

第三,在公众场合向全校师生介绍这一株植物,进行"校花"评选。

在活动中,教师可以结合《感动中国年度人物》的推荐词,引导学生模仿如何撰写推荐词与如何在公众场合向大家推荐一样事物。通过本课,不仅使得学生的口语交际能力得到充分锻炼,还大大培养了学生的交际自信。

一位平时比较内向的学生课后还为自己的"校花"设计了校服,并且在学校师生面前侃侃而谈,介绍自己的创作理念。一次简单的口语交际课,却让学生发现了自己的闪光点,发现了各个学科不同的美。这样的口语交际课引导学生利用口语交际相关知识和结合其他学科解决真实问题,切实地提升了学生的核心素养。

三、转换口语交际教学方式

口语交际教学要以培养学生的学习兴趣为前提,诱发学生学习的主动性。积极转换口语交际教学方式对提升教学效能有很大作用。

(一)教学的专题化

口语交际教学具有独立性的特点,具体体现在:第一,它不是文学教学,而是言语训练;第二,它是自成体系的言语活动,而不是读写的附庸;第三,相对于整体感悟与遣词造句,它更侧重于思维结果的具体化和交际效果的现实性;第四,它是训练思维方式和社交技能的重要途径。因此,口语交际教学应该进行专题化。部编版语文教材区别于沪教版语文教材,加入了口语交际部分,这对口语交际教学的专题化有着积极的促进作用。

比如,在九年级第一学期以"讨论"为主题的口语交际课上,笔者就设计了一个情境任务,让学生通过小组讨论,再综合组内成员意见进行发言,帮助学生培养口语交际能力。

情境:经过5天的艰辛努力,登山队终于登上海拔7 500米的山。在返回下降到3 000米高度时,突然发生了雪崩。此时,气温下降到零下20摄氏度左右,周围是冰雪世界。所幸,大家都未受伤,并留下了一些必要的生存装备和物品。

问题:为尽早返回安全地带,请将所剩物品按求生的重要程度排序。

A. 压缩饼干 B. 火柴 C. 指南针 D. 匕首 E. 保暖睡袋 F. 手电筒
G. 紧急避难帐篷 H. 急救药品

在学生小组讨论时,组内成员发言的意见有相同之处也有不同之处。这时就需要学生既要倾听与自己意见相同的同学的看法,也要倾听与自己意见不同的同学的看法,然后结合已发言同学的观点阐述自己的看法,从而自己摸索出发言的方法,即有观点(能围绕观点进行说话)、有条理(有概括、有展开、有总结)。

下面截取教学实录片段:

生1:我们要原地等待还是要下山,我认为我们应该先要原地等待。

生2:我认为应该先下山,因为一般来说没有人会无缘无故上山去找人。

生1:但是如果在下山的途中又发生雪崩,就完了。

师:如果你们无法说服对方,就先说说你们各自的观点和理由。

生1:若是原地等待,我认为最重要的是火柴,因为在海拔3 000多米的环境下非常寒冷,如果不注意保暖的话,人会因为体温过低而冻死。第二重要的是压缩饼干,因为压缩饼干可以为我们的身体带来热能。火柴从外面、压缩饼干从里面帮助我们维持体温。然后是帐篷。

生2:若是下山,我认为火柴反而不是最重要的,因为虽然下山的话火柴可以先带着,但是高山环境中空气较为稀薄,这会导致点火比平时困难好几倍。如果是下山,我认为最重要的是压缩饼干,因为它可以补充下山所需的体力。其次是手电筒,因为如果夜行,手电筒是非常重要的,而且手电筒可以照天空或者地上,如果有人看到光亮的话就可以来救援。再次是指南针,因为可以根据上来的方向的反方向原路返回。最后我选择的是火柴。

生3:我觉得生2的观点最好,因为即使待在原地等待救援,如果发生雪崩,也同样没办法逃跑。

在这一段学生讨论中,第一回合双方都提出了各自的观点,但都无法说服对方。这是因为他们忽略了一点:观点背后要紧跟理由才能站得住脚。在教师的提醒下,他们重新论述自己的观点。第二回合中,学生较好地完善了自己的论述。先提出观点,再给出理由。但观点与理由很多,所以如果在陈述完观点与理由后有一个小小的总结,那么这一段讨论就会使对方听得清楚明白。

生3在听完生1和生2的发言后提出了自己的观点。但如果根据前两个人的观点先进行一个总结,再提出自己认为谁的看法更对,或更不对,然后提出理由,那么会使得小组成员更明确之前讨论的观点,并且也会让前面两个同学感受到自己的观点被接收到。在小组讨论当中并不是只有一个个体,当很多人在讨论的时候,要关注到其他人的发言,这才是"小组"的讨论。

通过这样针对"讨论"的专题化教学,学生对"讨论"目的和方法更明确,教学效果比较理想。

(二)教学的信息化

当今社会是一个高度信息化的社会。现代教育技术手段为课堂教学提供了丰富多彩的教学环境。当教师和课本不再是唯一的信息来源,当多种媒体的运用不断地扩大着知识信息的含量,学生就可以充分地调动自身的多种感官,积极主动地融入良好的学习情境中去。比如,一位教师在教授以"采访"为主题的口语交际课时,就把摄像机带进了课堂,让学生自己录制自己的采访视频,然后让学生通过回看采访视频,站在旁观者的角度去发现自身存在的问题。这样的教学方式使学生觉得非常新鲜好奇,同时效果也非常好。

在回看的过程中,学生不仅发现了自身采访时应该注意的应答对策,还发现一些体态语对采访的效果有着非常大的影响作用。比如,目光看向对方的面中部区域比咄咄逼人的直视对方的眼睛让对方更放松;身体的微微前倾比身体靠在椅背上让对方更有倾诉的愿望;经常点头表示对对方的肯定,也会鼓励对方的流畅表达。

此外，教学信息化还包括：视频、音频的加入，利用班级网络做班级调查，利用互联网做问卷调查，在讲述中加入适当的音乐等多种信息化形式。教学信息化让我们的口语交际课堂更加贴合生活，也更加贴合学生们的内心需求。

（三）教学的活动化

"做中学"是杜威全部教学理论的基本原则。他认为：所有学习都是行动的副产品，所以教师要通过"做"，促使学生思考，从而学得知识。怀特海在《教育的目的》中也曾提道："不能加以利用的知识是相当有害的……教育是教人们如何运用知识的艺术……教育只有一个主题——那就是多姿多彩的生活。"口语交际本身就与生活紧密联系，具有开放性与综合性。《义务教育语文课程标准（2011年版）》指出："口语交际训练要努力选择贴近生活的话题，采用灵活的形式组织教学。"教学活动化可以让学生不断地处于感兴趣的活动实践中，在实践中学、在实践中提高。

例如，在学校开展运动会的时候，我们就让学生及时地抒发自己的所见所闻所感，并让其将所见所闻所感在学校广播中播放。这样既可以促进活动的开展，又能激励学生，让学生产生集体荣誉感，提升了学生的口语表达能力。一位平时经常调皮捣蛋的男生在看到他的好朋友跑1 000米时，就跑到广播台为好朋友加油，内容如下："张峰，加油！加油！加油！"可是这几声加油与其他的加油大同小异，很快淹没在呼声震天的加油声中。后来，笔者及时启发该男生，加油鼓励既可以用点排比句，增强语言的气势，也可以以情动人，增加场上运动健儿的集体荣誉感，让他们超常发挥。于是该男生再上广播台，这次他是这样说的："张峰，平时的你总是说什么都不在乎。不太在乎别人的看法，不太在乎个人的得失，不太在乎付出的多少。我一直以为你是一个很'佛系'的人。但是今天你让我们看到了一个不一样的你。你帅呆了！你现在不是一个人在奔跑，1班的兄弟姐妹都在你身后。加油啊！"此番加油引来校园里学生们的阵阵欢呼，场上的运动健儿也深受鼓舞。这就是学生把口语交际运用到了活动中、运用到了生活中。

初中语文口语交际教学已经逐渐走入了课堂，其重要性自不待言，但是如何进一步提升口语交际教学的教学效能还有待我们不断地思考，可谓任重而道远。教师首先要在主观层面上给予足够的重视，这一切是教学效能提升的动力源泉。再者，亦需要不断改善教学策略，于微观细节之处一点一滴地提升教学效能。具体而言,既要明晰口语交际教学的目标,又要致力于充实口语交际教学内容,并要适当转换口语交际教学方式。

场馆资源引入课堂教学初探
——《中国共产党的诞生》教学案例
（王云霞）

一、案例背景

2020年5月9日,中共上海市委召开"四史"学习教育领导小组会议。在会议指出,开展党史、新中国史、改革开放史、社会主义发展史学习教育,是市委贯彻落实习近平总书记重要讲话精神,建立健全"不忘初心、牢记使命"长效机制的重要部署。在虹口区党委、虹教附中党支部号召下,我们虹教附中的全体党员老师认真学习"四史"。

"四史"内容各有侧重,但整体讲的就是中国共产党为人民谋幸福、为民族谋复兴、为世界谋大同的实践史,中国共产党的领导是"四史"的主线。

历史是最好的教科书,上海作为党的诞生地,处处留下珍贵的红色印迹,已融入上海城市血脉,铸造了上海城市精神的红色之魂。中共一大开天辟地,宣告了全国性政党的正式成立;中共二大通过党的第一部党章,确立反帝反封建的民主革命纲领;中共四大鲜明提出无产阶级领导权问题和工农联盟问题。

中共一大、二大会址纪念馆和中共四大纪念馆等,为我们历史教学提供了丰富而翔实的史料。接下来就介绍一下我们如何把场馆资源引入课堂教学中。

二、案例描述

（一）教材分析

1. 教学内容

以初中历史部编新教材《中国历史》第三册第四单元的最后一课（第14课）

《中国共产党的诞生》的内容为基础,拓展延伸到中共四大。

2. 内容主旨

五四运动后,越来越多的知识分子关注马克思主义,随着马克思主义的广泛传播,全国各地的共产党早期组织相继成立。1921年7月,中共第一次全国代表大会召开,标志着中国共产党的诞生,1922年召开的中共第二次全国代表大会则是中国共产党第一次代表大会的继续,第一次提出了彻底的反帝反封建的民主革命纲领。在中国共产党的组织和推动下,全国工人运动蓬勃发展高涨,而京汉铁路工人大罢工的失败使中国共产党认识到,依靠工人阶级单枪匹马不能取得革命的胜利,必须团结一切可能的同盟者。1925年,中共四大再次在上海召开,第一次明确提出无产阶级在民主革命中的领导权和工农联盟问题。同时,中共四大的召开,也为大革命高潮的到来做了政治上、思想上和组织上的准备。

3. 教学目标

了解马克思主义的传播、中共一大、中共二大、全国工人运动高涨、中共四大等基本事实。通过对中国共产党成立条件的学习,培养学生综合分析能力。通过中共一大、中共二大、中共四大内容与意义的学习,引导学生认识到,中国共产党的创建适应了中国社会进步和革命发展的客观需要,中国共产党是一个伟大的政党,只有在中国共产党的领导下,中国革命才有希望。

4. 教学重点

五四运动促进了马克思主义的传播,马克思主义与工人运动相结合,为中共的成立提供了条件,中国共产党的成立又推动了全国工人运动的发展。

5. 教学难点

通过中共一大、中共二大、中共四大内容的学习与分析,充分认识到中共二大提出的反帝反封建的民主革命纲领以及四大提出的无产阶级在民主革命中的领导权和工农联盟问题。这些纲领十分符合当时中国的国情。

(二)教学设计

1. 导入新课

教师出示中共一大、二大会址图片,并进行如下设问:中国共产党是在怎样的历史条件下诞生的?中共一大和中共二大又有怎样的关系呢?

2. 导学一:马克思主义的传播

教师出示李大钊图片以及相关史料,并强调:1919年李大钊的《我的马克思主义观》在《新青年》上刊发,对马克思主义做了较为系统的介绍,为马克思主义在中国的传播做出了重大贡献。李大钊在中华大地上,高高举起了马克思主义的旗帜。接着教师引导学生阅读教材,并思考马克思主义在中国的传播有哪些方式和影响。之后是学生回答环节。教师要引导学生的回答集中在以下几个方面:第一,马克思主义在中国的传播主要有个人宣传、团体研究和宣传等方式。第二,马克思主义在中国传播的影响是:使中国先进的知识分子看到了工人阶级的伟大力量,他们开始向工人阶级宣传马克思主义,启发了工人的阶级觉悟;马克思主义开始与中国工人运动结合起来。

3. 导学二:中国共产党的成立

教师出示"中国共产党早期组织分布示意图",并做如下讲述:在共产国际的帮助之下,陈独秀在上海建立了中国第一个共产党早期组织,不久,北京、长沙、武昌等相继建立了共产党的早期组织,甚至国外日本东京、法国巴黎也有中共早期组织。这些为中国共产党的诞生提供了组织基础。然后教师结合前面所学,带领学生归纳总结中国共产党成立的条件,并完成课后活动表格(见表1)。

表1　　　　　　　　　　　　中国共产党成立的条件

思想基础	
阶级基础	
组织基础	

完成表格1之后,教师要指导学生阅读教材,并用表格归纳中共一大和中共二大的内容和意义(见表2)。

表2　　　　　　　　　　　　中共一大和中共二大的内容和意义

	时间	地点	内容	意义
中共一大	1921年7月	上海	通过了党的纲领,确定了党的中心工作;成立了党的中央领导机构	中国共产党的诞生是中国历史开天辟地的大事,是历史的必然选择

续表

	时间	地点	内容	意义
中共二大	1922年7月	上海	重申党的最终奋斗目标是建设共产主义；制定党的最低纲领，在民主革命阶段，党的主要任务是打倒军阀，推翻帝国主义，将中国统一为真正的民主共和国	第一次提出了彻底的反帝反封建的民主革命纲领

完成表格2之后，教师要对中共一大的内容做简单的分析，分析内容应集中在以下几个方面：

第一，中共一大通过了党的纲领，确定了党的名称为中国共产党，确定了党的奋斗目标是推翻资产阶级政权，建立无产阶级专政，实现共产主义。从党的奋斗目标来看，这个纲领一方面确立了党的远期奋斗目标，另一方面对党成立后的第一个奋斗目标又做出了不符合国情的规定。中国是半殖民地半封建社会，故而中国革命的主要敌人是帝国主义和封建主义，由于中国革命的敌人是强大的，因此在新民主主义革命阶段，民族资产阶级是团结的对象而不是革命的对象，从这一点来说，中共一大的规定是有局限性的。

第二，中共一大确定党的工作中心是领导和组织工人运动。在半殖民地半封建的中国，农民占全国人口的绝大多数。如果不解决农民问题，革命就不会成功。因此，组织工人阶级、领导工人运动固然重要，但决不能忽视农民问题。而这些问题是在中共二大时才得到部分解决。1922年7月，中共二大在上海召开。中共二大正确分析了当时中国社会的矛盾，第一次提出了彻底的反帝反封建的民主革命纲领，为中国人民的斗争找到了一条正确的道路。

4. 导学三：全国工人运动的高涨

教师先进行如下讲解：中国共产党成立之后，为了领导和组织工人运动，设立了专门的机构——中国劳动组合书记部，集中领导全国的工人运动。从1922年至1923年春，中国共产党领导了大小工人罢工100多次，其中以京汉铁路工人大罢工最为著名。1923年，京汉铁路工人举行大罢工，将第一次全国工人运动推向了高潮。在运动中，工人们组织了共产党领导下的工会，显示了中国工人阶级的力量和革命精神，大大提高了工人阶级和共产党在全国人民中的政治威信。

然后,教师出示二七纪念塔图片并提出如下问题:这场气壮山河的工人运动结果如何?有何经验教训?之后是学生回答环节。教师要引导学生的回答集中在以下方面:罢工遭到残酷镇压,全国工人运动暂时转入低潮。最后,教师要进行小结,小结内容如下:京汉铁路工人大罢工的失败使中国共产党认识到,依靠工人阶级单枪匹马不能取得革命的胜利,必须团结一切可能的同盟者,才能战胜强大的敌人。

5. 导学四:中国共产党第四次全国代表大会。

教师课前要带领学生参观中共四大遗址,并收集相关史料,同时完成下面的任务单(见图1):

1. 中共四大召开的背景:

2. 中共四大的内容(议程):

3. 中共四大的意义:

图 1　任务单

之后,教师要与学生一起在课堂上完善表3中的内容。

表 3　　　　　　　　　　中共一大、二大、四大有关情况的汇总

	时间	地点	内容	意义
中共一大				
中共二大				
中共四大				

完成表3后,教师可以做如下总结:通过上述归纳、分析、比较,我们不难发现,上海作为党的诞生地,红色印迹铸造了上海城市精神的红色之魂。1921年7月中共一大的召开,标志着中国共产党的诞生,1922年召开的中共二大是中共一大的继续,第一次提出了彻底的反帝反封建的民主革命纲领。在中国共产党的组织和推动下,全国工人运动蓬勃发展高涨。京汉铁路工人大罢工的失败使中

国共产党认识到,依靠工人阶级单枪匹马不能取得革命的胜利,必须团结一切可能的同盟者。1925年,中共四大再次在上海召开,第一次明确提出无产阶级在民主革命中的领导权和工农联盟问题。这说明年轻的中国共产党在实践中不断成长。中共四大的召开也为大革命高潮的到来做了政治上、思想上和组织上的准备。

三、案例反思

首先,场馆史料完善了教学内容。初中历史教材没有提及中共四大,在讲完党的成立(中共一大)、中共二大、中共三大之后,就直接讲了中共七大、中共八大。所以,从党史学习来看,学生容易断层。中共四大纪念馆在我们虹口区,于是笔者就选择了参观中共四大纪念馆,并把其场馆资源引入课堂教学,弥补教材上的断层,帮助学生更完整地学习中国共产党的创建。

其次,参观场馆丰富了教学形式。一成不变的教室课堂授课模式,使得学生缺乏新奇感,从而缺失创造性的学习动力。场馆教育具有鲜明的情境性、自主选择性、主动探究性以及学习结果的多元性等特点,对学生的全面发展具有重要意义。

通过本案例可知,只要能够根据教材内容和教学要求,充分合理使用场馆资源,不仅可以拓展延伸教学内容,还能够培养学生各方面的综合能力,促进学生的全面发展。

我们虹口区除了有中共四大纪念馆之外,还有记录了茅盾、郭沫若、叶圣陶等文学巨匠生活轨迹的多伦路等。这些都将是我们开展教育教学的重要阵地。让我们做一个有心人,充分挖掘场馆资源,为教育教学服务。

有效设计课堂探究,将"看不见的存在"显现化

(陈 婷)

一些看不见、摸不着的物理现象,不好直接认识它,我们常根据它们表现出来的看得见、摸得着的现象来间接认识它们,这种方法叫作"转换法"。如何将

"看不见的存在"显现化是本堂课教学活动设计的关键，目的是引导学生通过观察与已知概念的知识牵引，有意识地猜测现象背后的实质，力求使学生通过课堂学习掌握知识、学会思考和提升科学思维品质。

一、调整教学顺序，凸显探究过程

《电流的磁效应》是上海初中《科学》（牛津版）教材七年级第一学期主题九《电力与电信》第三节的内容。《电力与电信》单元的核心概念是"电"，整个单元从简单的闭合电路开始，探究串并联电路的特点，理解电流与电压的关系，认识电流的磁效应和热效应。笔者在本节课的教学设计过程中，立足单元规划与设计，遵从科学大观念引导探究活动设计的思想。电流和磁场都是看不见但又真实存在的物质，因此笔者认为探究活动的设计着力点应该是将这些"看不见的存在"显现出来，从而使学生理解概念和建立知识体系。

"电流的磁效应"隐含着"磁现象的电本质"，因此探究活动应以"电流"的改变为设计线索，将原本存在而人体感官难以感受到的"磁现象"显现出来。在这堂课的教学设计中，笔者把原本的教材内容"电磁铁"放到第二节课去研究。这一节课重点放在"电"与"磁"的关系上，并从"通电导体有磁性"的探究出发，进一步研究磁性强弱、磁场方向与电流的相关性，而这些探究活动都是基于同一个研究对象"铜线圈"在通电后的变化来完成的，从而有利于学生对知识的了解，并适当降低探究活动设计的难度，使学生在课堂上能够产生获得感，进一步提升他们对学科学习的兴趣。

二、设计实验探究，显现"看不见的存在"

"电流的磁效应"整堂课的探究活动由两次"电磁秋千"的演示实验与两个"学生活动"四个环节组成，分别通过"电磁秋千"的摆动变化与学生借助小磁针、订书钉的实验探究，将看不见的磁、磁性强弱、磁的方向显现出来。

（一）自制教具，创设情境，引发思考

在本堂课的引入部分，笔者先后进行过两次教学设计。第一次教学设计从生活中的秋千切入,从"能量"的角度引发学生思考下面的问题:"电磁秋千"之所以摆动起来,是否和生活中普通秋千一样,是受到了力或者是获得了能量？但是这样的设计并不能更深入地启发学生聚焦到"电"与"磁"的关系上。于是笔者又进行了第二次教学设计。第二次教学设计的思路如下:首先,利用自制"电磁秋千"的摆动现象提出问题,引发学生思考如何在不推、不吹气的前提下让"电磁秋千"摆动起来,以此来激发学生的学习兴趣。其次,由于在学生原有知识结构中,能量可以使物体摆动起来,因此学生很自然就想到通电,但简单通电并不能达到效果,由此学生在情境中发现了新的问题,从而使课堂的探究活动拉开了帷幕。第三步,通过对演示现象的观察,学生很快会发现光通电、光加磁铁都不能让秋千摆起来,再结合对磁现象、磁性物质相关已学知识的牵引,学生的思维很快集中到"电"与"磁"的关系上,从而有效导入了新课。

在本堂课的第三个环节,在探究电流强度与磁性强弱的关系之后,笔者将再次用到"电磁秋千",并从改变电流方向的角度演示"秋千"从摆动到被吸引,进而用新情境引发学生的新思索,从而使探究从"磁性强弱"过渡到"磁的方向"上。之后,学生将通过课堂上的实验佐证(用小磁针进行实验检验)更加深入了解了磁的方向与电流方向的关系,从而让学生在解决问题的过程中理解概念。

笔者认为,可以通过两次运用"电磁秋千"的摆动状态变化,分别把看不见的"磁效应"和"磁的方向变化"显现出来,引发学生思考,增强学生的探究兴趣与求知欲。

(二)编制问题链,确定探究实验的关键要素

虹教附中是普通公办初级中学,学生的学习兴趣较高,但学习习惯不够好,思维品质不高。在教学活动设计的过程中,笔者希望通过教师的引领,分解探究实验设计的难度,给学生设置一定台阶,从而逐步完成探究任务。

课堂教学中的"活动Ⅱ"是通过探究实验认识磁性强弱与电流强度的关系,这是本节课的核心活动。这个活动本质上是要让学生认识"电流强度"与"磁性强弱"的关系,体现"磁现象的电本质"。在探究活动设计的过程中,教师应通过提问的方式为探究活动设置台阶,逐步精准到探究活动设计的关键因素,促使学生能够自主设计活动方案。教师应利用"磁性大小是否能发生改变？如何改变？如何发现磁性改变？"这三个问题,引发学生找到探究的关键要素在于"电池节数

改变的结果是电流强度改变"和"电流强度改变后,如何观察到磁性强弱改变"两个问题。笔者认为,学生在问题解决的过程中找到探究关键要素,探究活动的方案就应运而生了。

(三)择优选择探究方案,有效达成探究目标

笔者在备课研究过程中反复思考,如何能将看不见的"磁的强弱""磁的方向"显现得最为明显。为此,笔者设计探究"磁性强弱与电流强度关系""磁的方向与电流方向关系"这两个活动的方案。笔者先设计了一个活动方案,但通过实践和反思,认为存在一些问题,于是又设计了一个活动方案。

1. 第一次设计的活动方案

第一个活动方案的设计思路如下:先对引入部分用到的自制教具"电磁秋千"做进一步的研究,通过分别改变电池节数和电池方向,提醒学生仔细观察秋千现象的变化,从而引导学生思考并猜测"是否磁的强弱与电流强度有关?是否磁的方向与电流方向有关?"等问题,然后以分组形式让学生同时设计两个实验方案检验之前的猜测,最后让学生进行实验检验、分享实验现象和汇总实验结论。第一次设计的活动方案的活动流程见图1。

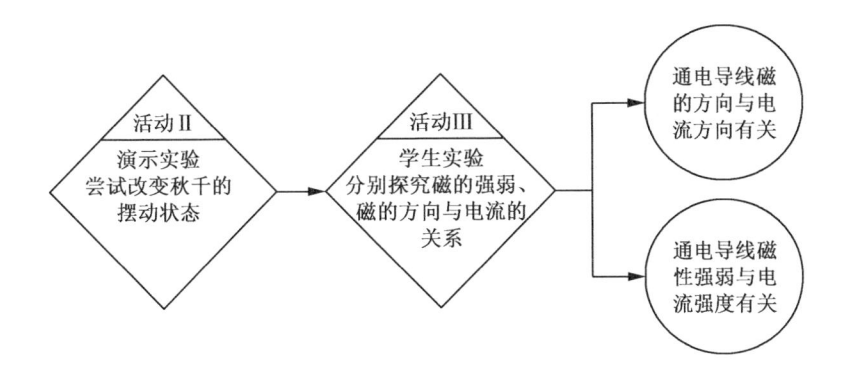

图1　第一次设计的活动方案

通过实践与反思,笔者发现这个方案设计存在几个问题:第一,通过改变电池的节数使电流强度发生变化后,电磁秋千的摆动幅度或速度是个动态的效果,很难定格观察现象的变化,更不能定量比较。第二,"活动Ⅲ"中学生分组探究的两个实验,在实验方法上、实验难易度上都存在差异性,不属于两个完全类似的

平行实验。在探究"磁性强弱与电流强度关系"时更侧重"控制变量"的实验方法,同时还要考查学生设计"实验记录表"的能力。但是,在探究"磁的方向与电流方向关系"时,学生只是基于之前秋千现象变化的原因猜测进一步验证实验,并通过改变电池方向这一简单实验操作观察小磁针的现象变化。第三,学生通过两个实验的分工合作,的确能分享实验现象、汇总实验结论,但也在一定程度上减少了学生的探究体验过程。

2. 第二次设计的活动方案

基于以上几个问题,笔者最终改进了探究方案。在探究"磁性强弱与电流强度关系"时,笔者舍弃"电磁秋千"的现象演示,直接引导学生根据自己的实验器材进行合理的选择与方案设计。当然,学生在方案设计时也会出现分歧,例如,有的小组用"小磁针的偏转速度"对磁性强弱进行考量,而有的小组则用"吸引的订书针个数"对磁性强弱进行考量。此时,笔者通过进一步设计"如何能够更清晰、定量地用数据记录现象?"这一问题引发学生深度思考并集体讨论得出最优实验方案。笔者在随后探究"磁的方向与电流方向关系"时,首先通过"电磁秋千"的演示引发学生猜测,再通过简单的小磁针的实验检验,最终使学生集体得出实验结论。第二次设计的活动方案的活动流程见图2。

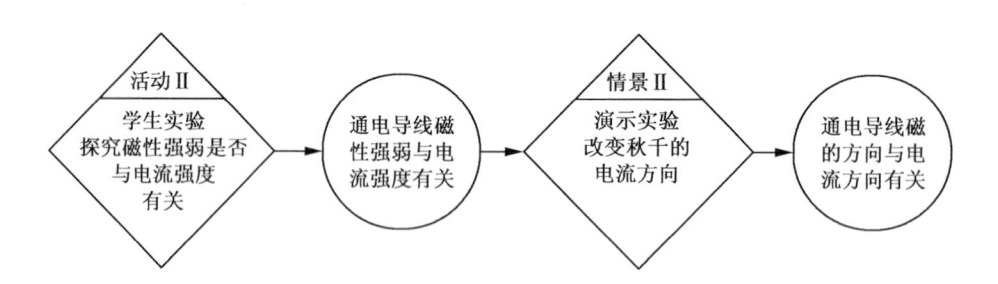

图 2 第二次设计的活动方案

三、运用知识解释原理,巩固与总结探究成果

在日常生活中,"电流磁效应"的应用非常广泛,比如磁悬浮列车、电铃、扩音器等,其中"电铃"涉及的原理比较简单,与课堂教学内容很贴近。通过电铃发声

时的现象观察,结合电铃通电后电流的情况,学生可以自主分析出电铃工作的原理,从而评估学生对学习内容的理解和掌握程度。学生也能将学到的"磁效应的电本质"在实践生活中得到应用。最后,给学生留的课后作业也是让学生运用知识解释现象,寻找生活中利用电流磁效应工作的设备或家用电器,并试图去解释其工作原理。学生在收集的过程中,将会发现类似电磁铁、通电螺线管等利用电流磁效应工作的仪器。其实这些设备也是体现了"显现看不见的存在"在生活中的功能性,即能把看不见的磁效应间接显现出来并有效地服务于人类。